神學硏究總論

筆　者 : 루돌프 보렌
　　　　만프리트 린쯔
　　　　로베르트 바하
　　　　게올그 아이히홀쯔
　　　　위르겐 몰트만
　　　　에른스트 볼프
　　　　칼 겔하르트 스텍
編輯者 : 루돌프 보렌

韓國神學硏究所

1986

Translated by the Korea Theological Study Institute
from the German
Einführung in das Studium der evangelischen Theologie
Edited by Rudolf Bohren
Chr. Kaiser Verlag
München 1964

Third Published in the Korean Translation 1986 by
   Korea Theological Study Institute
   Seoul, Korea

역 자 해 설

　루돌프 보렌이 편집한 이 책 「신학연구총론」은 신학공부를 시작하려는 이들에게 신학이라는 학문을 어떻게 공부할 수 있는지를 총괄적으로 안내한 지침서이다. 신학의 내용을 해설한 것이라기 보다는 오늘날 신학을 연구할 때 어떤 안목에서 접근할 수 있는가를 설명한 책이라고 볼 수 있다. 역사적으로 되돌아 볼 때 이런 종류의 안내서는 종종 출판되어 왔다. 시대의 변화나 신학의 내용이나 강조점이 달라질 수밖에 없을 때마다 이런 친절한 "신학연구지침서"가 요청되곤 하였다. 이 지침서의 배경에 대해서 다소 사족을 달아두는 것이 독자로 하여금 이 책을 이해하는 데 도움이 되지 않을까 생각되어 번역자의 한사람으로서 여기 간략한 해설을 붙여 둔다.

　1960년대는 신학사(神學史)의 관점이나 신학교육의 입장에서 하나의 큰 전환기였다. 이 때, 독일고백교회의 "바르멘 신학선언"의 현장으로 유명한 부퍼탈 신학대학의 젊은 교수들을 중심으로 신학연구를 위한 새로운 지침서를 편집 출판하게 되기까지엔 그럴 만한 이유가 있었다. 뒤에 이 책에 기고한 분들의 이야기를 직접 듣고 확인한 것이지만, 이것은 분명한 동기로 발달된 신학적 의지의 결정인 것이다. 신학연구와 교육의 내용으로 "선교"와 "에큐메닉스"가 부각될 수밖에 없는 그 시대의 흐름을 지배적으로 반영하고 있다. 모든 신학분야가 에큐메니칼적으로 그 지반을 다시 정립해 갈 수밖에 없는 현실을 긍정적으로 표현하고 있다. 그리고 서구의 신학이 너무나 관념론적인 학문이론에 치우쳐 있는 현실에서 신학이라는 학문은 교회의 실천을 전제로 한 실천적 학문의 성격을 띠어야 함을 강조한 것도 다른 하나의 두드러진 표현이다. 모든 신학분야는 실천신학의 전제가 되어야 하고 또 그것으로 귀결되어야 함을 힘주어 표현하고 있다. 나아가서 전통적인 관념처럼 신학이 "교회"만을 섬기는 학문으로 맺을 수가 없고 오늘날엔 그것이 "세계"까지도 섬겨야 하는 학문으로 자기 정립을 해야 한다는 것도 밑바닥에 흐르는 강조점으로 표현되고 있다. 이런 강조점들의 전환이야말로 신학을 연구하는 사람이나 신학교육에 종사하는 사람들에게 중요한 길잡이가 아닐 수 없다. 그리고 이런 변화가 얼마전에 유럽이라는 한정된 지역에 일어났던 과거의 시대적인 흐름에 불과한 것이 아니라 이 흐름은 범세계적이요 또 긴 시간을 두고 신학과 신학교육의 미래를 좌우할 성질의 것이기에 오늘 우리에게도 중요한 지침서가 아닐 수 없다.

이 책이 출판된 이후 시간이 좀 지났지만, 여기에 자기 분야의 방향제시를 했던 분들이 오늘날 그곳 신학계를 주름잡는 거장들이 다 되었다. 지금 와서 생각해도 이들의 신학적 방향정립이 타당했음을 알 수 있다. 오늘날 더욱 발전된 이들의 신학적 사고의 경향성 속에서 우리는 또 오고 있는 시대의 신학의 지표를 발견하게 된다. 이들은 신학의 지평을 제 1 세계에서 제 3 세계에로까지 확장하여 소위 세계교회를 위한 신학의 가능성을 제시하고 있다. 교의화한 편협하고 수직적인 기독론 중심의 신학에서 성령론적 지평으로 그 판도를 수평적으로 전환시켜 가고 있다. 성령론적 사고를 전제로 한 루돌프 보렌의 「설교론」이나 「성령의 능력 안에 있는 교회」를 내놓은 위르겐 몰트만의 경우가 그 대표적인 예이다. 세계교회의 신학은 이런 방향으로 발전되어갈 것임에 틀림 없다.

그러나 이들의 신학적 안내가 제 3 세계에서 신학을 공부하는 우리들에게 꼭 적합한 것이라고 말할 수는 없다. 그들에게서 이런 것을 기대한다는 것은 아주 어려운 일이 아닐 수 없다. 다만 신학의 지평을 "세계"로까지 확대시키려고 노력한 것에 대해서 감사하게 생각하면서, 우리보다는 방법론이 앞선 그들의 학문하는 자세에서 좋은 가르침을 받을 수 있지 않은가 생각한다. 신학의 분야를 일곱분야로 집약했고, 그 편집의 순서를 그렇게 배열한 데는 그 나름의 이유가 있는 것 같다. 원서에는 "철학"이 "교회사학"의 앞에 자리를 차지하고 있음도 밝혀두고 싶다.

  이 책의 편집자인 루돌프 보렌도 이 책의 서문에 제2차 세계대전 이후 출판된 비슷한 신학연구안내서들을 소개하고 있다. 이 역자도 이 책의 한 부분을 번역한 후로 이 방면의 안내서들을 수집하기 시작했으며 그 중 몇 개의 신학연구지침서를 소개하기도 하였다. 혹 이 책을 읽는 독자들로서도 이런 신학안내서의 필요를 느낀다면 아래 문헌들을 참고해 주기 바란다 : F. 쉴라이엘마허, 「신학연구입문」(대한기독교출판사, 1983), 게르하르트 에벨링, 「신학연구개론」(대한기독교출판사, 1982), H. 골비처, 「신학의 연대성」(대한기독교출판사, 1983).

  이 자리를 빌어서 이 책의 편집자와 여러 집필자들이 베풀어준 우정에 대해서 고마운 뜻을 새겨두고 싶다. 집필자 가운데 몇분은 최근에 타계한 바 있다. 이 책의 번역에 조력해 주신 우리나라 신학의 석학 몇분도 우리와 유명을 달리하셨음을 기억하며 이분들의 노력을 포함한 번역자들의 작은 노고가, 우리를 따라오지만 장차 우리들보다는 뛰어난 신학적 순례자들이 될 후학들에게 조금의 도움이라도 될 수 있다면 그 이상의 기쁨이 없겠다.

박　근　원

목 차

實踐神學 : 루돌프 보렌(朴根遠 譯)

- I. 실천신학의 정의 …………………………………… 7
- II. 학문으로서의 실천신학 …………………………… 8
  - 1. 실천신학의 우위성 ……………………………… 8
  - 2. 다른 신학분야의 우위성 ………………………11
- III. 실천신학과 교회 …………………………………12
  - 1. 교회에 대한 비판 ………………………………12
  - 2. 교회행위의 방향제시 …………………………14
- IV. 실천신학과 세계 …………………………………16
  - 1. 교회를 섬기는 세계 ……………………………16
  - 2. 세계를 섬기는 교회 ……………………………17
- V. 실천신학의 연구방법 ……………………………18
- VI. 실천신학의 분야 …………………………………20
  - 1. 기독교 생활론 …………………………………20
  - 2. 설교학 ……………………………………………21
  - 3. 교회 교육학 ……………………………………22
  - 4. 예배학 ……………………………………………23
  - 5. 목회학 ……………………………………………24
  - 6. 사역학 ……………………………………………25
  - 7. 교회 행정학 ……………………………………26

宣敎學과 에큐메닉스 : 만프리트 린쯔(孫奎泰 譯)

- I. 世界를 위한 敎會 …………………………………29
- II. 신학의 기능음미 …………………………………30
- III. 독립 대신 의존 …………………………………32

Ⅳ. 선교학과 에큐메닉스의 상관성 ··35
　Ⅴ. 선교란 무엇인가? ··37
　Ⅵ. 선교학의 과제 ··38
　Ⅶ. 프로테스탄트 종교교육의 과제 ··40
　Ⅷ. 에큐메닉스의 과제들 ··44

舊約聖書神學: 로베르트 바하(金正俊 譯)

　Ⅰ. 서론 ··47
　Ⅱ. 구약성서의 이해를 돕는 여러 전제 ··52
　Ⅲ. 구약성서 해석학적 방법 ··57
　Ⅳ. 구약성서 연구의 설계 ··62

新約聖書神學: 게올그 아이히홀츠(全景淵 譯)

　Ⅰ. 서론 ··67
　Ⅱ. 번역으로서의 神學 ··70
　Ⅲ. 성서 석의란 무엇인가? ··72
　Ⅳ. 신학적 면모의 다양성 ··77
　Ⅴ. 서론학과 시대사 ··81
　Ⅵ. 증인의 인간성의 지평에 있는 언어의 문제 ··86

組織神學: 위르겐 몰트만(尹聖範 譯)

　Ⅰ. 신앙과 지식 ··91
　Ⅱ. 신학과 교의학 ··94
　Ⅲ. 교의학적 진술이란? ··99
　Ⅳ. 신학이란 영역 속의 교의학 ··106
　Ⅴ. 교의학적 사고 방법과 방향 ··111
　　1. 신앙론으로서의 교의학 ··111
　　2. 교회론으로서의 교의학 ··112

3. 신앙고백으로서의 교의학 ··112
   4. 교의학과 윤리 ···113

敎會史學 : 에른스트 볼프(閔庚培 譯)

Ⅰ. 교회사의 신학적 위치 ··115
Ⅱ. 교회사학의 문제점 ··119
   1. 교회사의 위치 ··120
   2. 교회사와 세속사 ···121
   3. 교회사 기술의 대상, 시대구분 ·······································122
   4. 방법 문제 ···127
Ⅲ. 교회사 기술의 역사 ··128
Ⅳ. 교회사의 연구를 위하여 ···132

哲學 : 칼 겔하르트 스텍(趙要翰 譯)

Ⅰ. 왜 철학을 배우는가? ··139
Ⅱ. 철학과 신학 사이의 역사적 접합점 ···································142
Ⅲ. 철학의 여러 영역 ···144
Ⅳ. 어떻게 철학을 배울 것인가? ··148
Ⅴ. 유물론과 출발 ···151
Ⅵ. 특수와 보편 ··153
Ⅶ. 절충주의 ···155
筆者 紹介

序　言

　　개개 연구분야의 과도한 **專門化**로 학문을 새로 시작하는 이들은 점점 일반적인 방향설정을 필요로 하게 되었다. 말하자면 전체적인 것에 대한 개괄, 각기 다른 연구분야의 제반 문제들에 대한 일별, 개개 전문과목의 연구를 위한 특별한 참고사항들이 요청된다는 말이다. 그러나 신학자란— Heinrich Vogel의 말을 빌자면——"영원한 시작자"(permanenter Anfänger)며 따라서 그러한 입문서는 연구과정에 있는 이에게도 도움이 될 수 있는 것이다. 현직에서 목회일을 보면서 계속 연구하려는 목회자에게도 입문서는 자극제가 될 것이다. 그 밖에 신학에 전문적으로 종사하지는 않지만 관심을 가진 분들에게 방향제시를 위해 도움이 될 것이다.

　　이런 **入門的**인 지식을 개개 전문가들로부터 얻게 된다는 것은 매우 유익한 것이리라. 여기에 응하기 위해서 2차대전 직후에 두 권의 책이 출판되었다. 하나는 Heinrich Frick가 편집해서 1947년에 두 권으로 나온 "개신교 신학연구 입문서"(*Einführung in das Studium der Evangelischen Theologie*)가 그것이며 다른 하나는 Martin Doerne가 편집해서 1948—1952년 사이에 세 권으로 낸 "신학연구 개론"(*Grundriß des Theologiestudiums*)이 그것이다. 전후 오늘에 이르기까지 신학적 상황이 현저하게 변했기 때문에 새로운 연구 안내서가 필요하게 되었다.

　　우리가 오늘날 선교학과 에큐메닉스에 보다 큰 비중을 두어야 한다는 데 대해서 이의를 제기할 사람은 없다. 그러나 철학분야를 위해서 한 장(章)을 할애해야 한다는 것이 특별히 요청되는 것 같다. 이 분야에 관해 신학자들을 위한 안내적인 강의가 이제까지 거의 없었기 때문에 여기서 어느 정도 상세하게 문헌을 소개해야 할 것이다. 그렇지 못할 경우 본서 필자들은 초보자들을 위해 이 글을 쓴다는 측면에서 보면 여러 가지 애로를 겪고 완전한 것을 포기할 수 밖에 없을 것이다. 그러나 개개 논문은 그 자체로서 독자성을 가지고 쓰여졌음을 말해 두어야 하겠다.

　　본서는——Frick의 경우처럼——개개 전문분야에 역점을 두었는데 거기에서 거듭 거듭 다양한 연구분야의 통일성도 고려되었다.

　　이 책에서 개개 문제영역에 국한시킨 것은 그 동안에 나온 세 개의 책들에서 암시를 얻었다. Heinrich Vogel은 그의 책 "신학연구의 기본문제들"에서 처음 세 부분은 신학과 그 연구와 관련된 다양한 문제들을 조직적으로 서술했고 마지막 두 부분에서는 "신학의 특징들"이 다루었다. 세 개의 편지가 특히 목회 문제들을 취급하는 것으로 쓰여졌다. 다음 목회학을 위해서는 틸릿케(Helmut Thielicke)의 "신학자들을 위한 명상서" 즉 신학을 공부하는 이를 위한 명상서가 있다. 그러나 칼 바르트는 1962년에 낸 "개신교 신학입문서"에다 학생들이 소홀히 해서는 안 될 일종의 大全을 다루고 있는데 그래도 거기서 신학 일반의 기본문제들, 예로서 신학적 실존들의 영적 문제들이 진지하게 제기되었다. 이 세분의 저명한 학자들이――이들 사이에는 매우 현격한 차이가 있지만――우리가 개개 문제영역에 한계를 둔 것을 정당화해 줄 것으로 믿는다.

이러한 과업이 가진 긴급한 요청에 부응하여 애쓰신 필자들의 노력이 없었다면 이 책은 빛을 보지 못했을 것이다. 이 일 전체를 위해서 이들은 눈에 보이는 것 이상의 노력을 기울였던 것이다.

Rudolf Bohren

實 踐 神 學

Rudolf Bohren
朴 根 遠 譯

I. 실천신학의 정의

1950년 스위스 아르고(Aargau)주에 있는 설교자를 위한 도서관에서 우연히 슐라이엘마허(Fredrich Schleiermacher)가 쓴 "실천신학"(*Die Praktische Theologie*)이란 책을 접하게 되었다. 이 책은 1850년에 쓰여진 것인데 한번도 논급된 일이 없었다. 실천신학의 귀감이라 할 수 있는 이 책은 그 내용이 평이한 것으로서 오랫동안 덤불 속에 묻혔던 신학적 장미꽃이었다. 많은 학도들이 이 잠겨진 성문을 회피하고 있다. 그렇지만 이것은 결코 이상적인 것은 아니고, 오히려 우리 모두가 공동으로 책임져야 할 비극이라고 생각해야 할 것이다. 신학 공부를 시작한 학도라면 실천신학을 기껏해도 해명되지 못한 분야에 불과하다는 식으로 자족해 있을 수는 없다. 그렇다고 해서 실천신학이 이처럼 잠자게 된 이면의 역사를 설명하려는 것은 아니다. 오히려 실천신학의 분야가 중요하고 꼭 필요한 것인 한 그 본질을 명확하게 규명하는 일이 중요할 것이다.

실천신학은 선교학이나 에큐메닉스와 마찬가지로 교회의 실제적인 모임(Sammlung)과 보냄을 받음(Sendung)을 다루는 학문이다. 그러므로 교회를 향한 그리고 교회를 통한 성령과 말씀의 역사를 그 대상으로 삼는다. 성령과 말씀은 교회를 불러모아 세계로 내어 보낸다. 그러므로 실천신학은 '하나님의 선교'(Missio Dei)에 대한 교회의 참여를 다루는 학문이다. 그리고 그것은 현재의 교회를 다루는 학문이다. 바로 이런 점에서 실천신학이 신학 전체와의 관련 속에서 설명되고 현실 교회와의 관계가 규명되는 것이다. 신학이란 관점에서 보아 교회와 세계는 바로 실천신학이 결실을 맺을 수 있는 관계의 場이다. 그러면 먼저 몇가지 신학적인 해명이 필요할 것이다.

Ⅱ. 학문으로서의 실천신학

먼저 신학은 하나의 분리될 수 없는 전체라는 점에서 출발해야 한다. 어느 분야를 막론하고 이러한 분리될 수 없는 전체성이 스며있다. 모든 분야는 이처럼 신학의 통일성이란 지평에서만 독자성을 유지한다. 그러므로 여기서 실천신학의 독자성 자체를 제기하는 것 보다는 오히려 모든 신학과의 상관성을 강조하는 일이 더욱 중요하다. 이것을 두 가지 측면에서 살펴보기로 하자.

1. 실천신학의 우위성(優位性)

헴니츠(Chemnitz)는 이렇게 말한 일이 있다: "신학은 하나의 특출한 실천과학이다"(Theologia est scientia eminens practica). 최근에 이르러 특히 헤르만·디임(Hermann Diem)같은 사람은 모든 신학의 교회적 특성을 이렇게 강조한다: "신학의 대상은 하나님의 말씀이 인간을 통해서 확증되는 사건, 그러니까 그리스도의 교회가 이 땅위에 이루어지는 것"(*Theologie als kirchliche Wissenschaft*, 1951, 27)이라고 말이다. 다시 말하면 모든 신학이 실천성 여부에 따라 그 본질이 규명된다는 말이다. 신학이 성서주석을 무시할 수도 없고, 역사를 도외시 하거나 조직적 사고를 포기할 수도 없듯이 프락시스도 부인할 수 없다. 신학이 행여나 실천적 성격을 무시하려든다면 비록 그것이 하나의 학문일 수는 있을 지언정 결코 신학이라 불리어질 수는 없다. 예를들어 성서주석학이 성서본문을 바탕으로 하는 전문분야라 한다면 실천신학은 프락시스를 바탕으로 하여 모든 신학과 연관을 맺는 전문분야인 것이다. 신학이 교회적인 학문인 이상 교회와 관련을 맺을 때만 객관성을 인정 받는다. 신학의 객관성이 '교회적' 학문이란 점에서 본질을 찾는다는 말이다. 이런 점에서 바로 "실천신학이 모든 신학분야의 객관적 학문연구의 전제가 된다"는 사실이 입증된다. 신학자가 학자로서의 객관성을 견지하고 의미 깊게 연구활동에 종사하려면 반듯이 교회의 상황을 면밀하게 관찰하는 일이 필요하다. 그리고 교회가 어떻게 존재하고 어떤 운명 속에 몸담고 있는 가를 알아야 한다. 그러므로 실천신학은 모든 신학적 연구의 전제가 된다.

이러한 입장을 두 가지 측면에서 해명할 수 있을 것이다. 첫째로, 교회를 아는 것이 모든 신학적 통찰력의 전제가 된다는 점이다. 루터(Luther)는 죽기 전에 남긴 최후의 글에서 교회 안에 몸담아 사는 것이 성서이해의 전제가 된다고 주장하고 있다. "누구든지 100년에 걸쳐 예언자들과 더불어 교회를 이끌어 본 사람이 아니고서는 성서 저자들을 충분히 이해 할 수가 없었을 것이다"(Scriptores Sanctos sciat se nemo gustasse satis nisi 100 annis cum prophetis Ecclesias gubernarit. *Weimarer Ausgabe* 48, 241). 루터는 말년에 들어 100년 동안이나 교회를 이끌어 본 사람 만이 성서를 필요로 하며, 연구해 보았을 것이고, 성서를 충분히 음미해 보았을 것이란 견해를 갖고 있다고 보겠다. 그러니까 "100년 동안"이나 "예언자들과 더불어" 교회를 불러모아 세상에 보내는 일에 책임성 있게 참여한 사람만이 교회를 이해할 수 있다는 말이다. 교회를 이끌어 가는 데에는 성서연구가 전제 되어 있다. 여기서 바로 실천신학이 뚜렷한 위치를 차지하는 것이다. 우리는 현실의 교회를 올바르게 보고 이해함으로서 신약성서의 문제점들을 이해하는 데 도움이 된다고 말할 수 있다. 성서주석이 현실교회에 대한 이해를 필수요건으로 삼았던들 그처럼 수 많은 오류를 범하지는 않았을 것이다. 그러므로 역사적 연구도 역시 객관성을 띠기 위해서는 실천신학의 도움을 받아 마땅하다.

둘째로, 신학의 객관성이 단지 교회와의 연관성에만 있는 것은 아니라는 사실이다. 교회가 존재했었고 또 지금도 존재하기 때문에 신학도 있다는 것 만은 아니다. 신학은 교회가 지금 존재하고 있고 또 앞으로도 존재해야 하기 때문에 있는 것이다. 신학이 교회에서 나온 것은 사실이나 또 신학이 교회를 규정하기도 한다. 신학이 이미 선포된 말씀, 이후와 앞으로 선포될 말씀 이전의 것이라 한다면 모든 신학이 성령과 말씀의 역사가 새롭게 이루어 질 것을 문제시 하게 된다. 성서주석이 복음의 선포를 목표로 한다면(E. Fuchs) 거기에는 반드시 실천신학의 도움이 있어야 한다. 현실의 교회를 눈여겨 보지 않고서는 목표를 달성할 수도 없거니와 마침내는 무용지물이 되어 버리고 만다. 교의학이 설교의 심장이라고 한다면(H. Ott) 조직신학자는 설교라는 과제를 늘 새겨 두어야 한다. 말하자면 현실의 교회를 전반적으로 살펴보아야 한다는 점이다. 이런 경우에서 실천신학이 모든 신학분야의 연구에 전제가 된다고 볼 수 있다. 그것은 역시 모든 신학의 목표라는 입장에서 검토되는 것이다.

신학 전반을 통틀어 신학자가 객관적인 위치를 고수하려면 실천신학이 절대로 필요하다. 이것은 바로 신학라는 학문에서 차지하는 교회의 중요성을 대변하는 말이다. 실천신학은 현실교회와 세계의 문제들을 신학에 명확하게 제기해 주고 있다. 여기서 바로 실천신학이 다른 분야들을 문제시하게 되는 독자적 영역을 갖게 된다. 그러므로 실천신학이 학문으로서의 객관성을 가지게 된다.

이러한 사실을 놓고 두 가지 측면에서 항의를 제기하기도 한다. 첫째로는, 실천신학을 그토록 강조하여 말함으로써 행여나 신학의 학문성에 위험을 주는 것은 아닌가 하는 질문이다. 이 말은 실천신학이 모든 신학연구의 전제이기는 하지만 모든 신학연구는 그 자체로서의 특성을 지닌다는 주장으로 되풀이 설명될 수 있겠다. 앞서의 주장을 유일한 규준이라고 우겨댈 경우에는 신학이 자칫 전통주의로 빠져들 유혹에 직면할 지도 모른다. 만약 실천신학 때문에 진리의 문제를 억누른다고 한다면 그것은 이미 학문으로서의 자질을 상실당하고 말 것이다. 그러므로 실천신학이 모든 신학분야의 전제인 것은 사실이나 결코 그 한계점은 아니라는 것을 알아야 한다. 만약에 실천신학이 모든 신학분야와의 연관성에 관심을 갖지 않을 경우에는 신학과 교회는 분리될 수 밖에 없으므로 양편 모두가 무익한 것으로 전락할지도 모른다.

둘째로, 실천신학이 정말 필요한 것인가, 신학자 모두가 제나름 대로 하나의 실천가라고 한다면 역시 그것은 실천신학일 수도 있지 않겠느냐 하는 질문이다. 그러므로 우리는 신학자도 교회의 한 지체요, 제나름 대로 교회를 살필 능력을 소유하고 있는 이상 교회에 어떻게 참여하고 교회가 누구를 필요로 하는 지도 알 수 있을 것이라고 전제할 수 있겠다. 이것이 사실이라고 하면 교회를 보는 신학자의 입장은 제멋대로의 것일지도 모른다. 교회의 삶과 문제에 대한 명확한 의식이 결여될 수도 있다는 말이다. 그렇게 되면 신학자는 이미 터득한 자신의 체험을 무턱대고 일반화하거나 아니면——교회적으로 볼 때——다소간 소박하고 천진난만한 교회관을 갖게 될 우려도 충분히 예측할 수 있다. 그렇게 되면 올바른 입장도 결핍된 채 진정한 책임의식이 없이 살아갈 가능성도 충분히 있다. 결국 자기 전문분야에서는 크게 명성을 날리는 학자로서 인정받을 지는 모르지만 교회의 진정한 현실을 못 보거나 또는 교회가 요구하는 바대로 신학을 제시하지 못할 위험성도 있게 된다. 그러므로 피셔(Martin Fischer)가 1963년 "교회의 말씀과 진로에 관한 연구"(*Überlegungen zu Wort und Weg der*

Kirche)에서 "교회의 프락시스를 신학적으로 해명하는 일에 관심을 기울이지 않는 자는 사이비 신학자로 전락하고 만다"(237면)고 한 말은 정당한 평가라고 볼 수 있겠다.

2. 다른 신학분야의 우위성

지금까지는 실천신학이 모든 신학의 전제가 된다고 했는데 이제 반대로 모든 신학이 실천신학의 전제가 된다는 주장을 간추려 생각해 보기로 하자. 모든 신학이 실천신학에 의존하지 않고 있다는 점에서 객관성을 인정받는다고 하면, 실천신학의 객관성도 모든 다른 신학에 의존치 않는다는 점에서 인정받을 수 있게 될 것이다.

신학연구의 목표를 두고 생각해 보면 실천신학은 다른 신학분야의 전제일 뿐만 아니라, 동시에 필수적인 귀결도 된다. 실천신학은 모든 신학분야의 공과를 교회의 프락시스를 중심으로 하여 평가한다. 이런 점에서 실천신학은 "교회를 위한 모든 학문적 노작의 실현을 다루는 학문"(M. Fischer, L. Fendt)인 셈이다. 만일 실천신학이 의미가 있고 객관성을 견지하려고 들면 의당 진리가 어떤 것이고, 또 그것의 기본정신과 의미가 무엇인지 엄밀하게 검토해야 한다. 다만 그것도 신학의 학문성을 교회라는 입장에서 존중해 주어야만 비로소 가능한 일이다. 그러므로 교회의 현실을 올바로 이해하려면 실천신학도 성서주석, 교회사, 조직신학의 도움을 필요로 한다. 그러므로 "다른 신학분야는 실천신학의 객관성을 보증하는 전제"가 된다고 말할 수 있겠다.

이것이 실천신학의 정수를 찌른 말이라고 하면, 다른 분야들과 연관지어 생각해 볼 때 근본적으로 하나의 종속적인, 말하자면 뒤에서 따라가는 위치에 있는 셈이 된다. 이 처럼 실천신학이 하나의 촉매요인으로 이해되었기 때문에, 오늘날까지 학문의 세계에서 자신에게 돌아온 독자적인 위치를 다른 신학분야에 양보하고 말았다. 결국 실천신학이 다른 분야의 그림자 속에 숨겨져 왔었다는 말이다.

여기서 실천신학이 프락시스를 문제시 하는 학문이라고 해서 단순하게 프락시스로 끝나고 만다는 것일 수는 없다. 실천신학은 프락시스라는 측면에서 다른 분야들을 결실로 이끄는 작업만으로 만족하지 않는다. 그것은 "교회를 위한 모든 학문적이고 신학적인 연구의 실현을 다루는 학문"으로서 독자적인 학문성을 갖는다. 그것은 또 구체적인 실례를 통하여 집토해 보는 역할을 하며, 또한 학문적인 결실 여부를 그 효용성과 영속성에 따라 측정해 보는 역할을 한다. 이런 점에서 실천신학은 신학 전반을 비판하는 기능을 가진다. 다른 신학분야들이 실천신학을 객관적으로 정당하게 추구해 가는 데 있어서 하나의 전제가 된다고 하면, 결국 그것은 모든 분야들이 프락시스를 지향하는 것이고, 바로 이런 점에서 실천신학은 모든 신학의 전제일 뿐만 아니라 규준이 된다. 나아가 학문으로서의 신학이 제시하는 가치를 점검하고 그 본질을 해석하는 역할을 한다.

Ⅲ. 실천신학과 교회

실천신학이 교회의 소리를 학문이란 세계에서 부각시킨다는 것은 곧 신학을 교회 안에서 대변한다는 말이다. 실천신학이 신학의 세계에서 교회를 변호하는 역할을 떠맡고 있다는 것은 곧 교회 안에서 신학을 변호한다는 말이다. 베버(Otto Weber)의 말대로 신학을 "사고라는 영역 속에서의 선교"(Mission im Bereich des Denkens)라고 정의할 수 있다면, 실천신학은 "하나님의 선교에 동참하여 그것을 위해 보냄받은 사실과 관계를 맺고 있다"는 점에서 교회를 문제시 한다. 그러므로 실천신학은 교회안에서 이루어지는 성령과 말씀의 역사를 대상으로 삼는다. 이런 점에서 실천신학은 교회의 현상을 비판하며 또 한편으로는 교회의 행위에 새로운 방향을 제시해 주는 역할을 한다. 그러면 이제 이 두가지 역할에 대해서 간략하게 고찰해 보기로 하자.

1. 교회에 대한 비판

실천신학이 객관성을 묻는 것이라면, 그에 앞서 교회의 진실을 물어야 한다. 말하자면 현재의 교회가 정녕 "말씀"이 말하는 대로의 것인가를 따져 보아야 한다. 실천신학이 교회의 선포와 행위를 신학적으로 비판하는 역할을 하기 때문에 교회에 대한 학문적 연구를 구체화 해야 한다. 예를 들어 교회의 말씀과 행위가 본래 뜻하는 바를 제대로 드러내고 있는가, 그리고 그것이 실제로 이해할 수 있는 것인가 아닌가, 혹은 오해받고 있는 것이 아닌가 하는 등등의 문제를 밝혀 주어야 한다는 말이다. 이것은 구체적으로 여러 가지 예식(세례, 혼례, 견신례, 장례)에서도 분명히 들어나야 한다. 이런 것들은 본래 교회가 생활 공동체임을 전제로 한 것들이다. 그런데 현대 산업사회 속에 몸담고 있는 교회에서는 교회의 메시지와는 전혀 관계도 없이 이러한 예식들이 마치 교회의 딱지인 것처럼 취급을 받고 있다. 바라기는, 목사는 이러한 예식과 함께 복음을 선포하며 신앙에 호소하라고 하고 싶다. 그런데 실상 교회가 취하는 "행동" 그리고 그것이 각자에게서 자동적으로 완수되어야 한다는 사고방식은 복음이 말하는 것과는 전혀 다르다.

이렇게 보면 교회가 취하는 행동과 방향이 무엇을 "말하고", "확증하려"는 것인지 분명히 알 수 있을 것이다. 물론 우리는 이것이 바로 성서의 멧시지라고 말할 수도 있을 것이다. 그렇다면 여기서 교회의 프락시스가 진정 성서가 말하는 바와 일치하는 것인가 하는 점을 살피고 탐구하는 과업이 바로 신학도의 어깨에 주어져 있는 것이다.

신학적으로 검토한 결과 현실교회가 성서가 말하는 바와 다른 행동을 취하고 있다고 하면, 실천신학은 "교회에 대한 비판"(Kritik an der Kirche)을 내려 교회를 "비신화화"(Entmythologisierung)할 수 밖에 없는 일이다. 실천신학이 현재의 교회를 신학적으로 검토하고 비판하는 역할을 한다는 말은 곧 실천신학이 교회를 본래의 모습으로 개혁하는 신학이라고 정의될 수 있다는, 말하자면 교회 전통을 비판하고 검토하는 역할을 한다는 말이다. 그러므로 과거에 옳다고 믿어 제도적으로 굳어진 것이 아마도 제도화를 낳게 된 본래의 의향과는 일치되는 것인지 아닌지를 물어야 한다. 진리가 무엇이냐를 묻는다는 말은 곧 참된 교회의 모습이 무엇이냐를 묻는다는 말과 같다. 그러므로 실천신학은 프락시스 속에 반영된 교회의 모습이 참된 것인지 아니면 거짓된 것인지를 물어야 한다.

어느 교과서에는 슐라이엘마허 이래로 실천신학이 교회전통과의 근본적인 대립에 종지부를 찍었다고 기록되어 있다. 교회의 프락시스가 주어진 것으로 받아 들여져서 급할 때는 개혁의 전제로서 구실을 하기도 했고, 혹 더러는 장애물이라고 비판을 받기도 했지만, 신학적인 근본문제가 제기되지는 않았었다. 이런 사실은 그다지 해로운 것이 아님을 아래 실례들이 밝혀주고 있다. 한 "종교 대사전"(*Religion in Geschichte und Gegenwart*)의 실천신학 항목 가운데 종(鍾)이란 기사를 보면, "종의 제작, 부속품, 수리, 사용법은 다음과 같다……"는 식으로 설명이 붙어 있다. 이처럼 주어진 항목을 놓고 목회적인 설명만 나와 있을 뿐 그것이 가지는 실천신학적인 의미는 전혀 나와 있지 않다. 여기서도 종에 대한 실천신학적인 평가 내지는 의미가 전혀 언급되어 있지 않다. 오늘날의 교회에서도 종이 필요할 것인지, 필요하다면 왜 그런지 하는 문제가 전혀 제기되어 있지 않다는 말이다. 이런 경우——실천신학이라는 항목에 담긴 사례들 모두가 다 그런 식이지만——실천신학이 교회적인 의미를 상실당하고 있다. 지금까지 실천신학이 신학도들 한테서 따돌림을 받은 것도 사실은 신학적 사고의 결여라는 점에서 이유가 있는 것이다.

실천신학이 현대 교회의 이러한 근본문제를 비판하지 않는다고 하면 그것은 곧 일종의 전통주의에 빠져들고 말 뿐이다. 그렇게 되면 교회의 개혁은 커녕 박물관의 골동품이 되고 만다. 현재 실천신학 교과서의 대부분이 몇가지 개혁안 정도나 고답적으로 제시하는 형편 없는 보수성을 담고 있는 것은 사실이다. 디임(H. Diem)이 쓴 "교회와 교회의 프락시스"(*Die Kirche und ihre Praxis*, 1963)의 제3권 "교회적 학문으로서의 신학"(*Theologie als Kirchliche Wissenschaft*)에도 이런 변화가 생겼다는 사실이 지적되어 있다.

2. 교회행위의 방향제시

실천신학은 교회의 구체적인 "모임"과 "보냄"을 받은 것을 다루는 학문으로서 성령과 말씀이 교회를 향하여 그리고 교회를 통하여 어떻게 역사하는 가를 문제시 한다. 다시 말해서 교회가 명령으로 받은 바를 밝히려고 하는 것이다. 그러므로 실천신학은 교회를 위한 명령의 신학이라는 점에서 특수한 의미를 가진다.

그런데 여기서 실천신학이 가르치려는 것이 굉장히 어려운 것임을 알아야 한다. 교회가 받은 명령은 본회퍼(D. Bonhoeffer)의 말 처럼 "선포행위를 통하여 구체화 되는" 것이다. 실천신학을 가르치는 사람은 스스로 듣고 배우는 자라야 한다. 그럴 때에야 비로소 조그마한 분야에서라도 모범적인 실천가가 되며, 그렇지 못하면 그의 신학은 "비실천적인 실천신학"(unpraktische Praktische Theologie)이 되고 만다. 명령되어진 것은 그것을 실행하겠다는 결단과 그것을 실천하는 행동으로 나타나야 하기 때문에 모범적인 행위가 무엇보다 중요하다. 이것이 바로 실천신학의 독특한 점이다. 실천신학이 모범을 보여주어야 비로소 설교학이 빛을 발할 수 있으며 또 설교자를 위한 설교가 될 정도로 "모범적"(vorbildlich)이 된다. 이 점에 대해서는 소책자로 새로 출판된 스펄견(C. H. Spurgeon)의 "설교자를 위한 충고"(*Ratschläge für Prediger*)에 아주 잘 표현되어 있다. 이 책자를 신학공부하는 사람은 누구나 꼭 읽어야 한다고 까지 말할 수는 없지만 목회전선에 들어가는 사람으로서는 누구나 필독해야할 책으로 믿어 권하는 바이다. 교리 문답서(Katechetik)이면서 동시에 교육이론을 다룬 책으로서 교리문답 교사가 꼭 읽어 두어야할 책이 있다. 그것은 어거스틴의 "교리문답 지침서"(de catechizandis rudibus)이다. (이 책자는 *Der Bibliothek der Kirchenväter, Augustinus*, Band VIII, 221—309; 라틴어 판으로는 J. P. Migne편, Bd. XL, 309,348에 포함되어 있다). 실천신학의 이론과 실제를 맨 처음으로 정립한 두 사람을 모범인물로 제시하라고 한다면 어거스틴과 스펄젼을 들 수 있겠다. 이들은 시대적 배경도 다르고, 살던 세계도 다르고, 신학적 비중도 크게 차이가 나지만, 실천신학의 사명을 아주 구체적으로 제시해 주었다는 점에서 그들 나름대로 아주 중요한 본보기가 되고도 남음이 있다.

실천신학 교과서를 보면 프락시스의 한계 문제가 자주 논급되고 있다. 사실은 프락시스의 방법이 아니라 프락시스의 이론(Theorie der Praxis)이 중요하다. 그러나 이 이론도 실험과 실례가 없이는 서야할 자리가 없다. 그러기 때문에 프락시스의 구체적인 방법과 방향도 빼어 놓아서는 안 된다 (이것은 강의실에서 해결되는 문제는 아니다. 성령과 말씀의 구체적인 역사라 해도 그 내용이 중요한 것이기 때문에 방법의 문제만 해도, 신학적인 해명을 구체적으로 다룬 것이어야 한다). 그래야만 교회의 말과 행위가 제대로의 모습을 지니게 되는 것이다.

만일 실천신학이 일방적인 입장만 추구하려 들면 교회 프락시스의 다양성은 상실되기 마련이다. 그러므로 실천신학은 주도면밀한 선택과 구체적인 방법의 제시를 통해서만 그 방향 제시에 있어서나 모범을 보이는 데 있어서도 구체적일 수 있다. 우리는 항상 "말씀"은 곧 약속이요, "성령"은 곧 미래를 제시해 준다는 점을 좀더 명심할 필요가 있다.

그러므로 약속의 말씀과 미래를 제시해 주는 성령을 염두에 두고 교회의 미래를 설계해 가야 한다. 실천신학은 미래를 꿰뚫어 보아야 한다. 그러므로 현상분석에만 만족하지 말고 교회의 프락시스를 이론적으로 구체화하는 작업과 함께 교회의 행동계획을 펼쳐 나가야 한다. 실천신학은 또 투쟁하는 교회로서의 전략을 염두에 두어야 한다. 하나님의 선교(Missio Dei)에 참여하는 교회는 항상 계획적이어야 한다.

교회활동에 있어 계획성을 상실한다는 것은 성령의 역사가 없다는 증거요, 그런 것은 결국 소망이 없는 계획서가 되고 만다. 여기서 계획과 전략

을 말하는 이유는 그것들이 바로 교회의 소망을 북돋아 준다는 점에서 이
다. 실천신학의 과제와 미래는 하나님의 미래 속으로 뚫고 들어가야만 보
증되는 것이고, 그 계획은 하나님의 구원 계획을 염두에 두어야 교회행위
의 진면목을 실현할 수 있는 것이다.

계획한다는 말 속에는 힘의 집중 및 조화라는 뜻이 포함되어 있다. 하
나님의 선교에 동참하려면 교회가 하나로 뭉쳐야 한다. 교회의 힘이 분열
되면 하나님의 구원계획에 방해가 되며, 교회의 행위를 무력하게 만든다.
이런 점에서 실천신학은 근본적으로 에큐메니칼 신학이라고 할 수 있다.

Ⅵ. 실천신학과 세계

성령과 말씀은 세상에서 창조적 역사를 이루며, 세계를 새롭게 움직여
간다. 그러므로 실천신학은 하나님이 만드시고, 교회를 통하여 구원의 역
사를 이루시는 세계와 밀접한 관계를 맺고 있다.

실천신학의 이런 요소를 무시해 버리면 하나님을 비인간화 하는것이 되
고 그러는 가운데 구속역사에서 일어나는 기적을 깎아 뭉개는 일이 된다.
그것은 다시 말해서 세상의 창조주를 찬양하지 않는것이 되고, 성령의 역
사를 얕보는것이 된다. 그러므로 여기서는 두 가지 문제를 생각해 보기로
하자. 첫째로는, 세계가 교회를 섬긴다는 사실이요, 둘째로는, 교회가 세
계를 섬긴다는 입장이다.

1. 교회를 섬기는 세계

세계가 교회를 섬긴다고 해서 성직자들이 세계를 지배할 권력을 가져야
한다는 뜻은 아니다. 오히려 실천신학이 성령과 말씀의 역사를 교회라는
울타리로 한정지으려 들면, 그것은 잘못된 일이라는 사실을 말하려는 것이
다. 성령과 말씀의 역사는 교회라는 울타리를 훨씬 넘어선다. 시간적으로
공간적으로 교회를 넘어선다는 말이다.

성령과 말씀은 교회안에서 그리고 교회 밖에서도 역사한다. 실천신학은
바로 이러한 역사를 음미하면서 그것이 교회를 위해 유종의 미를 거두도
록 해야 한다. 이러한 일은 두말할 여지가 없이 다른 신학분야들과 협동하
는 가운데서만 가능하다.

"모든 참된 것과 모든 고상한 것과 모든 옳은 것과 모든 순결한 것과
모든 사랑스러운 것과 모든 영예로운 것"(빌 4:8)을 새겨두기 위하여 실

천신학은 종교학, 사회학, 심리학, 윤리학 등과 협력하여 교회봉사의 길을 찾아야 한다. 예배를 드리기 위해서는 그 나라의 문화를 이해해야 하고, 하나님을 찬양하기 위해서는 그 나라 사람들의 말을 배워야 한다. 이렇게 교회의 울타리를 넘어서는 일은 바로 19세기 자유주의 신학의 공로라고 할수 있다. 물론 이것을 오늘날에 와서는 비판적으로 받아들이는 것 자체도 결코 타당한 일은 아니다.

성령의 역사가 교회의 프락시스나 그 울타리를 떠나서도 가능하다는 사실을 부정하면, 성령의 전능하심을 무시하는 결과를 가져온다. 그리스도의 권능 있는 말씀이 세상만사를 주관한다는 사실(히 1:3)을 모른 척하고 있으면, 그것은 곧 교회가 말씀을 저버린 결과를 가져온다. 그렇게 되면 새 노래로 하나님을 찬양하라는 말조차 입 밖에 낼 수가 없는 것이다. 만일 교회가 창조 질서에서 이탈하면, "하나님의 선교"(Missio Dei)에 동참할 수도 없다. 그러므로 세계를 섬기기 위해서 교회는 세계를 바로 활용하는 방법을 배워야 한다고 말할 수 있다.

2. 세계를 섬기는 교회

실천신학이 교회라는 울타리를 넘어선 이상, 관심에 두어야 할 대상은 교회 뿐만 아니라 세계도 포함되어 있다. 실천신학은 복음을 기대하는 세계를 변호하며, 피조물의 갈망하는 바를 대변한다. 그러므로 실천신학은 신학과 교회로 하여금 세계를 섬기는 역할을 하도록 노력해야 한다.

이런 점에서 실천신학은 그 시대의 정신과 언어를 정확하게 터득하지 않으면 안 된다. 그리고 비판도 하고 해석도 할 수 있어야 한다. 그러나 비판할 겨를도 없이 그 속에 빠져 들면, 시대정신을 이야기할 수도 없게 된다. 그러므로 실천신학은 그 시대상을 가늠할 줄 알고, 활동영역을 찾아갈 수 있는 기준을 명확하게 수립해야 한다. 그러나 세계에서 도피하여 교회로서의 순결을 내세우면서라도 그런 기준을 마련치 못하면, 본래의 사명을 상실당하고 만다.

신학과 교회가 세계를 대변한다는 말은 곧 교회와 교회의 신학이 세계 속에 말씀을 가져다 준다는 것을 뜻한다. 세계가 하는 말에 귀를 기울이면, 세계가 필요로 하는 말씀은 상상 밖의 다른 것임을 알게 될 것이다. 교회는 세계의 사실을 정확히 파악해야만, 비로소 세계에 대하여 적절하게 말하고 행동을 할 수 있는 것이다. 그러므로 교회는 "오늘날의 세계가 자금 어디에 서 있고, 어떤 시점에 놓여 있는 지를 깨달아야 한다"(Gottfried Benn). 교회가 해야할 적절한 말과 행동을 연구하고 지원하는 것이 바로 실천신학의 임무이다. 이것은 다만 신학을 세계를 위한 신학으로 밀고 갈 때에만 가능한 일이다. 그러므로 실천신학은 세계가 원하는 것을 교회에 전달하고, 이끌어 주며, 해명해 주는 역할을 담당해야 한다.

총괄적으로 말해서, 실천 신학자는 쌍방의 중재자요, 신학, 세계 상호 간의 가교를 이룩해 주는 교통순경의 역할을 담당해야 한다. 그는 신학에서는 교회와 세계의 대변자요 해석자이며, 교회에서는 신학과 세계의 대변자요 해석자이다. 이런 점에서 볼 때 실천신학자는 대변자이며 동시에 중재자의 역할을 담당해야 한다. 이러한 기능상의 협력체제 속에서 그는 교회의 구체적인 "모임"과 "보냄"을 받은 사실에 관한 학문의 체계를 세워 가는 것이다.

이상의 말을 종합해 볼때, 그 하나 하나의 과제와 가능성을 종합적으로 연관시켜 추진하기 위해서는 팀·웍(team-works)이 절대 필요하다.

V. 실천신학의 연구방법

여기서 실천신학의 기본원리와 그 규범을 간단히 설명해 보기로 하겠다.

1. 실천신학이 다른 신학분야와 따로 독립되어 있을 수가 없기 때문에, 먼저 다른 분야에 관한 기본적인 연구가 있어야 한다.

2. 실천신학은 현실교회의 개혁을 중요시 함으로, 이것을 연구하는 사람은 교회의 타성에서 초연할 수 있어야 한다. 올바른 프락시스를 가져오기 위해서는, 프락시스에서 일정한 거리를 유지해야 한다는 말이다. 자연과학자들이 하는 실험실 방법 처럼, 그 때와 장소에 맞는 실기를 연구해 보는 일이 바람직하다.

3. 어느 분야를 막론하고 본질적으로 연구를 진행하려면, 자유롭게 의문을 제기하고, 자유롭게 연구하는 자세를 지녀야 한다. 그러므로 다른 분야를 연구를 검토하면서, 그것이 프락시스에 필요하다는 결론을 너무 성급하게 내리지 않는 것이 좋다.

4. 모든 신학분야의 출발점과 귀착점이 교회와 교회의 프락시스인 까닭에, 그 연구를 좁게만 보지 말고 교회와 교회 전반의 욕구를 포괄한다는 입장에서 출발해야 한다. 그러므로 실천신학은 연구의 결론으로서 얻어지는 것이 아니고 처음부터 추구해야 할 성질의 것이다. 교회를 아는 것이 바로

신학의 본질이므로, 신학도는 먼저 교회에 대한 질문을 늘 던져야 한다. 객관적인 질문을 던지는 일이야 말로 실천신학에 큰 도움이 된다. 그러므로 신학도는 교회의 프락시스를 연구한 다음에, 다시금 각자의 분야에서 질문을 던져 보아야 한다. 그리고 연구과정에서 항상 교회와 신학과의 대화를 끊지 말아야 한다.

5. 신학공부를 이제 갓 시작한 사람이면, 먼저 프락시스에 몰입하지 말고 우선 교회의 문제들을 골라서 관찰하며, 비판적인 글을 읽고, 기회가 있는대로 교회의 행사에 참여하고, 교회기관들을 탐방하고, 교회생활 전반을 통틀어 관찰해 보며, 특히 예배에는 정기적으로 출석하고 세심한 관찰을 해두는 것이 좋다. 아무튼 여기서 제기될 수 있는 문제들을 가지고 씨름할 수 있다는 것은 바로 신학도로서의 특권이다. 제기된 문제를 성서주석이나, 교회사나 조직신학적으로 분석을 해 보던지 혹은 세미나를 통하여 파헤쳐 보던지 형태야 아무래도 좋다. 누차 실천신학 강의에서 지적되고 있는 것 처럼, 될 수 있으면 세미나에 참석하여 앞으로의 프락시스를 가지고 씨름하는 것 보다는, 프락시스를 만들어 주는 신학적인 문제와 과제를 중심으로 연구하는 작업이 더욱 중요한 일이다.

6. 교부들이 쓴 글이나 기타 신학서에서 읽을 수 있는 모범적인 실례들을 연구해 볼 필요가 있다. 프락시스의 경우 타당한 이론의 수집 자체보다도, 훌륭한 모범 사례들을 취사선택하며 배우는 작업이 더욱 중요하다. 이점에서 전기에 대한 연구도 중요하다고 생각되어 추천하고 싶다.

7. 자기 주변의 세계와 그 시대의 현상들을 신학적으로 잘 고찰할 필요가 있다. 예를 들어서 세 사람(Kurt Martie, Kurt Lüthi, Kurt von Fischer)이 공동으로 펴낸 "현대 예술과 기독교 신앙"(*Moderne Literatur, Malerei und Musik: drei Entwürfe zu einer Begegnung zwischen Glaube und Kunst*, 1963)을 참조하면 많은 것을 배울 것이다. 여기서 구체적으로 예술을 연구할 수도 있다. "지금 정오에 지구위의 시각은 얼마인가"하는 식으로 말이다. 이런 식으로 본질적인 것을 하나 하나 파헤쳐 들어가면, 우주 자체에 대한 문제를 파고 들 수도 있지 않을가 생각한다. 한사람 한사람의 삶의 문제도 저마다 실천신학적인 타당성을 지니고 있지 않은가!

8. 신학을 공부하는 사람은 당시의 문헌과 고전에 대한 강의나 다른 학문들을 섭취하면서 자기 자신의 주관을 세워갈 수 있다.

9. 이러한 관계에서 보면, 현지실습이 특별히 중요한 일이다. 자기 주변

의 사람들이 바로 복음을 전달받아야 할 사람들이기 때문이다. 문제를 파고 들어 연구하기 위해서는, 어찌 문제를 안고 있는 사람들에게 관심과 열의를 가지고 파고들지 않을 수 있겠는가! 실습에 들어갈려고 하는 사람은 시마눕스키(Horst Symanovski), 휠마르(Fritz Vilmar)가 쓴 "젊은 목사들이 본 목회 현장"(*Die Welt des Arbeiters, Junge Pfarrer berichten aus der Fabrik*, 1963)을 읽어주기 바란다.

실천신학을 연구하려면, 근본적으로 그리고 규범상 아래에 약술하려고 하는 실천신학의 학문영역을 깊이 고찰해야 한다. 물론 조직적인 분류 보다는 오히려 모든 신학의 통합이 더욱 중요하기 때문에, 어떤 굳어진 체계를 확정하려는 것은 아니다. 다만 실천신학을 연구하는 데 있어서 필요하다고 생각되는 몇 가지 중요한 것들을 간추려 강조하는 것 뿐이다. 질적으로 완벽을 기하려면, 무엇보다도 오늘날 우리들에게 주어진 모든 문제들을 정리하여 다른 분야들과 협력해서 공동으로 그 방안을 강구하는 일이 더욱 중요하다.

Ⅵ. 신천신학의 분야

1. 기독교 생활론

옛날 종교개혁자들은 실천신학(Theologia Practica)을 교회의 영적 생활(vita spiritualis)을 다루는 학문이라고 생각했다.

이 기독교생활 분야(Leher vom christlicher Leben, Die Aszetik)에 먼저 관심을 갖고저 하는 것은 크리스쳔의 교회에서나 세계 안에서의 삶을 신학적으로 규명하고 그것을 다른 분야들을 위한 전제를 수립하는 일이 얼마나 중요한 가를 강조하기 위해서이다. 이런 경건생활에 대한 연구도 역시 개인적인 확신이 없이는 신학을 연구할 수 없다는 입장을 말해 주고 있다.

이것은 물론 기독교 생활론과 관련된 문제들을 하나 하나 생각해 보면 더욱 분명해 진다. 우선 성서와의 대화 즉 명상(Meditatio)에 대해서 생각해 보자. 성서 본문의 유래 대해 역사비판적으로 고찰해 보면, 성서본문의 오늘과 내일이 바로 명상임을 알 수 있다. 마르틴·켈러(Martin Kähler)가 성서를 거꾸로, 그러니까 선교라는 각도에서 읽어야 한다고 강조한 것도 이런 뜻에서 일 것이다. 이런 식으로 성서를 읽으면, 소명을 주어 보내시는 말씀의 문제를 깨달아 알 수 있다. 최근의 어느 설교학 세미나에서도 명상의 결핍이 중요한 문제로 대두된 바 있다. 이 분야의 입문서로서는 본회퍼의 "매일의 명상"("Anleitung zur täglichen Meditation," *Ges. Schr.* 2, 478ff.)을 추천하고 싶다. 오늘날 동방교회의 명상 제도에 관한 책을 읽어 보면 서방교회가 얼마나 명상에 게을리 하고 있는 가를 알 수 있을 뿐만 아니라 "타인을 위한 그리스도인"으로서 신학도는 명상을 게을리 말아야 함을 깨닫게 된다(M. Kähler).

다음으로 기도(Oratio)의 문제를 생각할 수 있다. 신학을 "기도하는 마음으로 복종하는 일"이라고 정의한 것은 바로 칼·바르트(K. Barth)이다. 신학적인 기도의 대표적인 예는 안셀름(Anselm von Canterbury)의 책 (*Proslogion*)에서 읽을 수 있다. 안셀름이 하나님의 실존과 본질에 관해서 말하는 것 모두가 하나님께 대한 직접적인 호소로 되어있다.

신학이 하나님을(von Gott), 하나님 앞에서(vor Gott), 하나님에게(zu Gott) 말하는 것이라면, 신학도가 기도를 등한시하는 것은 잘못이며, 그런 의미에서 기도서들을 좀 익숙하게 알아둘 필요가 있다. 이에 대한 입문서로는 시편기도를 인용한 본회퍼의 "성서의 기도서"(Das Gebetbuch der Bibel, *Ges. Schr.* 4, 514 ff.)와 온갖 시련을 이겨내는 데 "강장제"가 되었다는 루터의 "친구를 위한 기도"(Eine einfältige Weise zu beten für einen guten Freund," 1535, *W.A.* 38, 351ff.)를 들 수 있겠다.

다음으로 기독교 생활론에서 고행(tentatio)의 문제를 생각하지 않을 수 없다. 루터에 의하면 "고행(苦行)이란 하나님의 말씀이 얼마나 옳고 진실하며, 달고 인자하며, 강건하고 위로를 주는 것인가를 알고 이해하며 동시에 그것을 체험케 하는 시금석"이라는 것이다(*W.A.* 50, 660, 1ff.). 이와 같은 말씀과 접하는 체험을 하면 설교와 목회에도 큰 도움이 된다.

2. 설교학

모든 신학이 복음선포를 출발점과 귀착점으로 삼듯이 실천신학의 핵심은 바로 설교이다. 설교학은 하나님의 말씀을 전하고 설교자를 비롯하여 청중에게까지 들려지는 말씀의 전달 방법을 다루는 학문이다.

최근까지만 해도, 신학적 대화는 주로 무엇보다도 말씀을 해석하는 주석학을 중심한 것이었다. 이것을 좀더 자세히 알고 싶다면, 프뢰르(Kurt Frör)의 "성서주석학"(*Biblische Hermeneutik: Zur Schriftauslegung in Predigt und Unterricht*, 1961)을 권하고 싶다. 이 책은 해석학의 입문서일 뿐만 아니라, 여러 가지 본문에서 제기되는 문제들을 설명해 주는 실천신학의 다른 하나의 모범을 보여주고 있다.

앞으로 우리는 무엇보다도 하나님이 말씀을 통하여 무엇을 하시며 또 하시려고 하는가 하는 심각한 물음을 제기하게 될 것이다. 그러므로 여기서 설교의 중요성이나 정당성을 묻지 않을 수 없다. 교회가 당면하고 있는 가장 탄 비극은 바로 거짓된 설교라는 문제이므로, 설교에서 어떤 기독교 진리가 강조되어 선포되어야 하는 가를 성서주석과 교의학을 빌어 연구해야 할 것이다. 그러므로 항상 말씀의 선포를 되묻는 것이 실천신학의 과제인 한에서「교회에 대한 비판」이 정당화 될 수 있는 것이다. 교회가 "말씀이 세운 피조물"(Creatura verbi)이라면, 교회의 모든 형편과 불실을 선포와 연관하여 살펴 보아야 할 것이다. 그리고 설교에 있어서 말씀의 사건이 중요한 것이라면, 설교의 사명을 한 사람에게만 맡긴다는 것이 하느님의 말씀에 비추어 적당한 것인지 아닌지, 그리고 다원 사회에서도 그것이 타당한 것인지를 물어 보아야 한다. 설교자는 말씀의 사건을 선포하며, 하나님의 말씀을 인간적인 말로 표현하는 역할을 한다고 치면, 진정 자기 설교의 모습을 주도 면밀하게 생각해 보아야 한다. 설교자는 또한 현대 설교집을 읽고 듣고 관찰하는 일을 중요하게 생각해야 한다. 설교를 읽는 것도 하나의 특별한 기술이다. 필자의 설교집인 "팔복"(Seligpreisungen der Bibel Heute, 1963)의 서문을 읽어 보아도 좋을 것이다. 학생들에게 신학교 수로서 이해한 심오한 설교의 관문을 두들겨 열어 줄 것이다. 이런 점을 염두에 두고 보면 불트만(R. Bultmann)의 "마르부륵 설교집"(Marburger Predigten, 1956), 바르트의 "형무소 설교집"(Die Gefangene Befreiung, 1959), 크라우스(H. S. Kraus)와 볼프(H. W. Wolff)가 공동으로 편집한 "구약 설교집"(Reihe Alttestamentlicher Predigten, 1954)을 참고하는 것도 유익할 것이다. 무엇보다도 과거의 한 설교자의 설교를 읽으면서 그 당시의 신학과 문화사가 어떻게 그 설교에 반영되었는 지를 살펴 보는 일이 중요하다. 이런 일을 위해서는 설교문을 놓고 공동으로 분석 연구해 보는 작업이 필요하다. 그러나 평생동안의 설교문을 미리 준비해 놓는다거나, 한번의 세미나로 만족스러운 해결책을 얻는 다는 것은 있을 수 없는 일이다.

3. 교회 교육학

이 분야는 특히 최근에 이르러서야 관심을 끌게 된 분야이다. 앙겔마이어 (Helmut Angermeyer)가 "목회신학 월간지"에 연재한 내용을 보면 이 분야의 참고 문헌을 잘 알 수 있다(*Monatsschrift für Pastoraltheologie*, 49/1960, 31ff.; 50/1961, 439 ff.; 51/1962, 235 ff.; 52/1963, 105 ff.).

    교육학을 공부해 보면 왜 실천신학에서 교육학을 다루어야 하는가를 분명히 알 수 있다. 교리문답서와 주일공과를 하나의 주어진 과제로 취급하고 선포에 관한 이론을 논의하는 것이나, 어떻게 하면 그것을 최대한으로 활용할 수 있느냐 하는 방법론을 연구하는 것만으로 충분한 것은 아니다. 교회교육 자체를 신학적으로 문제 삼아야 한다.

    입교문답 반에서 견신례를 준비하기 위해 교리문답을 가르쳐 보면, 오늘날 교회가 안고 있는 문제가 부각된다. 방법의 문제를 고찰하기에 앞서서 가정에서 맡아야 할 교육까지 목사에게 떠 맡기는 것이 오늘날 처럼 위기에 부딪친 교육적 현실에서 타당한 것인가, 그리고 교회의 구조 자체에 대한 근본적인 물음을 제기하지 않고서, 무슨 개선책을 제시한다는 것이 본래 헐어빠진 옷에다가 누더기 하나를 더 걸쳐 입히는 부질 없는 짓은 아닌가 하는 의문을 제기해 보아야 한다. 상황은 문자 그대로 역설적이다. 현재 교육체제는 어린이를 성숙한 인간으로 교육하라고 권면한다. 그러나 제도 자체가 부모들의 성숙성 까지 방해하고 있는 현실이다. 그러므로 앞으로의 교회교육은 미래의 인간형성을, 다시 말해서 전신도(全信徒) 훈련(Laienschulung)을 염두에 두면서 실시되어야 한다고 강조하고 싶다. 이제 과거와는 달리 교회교육은 "하나님의 선교"(Missio Dei)에 참여하는 준비교육을 담당하는 것이어야 한다.

    오늘날 학교기관에서의 종교교육도 논란이 분분하다. 논쟁의 초점은 바로 종교교육이 근본적으로 교리학습의 범위를 견지해야 하느냐, 아니면 이와는 다른 측면에서 시도해야 하는 가의 문제에 있다. 교리학습 교육도 아무튼 "길러낸다"는 점을 중요시 하기 때문에, 한편으로는 교육학과 다른 한편으로는 심리학과 협동해야 한다. 특히 인격형성이라는 점에서 보면, 사회학이 무시될 수 없는 보조학문이다.

    4. 예배학

    예배학은 예배의식, 기도와 찬송, 성례전의 올바른 집행, 세례와 성찬, 을 그리고 고해(Beichte)와 같은 모든 교회의식을 다루는 학문이다. 그리고 여러 가지 임직 예식(Amtshandlungen)과 교회당 건축까지도 문제로 삼는다. 흔히 말하는 예배 의식학(Liturgiewissenschaft)에서는 예배의 전반적인 역사를 취급한다. 이에 대한 참고서로는 뮐러(Karl Ferdinand Müller)와 블랑켄브룩(Walter Blankenburg)이 편집한 "개신교 예배서"(*Leiturgia, Handbuch des evangelischen Gottesdienstes*, 1954.)를 들 수 있다. 이 책은 루터교 예배를 근간으로 한 것이다.

현대의 예배형식에서는, 한편으로는 교회의 본질에 대한 성서적, 조직신학적 평가와, 다른 한편으로는 오늘이란 시대의 요청과 가능성을 동시에 충족시켜주는 것이어야 한다.

그러므로 한편으로는, 오늘날의 예배형식이 말씀과 성령에 의하여 모이고 보냄을 받는 일과 근본적으로 맞아 들어가는 것인가, 아니면 그것에 역행하는 것인가를 검토해야 한다. 그리고 다른 한 편에서는, 오늘날과 같은 산업화된 사회에 적합한 예배형식이 어떤 것인지를 물어야 한다. 한걸음 더 나가서, 현대 예술이 예배에 실제로 어떻게 공헌할 길이 없겠는지도 찾아 보아야 한다.

이러한 일련의 사실들을 종합해 볼때 소위 전통(Tradition)의 문제가 시급히 해결되어야 할 과제로 등장한다. 그것은 다시 말해서, 교회적인 원죄를 지속할 것이냐, 아니면 은총을 고수할 것이야 하는 문제이다. 이 문제가 분명히 밝혀지지 않으면 안 된다. 신학을 연구한다는 것은, 바로 이 문제에 대한 해답을 찾기 위한 것이다.

5. 목회학

목회학이란 것은 "사람이 사람에게 하나님의 말씀을 전달하는" 학문이다 (Asmussen). 그러나 이러한 입장은 목회자체의 개념이 별로 들어맞지 않는 집단 목회의 경우엔 정확한 정의가 못 된다. 목회학은 "사람"이 주요 관심사이기 때문에 심리학, 정신치료학 그리고 사회학과도 깊은 관련이 있다. 병원목회, 결혼상담목회, 노인목회 등등은 특수한 분야에 속한다. 신학적으로 볼 때 오늘날 목회에 있어서 가장 큰 문제는 신앙의 사유화(die Privatisierung des Glaubens)경향이다. 목회는 일방적으로 돌보아 주는 일로 끝나버릴 수는 없다. 개인의 영혼을 보살피는 일보다 하나님 나라로 불러 들이는 일이 더욱 중요하다. 이런 점에서 목회는 "삶 전체를 보살피는 일" (*Lebenshilfe*, Hans Schmidt)이 되어야 한다. 개인의 죄를 용서하고, 병을 고치며, 그밖에 사회문제를 보살피는 목회는 아주 특수한 영역에 속한다. 집단을 위한 학원목회도 이런 것이다. 아무튼 교회가 목회의 사명을 다하기 위해서 신학자를 어떻게 활용할 수 있느냐 하는 문제는 참으로 중요하다. 신학자 자신이 목회자가 되어야 하며 다른 사람에게 목회학을 가르칠 수 있으려면, 그 자신이 먼저 목회를 한 사람이어야 한다. 정신을 치료하는 의사가 자기 전문분야의 지식을 철저하게 쌓아가야 하듯이, 목회자도 자기 자신의 목회훈련을 쌓아가야 한다. 인간에 관한 연구, 죄와 용서, 그리고 교회와 사회를 신학적으로 연구하는 것도 넓게 보면 목회학 분야에 속한다. 여기에 대한 참고서로는 투르나이센(Eduard Thurneysen)이 쓴 "목회학원론"(*Die Lehre von der Seelsorge*, 1957²)이 대표적인 것이다. 또한 목회연구에 있어서는 전기나 위대한 목회자들의 서신을 참고하는 것이 많은 도움이 된다. 목회의 역사적 상황을 연구하려면 칼빈(J. Calvin)의 서신을 읽어보는 것이 좋을 것이다. 슈바르쯔(Rudolf Schwarz)가 이런 것들을 새롭게 해석하고 정리하여 1962년에 "서신을 통해 본 요한 칼빈의 업적"(*Johannes Calvins Lebenswerk in seinen Briefen*)이란 이름으로 책을 펴낸 바 있다. 전기 문제에 대해서는 췬델(Friedrich Zündel)이 쓴 "요한 블룸하르트"(*Johann Christoph Blumhardt*, 1962¹⁷)라는 책을 참고하면 좋을 것이다.

6. 사역학

사역학(仕役學)은 사랑에서 우러나거나 인간의 곤경에 직면해서 요청된 봉사를 그 연구대상으로 한다.

봉사(Diakonie)라는 말이 19세기에 들어와서 제멋대로 개념화하기 시작했는데, 우리는 보통 교회의 전 차원을 포괄하는 말로 이해하며, 형제애와도 같은 공동 유대성을 의미하는 개념으로도 이해되고 있다(예 : Taizé 신앙 공동체의 경우).

여기서 두 가지의 기본 개념을 관찰해 보기로 하자. 우선 오늘날과 같은 복지사회에서는 전혀 새로운 성격의 과제가 부여되기 마련이고, 또 급격히 변천하는 사회 속에서 불행을 당하는 사람들에게 사랑의 손길이 어느 정도나 주어질 수 있느냐가 문제라는 점이다. 다시 말해서 오늘날과 같은 대중사회 속에서 사랑의 행위가 어느 정도나 각 개인에게 먹혀들 수 있고, 또 중요시 되고 있는가 하는 점이다. 이와 같이 세계 속에 몸담고 있는 교회의 봉사적 실존이란 점에서 볼 때, "청지기"(Haushalterschaft) 문제가 대두되기 마련이다.

위에 말한 사실들을 종합해 볼 때, 사역(仕役)은 개개인을 향한 도움의 손길을 뜻할 뿐만 아니라, 사회 전반을 향한 섬김을 뜻하기도 한다는 것을 분명히 알 수 있다. 후자의 경우는 바로 사회윤리학(Sozalethik)의 문제가 된다. 이에 관련된 참고문헌이 많이 있지만 우선 몇가지만 간추려 소개해 보겠다. 카렌벅(Friedrich Karrenberg)과 비스마르크(Klaus von Bismarck) 가 편집한 "사회봉사의 과제"(Aufgabe der gesellschaftlichen Diakonie *Kirche im Volk*, H, 25/1960)를 먼저 참고하기 바란다. 그리고 사역의 역사를 연구하고 싶으면 울호른(Gerhard Uhlhorn)이 쓴 "기독교 사역학"(*Die Christliche Liebesttäigkeit*)을 참고하면 좋을 것이다. 1894년에 초판으로 나왔던 것이 1959년에 다시 출판되었다. 그리고 크림(Herbert Krimm)이 편집한 "교회의 사역학"(*Das diakonische Amt der Kirche*, 1953)도 참고하면 도움이 될 것이다. 이 책에는 기본적인 해설 밖에도 역사적 변천과정에 대한 설명도 붙어 있다.

7. 교회 행정학

교회 행정학(Die Kybernetik)은 현재의 교회에서 이루어지고 있는 성령과 말씀의 구체적인 형성과정(Gestaltwerdung)을 다루는 학문이다. 여기서도 실천신학이 신학 전체와 어떤 상관 관계가 있는지가 분명히 나타난다. 왜냐하면 여기서 신학적인 문제가 가장 특수하게 문제시 되기 때문이다. 필자는 여기서, 단지 교회제도와 그 역사적 변천의 문제, 카리스마(Charisma)에 관한 문제, 전신도(全信徒)의 역할(Laiendienst)에 관한 문제, 교회의 공동사명과 그 전략의 문제만을 언급하려고 한다. 이렇게 보면 실천신학은 교회의 "모임"과 "보냄"을 받은 사실을 가장 중요한 문제로 삼고 있음을 분명히 알 수 있다. 여기서 바로 선교학(Missionswissenschaft)과 에큐메닉스(Ökumenik)연구의 필요를 느낀다. 네 차례에 걸친 세계교회협의회(W.C.C)의 "신앙과 직제"(*Kirche uud Kirchenverfassung*) 회의에서도 방대한 량의 문헌이 나왔다. 실천신학을 중심으로 편집된 "복음주의 교회 사전"(*Das Evangelische Kirchenlexikon*)과, 또 이름 있는 "종교 대사전"(*Die Religion in Geschichte und Gegenwart*)의 "교역"(Amt), "교회직제"(*Kirchenverfassung*) 등등의 항목에도 자세히 서술되었으므로 참고하는 것이 좋겠다.

지금까지 실천신학의 일곱 분야를 하나 하나 간략하게 검토해 보았다. 여기서 우리는 각 분야가 모두 전 신학 체계와 밀접하게 연결되어진 것임을 확실히 알 수 있다. 신학은 하나이고, 동시에 여러 단원으로 분리될 수도 또 전문화 될 수도 있지만, 모든 분야가 전체 신학이란 틀을 벗어나지 않는 것 처럼, 이상에서 열거한 각 분야도 서로 밀접한 연결을 맺고 있다. 이러한 현상은 교회 교육학, 목회학, 예배학, 교회 행정학 등을 함께 포괄하는 설교의 경우에 잘 나타나 있으며, 이것 역시 기독교 신앙생활(경건생활)을 전제조건으로 삼고 있는 것이다. 이런 것들이 봉사와는 어떤 관련이 있는 지에 대하여는 피셔(Martin Fischer)가 편집한 설교집(*Einer Träger des andern Last* 1957)에 잘 표현되어 있다.

 지금까지 드린 설명이 어느 만큼이나 독자들의 요구에 응할 수 있는 것이냐 하는 것은 여러분 스스로의 판단에 맡길 일이다. 실천신학의 위치를 필자 나름대로 정리해 본 것에 불과하다. 신학하는 사람들에게 실천신학이 얼마나 중요한 과목인가를 새롭게 인식시킬 수만 있었다면, 그것으로 족하다고 생각한다.

宣敎學과 에큐메닉스

Manfred Linz
孫 奎 泰 譯

I. 世界를 위한 敎會

"세계에 대한 그리스도의 선교에 참여함이 없이 그리스도에게 참여할 수 없다. 교회실존의 근거가 되기도 하는 하나님의 동일한 행위들은 모두 교회의 세계선교를 위해서 부과된 것이기도 하다." 1952년도 빌링겐에서 있는 세계선교대회의 선언문의 일부인 위에서 언급한 명제가 타당한 것이라면 교회에 대한 몇몇 잘 알려진 판단들은 오해였다는 것이 드러난다. 우리는 교회를 세상과 갖는 하나님의 행위의 중심점에다 내놓으려는 경향을 가지고 있다. 그리고 나서 교회와 세계의 관계를 하나님이 자기 교회를 위하여 세계와 관계를 갖는다는 식으로 규정한다. 또 일차적으로 주목하고 관심해야 할 것은 교회의 설립과 보존이기도 하다. 베드로 전서의 말씀대로 교회는 "택함을 받은 족속이요, 왕같은 제사장이요, 거룩한 국민"이 아닌가! 물론 그렇다. 그러나 계속해서 이렇게 말한다. 즉 "그것은 여러분을 어두움에서 불러내어 그의 놀라운 빛 가운데로 인도하신 이의 덕을 여러분이 선포하게 하려는 것입니다"(벧전 2:9). 말하자면 교회는 사명을 위해서 선택되었고, 위탁을 받기 위하여 하나님의 것이 되었다.

　성서는 그것을 이렇게 가르치고 있다. 교회는 선택받은 백성, 이스라엘과 더불어 시작되지 않고 창조와 더불어 시작되었으며, 또 성서는 교회와 함께 끝나지 않고 어떤 성소도 갖고 있지 않는 하나님의 도시와 더불어 마감된다(G. Wingren, *Die Predigt*, 1955, 56, A. 34). 교회는 제자들을 파송하는 것과 관련해서 탄생하게 되었다. 복음은 만민에게 주어지기로 되어 있다. 그렇기 때문에 그리고 그것을 위해서 예수 그리스도에 의해서 부름을 받고 위탁을 받은 일단의 사람들이 존재하게 된 것이다(행전 2:4,11). 특히 나는 William A. Visser't Hooft의 책 *Unter dem einen Ruf*(1960) 에서 선교와 에큐메니칼 사상의 성서적 근거의 서론을 참고할 것을 권한다. 베드로 전서가 말하는 "아름다운 행실들"은 하나님이 예수 그리스도의 "宣敎"를 통하여 세상이 구원을 얻게 하려고 하신 모든 것을 말한다. 교회에서 문제가 되는 것은 세상에 대한 하나님의 사랑을 입증하는 것과 그의 사업에 대한 신실성 및 하나님이 창조시에 시작한 것의 완성, 간단히 말해서 이 세계를 위한 희망이라 할 것이다.

따라서 세계 없이 교회는 존재하지 않으며 또 위탁 없는 교회도 존재하지 않는다. 선교학과 에큐메닉스의 과제들은 바로 여기에 있는 것이다. 교회는 그 부름에 합당하게 살아가는가? 교회는 "땅의 소금"이고 "세상의 빛"(마태 5:13)인가? 개개 신학 교과목의 연구는 전 세계와 교회의 기본적 상관성을 유지하고 있는가? 그리고 그 연구는 또한 교회에 부과된 세계에 대한 위탁을 실천하고 있는가? 선교학과 에큐메닉스는 교회와 신학에 대하여 다음과 같은 그레첸의 물음을 제기한다. 즉 "자, 말하라, 너는 세상과 어떤 관계를 가지고 있느냐? 신학에서 제기된 것이 누구에게서 일어나는가? 교회를 위한 세계, 아니면 세계를 위한 교회, 어느 것이 해결책이란 말인가? 교회의 회집과 파송이 모든 신학의 대상이라면 선교학과 에큐메닉스는 다음과 같은 물음을 제기하게 된다. 즉 왜 교회는 모이는가? 교회는 어디로 파송되며, 어떤 목적을 가지고 나가게 되는가?"

II. 신학의 기능 음미

따라서 선교학과 에큐메닉스는 엄밀한 의미에서 한 분과가 아니라 즉 이것들이 그 자체의 분야를 다루고 있다고 하는 사실은 우선 중요한 것이 아니다. 이것들은 전체 신학의 필수적인 차원이다. 선교학과 에큐메닉스는 무엇보다도 한정된 분과가 아니라, 신학연구의 전체 측면이다. 선교학이 교회의 파송을 그 연구분야로 독점해서는 안 되듯이 에큐메닉스가 교회의 일치를 그 연구영역으로 독점해서도 안 된다. 이 둘은 피차 실천신학과 함께 교회가 그 소명 즉 세계를 위한 위탁에 충실하기 위해서는 "선교와 일치"가 전체 신학에 의해서 고려되어야 한다고 믿고 있다. 따라서 선교학과 에큐메닉스의 場도 역시 신학의 전체적 연관성에서 규정된다. 즉 이것들은 실천신학이나 그 밖에 다른 분과의 세부 항목이 아니라 보조적 학문이다. 선교학과 에큐메닉스는 그 연구에 있어 그 밖에 모든 신학 分科들을 수반한다. 선교학과 에큐메닉스는 다른 연구분야가 제기하는 문제들에 답해야 하고 또 다른 분야에 대해 문제를 제기하기도 한다. 선교학과 에큐메닉스는 다른 연구분야에 대하여 의견을 말해주며 또 다른 분야가 그들에 대해 말하도록 문을 열어 놓아야 한다. 이 둘은——분별력을 가지고 보면——비전문적이 되며 또 단점으로 간주될 수 있으나 필연성으로 간주돼야 한다.

따라서 우리는 선교학과 에큐메닉스는 그 밖에 다른 신학적 훈련들과의 계속적인 대화에서만 공부할 수 있다. 이들 학문은 대화를 필요로 하며 그것을 요구하고 있다. 만일 그것들이 개개 신학적 연구영역과의 대화에서 다루어 지지 않는다면 그 과제를 완수하지 못한다.

이러한 대화는 두개의 통로를 가진 관계다. 첫째 선교학과 에큐메닉스는 다른 연구분야에 의존한다. 거의 모든 명제에 있어 이들은 주석학, 교의학, 교회사, 실천신학에 의존한다. 그러나 예로서 선교학이 늘 이러한 의존성만을 염두에 두어온 것은 아니다. 선교학은 때때로 "명예로운 고립"의 경향을 가졌었고 오늘날에도 그러하다. 물론 거기에는 전혀 이유가 없는 것은 아니다. 까닭은 선교는 그 공민권을 교회에서 획득해야 했고 또 선교학도 그것을 신학에서 획득해야 했기 때문이다. 선교학은 신학 과목으로서 다른 신학적 훈련 과목과의 동등권의 획득을 위해서 투쟁했으며 그 동등권을 자율성으로 이해했었다. 선교하지 않는 교회에서는 선교학은 일차적으로 해방의 길을 걷게 되었다. 그러나 그것은 비상수단으로만 남아 있었다. 선교학은 백과사전식의 성격을 가졌었다. 말하자면 선교학은 그 스스로 주석가, 조직가, 역사가가 되었고 그리고 일종의 조직화된 선교사업의 가정용을 위한 신학을 촉진시켰다. 예를 제외하고는(예로서 Gustav Warneck) 선교학은 좁은 분야를 담당했었고 특히 매우 주저한 나머지 명백한 질문을 제기하지 못하고 단지 비판적 신학의 결론들을 받아들인다. 선교학에서는 전체 교회의 문제가 다루어져야 하며 또 선교학은 전체 신학의 촉진제와 교정수단이 되어야 한다고 늘 주장했지만 실은 그것이 그게 명백히 드러난 것은 아니다.

에큐메닉스는 더 유리한 출발조건들을 가지고 있었다. 교회에 있어서 에큐메니칼 사상의 오랜 역사(Ruth Rouse와 Stephen C. Neill의 "에큐메니칼 운동의 역사", 1957)와 세계정치와 문화의 교류에서 얻은 귀중한 시간은 신학연구에 있어서의 교회일치에 대한 문제를 위해 거의 힘들이지 않고 자기 자리를 얻게 되었다. 그러나 거기에서도 동등권은 필요한 대화를 위한 대용품은 아니다. 오늘날까지 대화는 단지 주저하는 가운데 진행되어 왔다. 역사가 짧고 상처를 입기 쉬운 에큐메니칼 운동을 염려한 나머지 교회들 사이의 신학적인 만남은 이제까지 주로 성서개념에 있어서 안전한 영역에서만 가능했다. 그러나 이러한 "에큐메니칼 성서주의"가 산출해냈다고 볼 수 있는 모든 일치는 올바른 신학적 진술들의 정당성에 관한 물음과 또 우리 시대의 신학이 매우 강하게 몰두하고 있는 급변하는 세계에서의 교회의 전통적 교리나 삶의 형식을 전달하는 데 필요한 긴급한 물음을 아직 상실하지 않고 있다.

Ⅲ. 독립 대신 의존

따라서 그 동등권이 인정된 이후 이 두개의 학문의 분과는 신학연구에서 그 독자성을 실천해 나가야 했던 것이다. 모든 신학은 선교적이고 에큐메니칼적이 되어 버려서 선교학과 에큐메닉스가 독자적인 학문의 분과로서는 필요성을 상실해 버릴 그런 사태를 상상하는 것은 어려운 일이 아닐 것이다. 물론 우리가 그 날을 맞이하기에는 요원한 감도 없지 않다. 바로 오늘날에도 이 두개의 연구 분야의 조산술적 과제가 특별히 긴급한 것 같다. 어느 나라에서나 교회가 소수자가 되면 될수록 그만큼 더 종교와 세속적 구원기대는 상호 반대세력을 형성하게 되는데 더욱이 모든 신학은 선교적이고 에큐메니칼적일 때만 효과적으로 그 기능을 발휘할 수 있다는 생각이 더욱 중요시 되게 되었다. 몇가지 실례를 들어 보면 아래와 같다.

a) 교회는 멜랑히톤이 적절한 말로 표현해 주듯이 "선포를 받은 자들의 공동체"이다. "그리스도를 위해 세상에 보냄을 받았고", "화해의 직분"(고후 5 : 18f)을 수행하도록 모든 그리스도인들이 위임을 받았다면 이것이 참된 교회의 표식이 아니겠는가? 아우스부르크 신앙고백의 제7항의 잘못된 해석과 함께 복음을 "순수하게" 설교하고 성례전을 적절히 집행하는 것을 지적하거나 다른 교회전통들 가운데서 교회질서의 성서적인 성격을 지적하는 것으로 족할까? 교회의 "참된 특징", 무엇보다도 그 소명에 대한 충실 여부에 따라 결정되지 않는다면 문제는 "참된 교회란 무엇인가?"가 아니라 "어떻게 교회가 참되게 될 수 있는가?"일 것이다(F. R. Barry; Hendric Kraemer, *Die christliche Botschaft usw*, 1940, 368에서 중인).

b) 신약성서 문서들은 새롭게 생겨난 공동체의 삶과 관련되어 있다. 바울은, 뭐라고 할까, "새로 시작한 교회들"에 편지를 보냈다. 이 편지에는 교회들의 성장과 거기에 따른 어려움들이 반영되어 있으며 그 편지를 통해서 그는 교회가 주변 세계와 관련하는 데서 제기되는 문제 및 구원의 희망에 대한 암시를 주고 있다. 우리 시대의 "피선교지의 교회"들이 가진 지식이 신약성서에 대한 우리의 이해, 말하자면 그들의 교회의 상황, 언어의 세계, 당시 주변세계의 종교적 사상과 개념의 취사선택에 관해서 제공하는 바가 있지 않을까? "타물인이나 한국인들 아니 말레시아인과 미크로네시아인들도 우리로 하여금 희랍인이나 로마인들을 이해하게 할 수 있다……"(Martin Kähler). 그것을 위해서 아시아와 아프리카의 교회생활에 관한 Walter Freytag의 글을 읽으면 좋을 것이다(in: *Reden und Aufsätze*, 2 Bde., 1961; etwa "Zur Psychologie der Bekehrung bei Primitiven" oder "Die Sakrament auf dem Missionsfeld").

c) 신학의 에큐메니칼 측면은 주로 "종교교육"(Konfessionskunde)에 있어서 다른 교회를 비교하여 연구한다거나 그 차이를 연구하는 데서 '에큐메니칼 교회학'을 형성했다(Ernst Wolf). 그것은 다음과 같은 물음을 피할 수 없게 만든다. 즉 교회와 교회 사이의 신앙고백의 일치는 어떻게 가능한가? 이들 교회 사이의 상호관계는 어떠한가? 다른 교회와 관련해서 자기 교회는 '하나의' 교회와는 어떤 관계를 가지는가? (여기 대해서 E. Wolf, Ökumenische Symbolik: zur Aufgabe der Konfessionskunde heute, in: *Peregrinatio*, 1954. 338ff.).

d) 교회의 직무에 대한 이해와 관련해서 오늘날 선교적이고 에큐메니칼한 운동에 있어서 평신도들의 개발은 어떤 의미를 가지는가? 오늘날에 와서 평신도들은 가장 중요한 과제를 걸머진 사람들이다. 그들의 증언에 따라 서고 넘어지는데 그 까닭은 그들이 교회와 세계 사이에 서 있기 때문이다. 그들의 생을 통해서 신자와 불신자의 만남이 가능하다. 세계에서 모든 그리스도교인의 기본적인 성직수임이 나타나며 따라서 성직자와 평신도 사이에는(비록 특정한 직무들을 위한 특수직이 있다고는 해도) 아무런 차이도 없다고 하는 것, 또 신약성서의 "백성"(Laos)과 "성직자"(Kleros)라는 개념들이 전체 교회에서 사용된다고 하는 사상은 무엇을 뜻하는가? 또 세계에서 교회의 일치의 문제와 그 삶의 문제에 매우 결정적인 의미를 가지고 있는 교회 제도의 이해와 실천을 위해서 어떤 의미를 가지고 있는

것일까? 교회 일치의 완성은 그 직무를 맡은 자들에 의해서 계획되고 확정된 직무의 신학 때문에 더 어렵게 되는 일이 드물지 않다고 생각할 경우에 교회에서 영적 직무의 실제적 비중을 교회의 재결합을 위한 노력에 둔다면 어떤 결과를 가져올 것인가?

항목들을 다 기술하자면 패나 길어질 것이다. 선교의 경험과 에큐메니칼적 대화들을 통해 교회에서 '교리와 신조교육'의 가치와 한계성들이 드러났다. 이것들은 상대적인 말하자면 구체적인 상황과 실제적인 요구와 관련된 진술로서 그것들은 어떤 새로운 상황이나 어떤 다른 사상전통의 영역에서 그 자체의 답을 선취하거나 대치해서는 안 된다. '교회사'는 그것이 강력하게 에큐메니칼한 문제 제기를 승인하고(Ernst Benz는 그의 책 Kirchengeschichte in ökumenischer Sicht, 1961, 39ff.,에서 에큐메니칼한 교회사의 서술과 그 극복을 위한 몇몇 명제들을 제시한다) 교회의 내적 측면에 관심하는 대신 또 교회 자체의 기구나 생의 문제에 초점을 두는 대신 과거의 교회의 위탁들의 세부 내용들을 문제삼게 되면 늘 교회가 지닌 지역적으로 그리고 신앙고백적으로 규정된 논제에서 벗어나지 못하게 된다. 북아프리카, 아라비아 및 근동지방등 광범위하게 그리스도교화된 지역에서 교회가 밀려 들어오는 이스람교와 대항, 당시 성공을 거두었었고 또 오늘날 까지도 계속 그리스도교 멧시지에 대항하는 이스람교의 면역작용 앞에서 거의 완전히 사라지게 된 것은 교회사의 제목으로서는 가장 흥미를 끄는 것이 아닐까? 교회의 실천은 다른 나라들의 선교적 상황을 연구하는 데서 자극을 받고 수정을 받게 된다. 그것은 "밖으로부터" 자기의 일을 보고 다른 대륙과 문화를 경험하는 데서 그것 자체의 삶, 특수한 위험과 유혹이 무엇인가를 배우게 된다. 아시아와 아프리카의 교회들이 우리에게서 소외된 우리 자신의 교회의 상을 보여준다.

여기에서 다음과 같은 결론이 나온다. 선교학과 에큐메닉스는 오늘날에는 모든 힘을 신학 연구와 교리를 보완하는 데로 향해야 할 것이며 이러한 필연적인 관련은 그것이 특수 연구분야의 역할을 고려하게 되는 데서 난점에 부딪치게 되지는 않는다는 것이다. 따라서 선교학과 에큐메닉스는 그 강의나 실습에 있어서 다른 연구분야의 과제나 또 공동연구 분야의 문제들이 무엇이며 또 이와 관련, 어떠한 경우에도 피해서는 안 될 책임성을 그 밖의 다른 전문가들이 피하게 해서는 안 될 것이다. 따라서 다시 한번 역사적 연구의 실례를 파악하기 위해서는 "선교 역사"는 실상 선교학에 있어서 가능하나 문제가 많은 연구분야다. 바로 거기서 이른바 "선교준비"(Sendungs-veranstaltung)나 조직화된 선교나, 또 교회가 그것을 목표로 해외로 나간 것등의 역사가 문제될 뿐만 아니라 초대 교회가 어떻게 복음을 이해했고 세계에 전파했는가 하는 물음이 제기 되면(Walter Holsten) 그것은 전체 교회사의 주제며 "선교史"로서만 다루는 것은 적절하지 못하다. 대학에서 선교학과 에큐메닉스에 대한 많은 문제들은 관계 전문가들과 관계 전문가들과 가능한한 긴밀한 관계를 가지고 일을 하는 데서만 가르치고 배우게 할 수 있는데 강의계획의 영역에서는 뭔가 공동의 실습과 연구협의체를 통해서 이 일이 가능하게 된다는 것이 자명해졌다.

Ⅳ. 선교학과 에큐메닉스의 상관성

선교적이고 에큐메니칼한 측면은 상호 분리될 수 없다. 그것들 가운데 하나가 둔한히 되면 둘 다 그 기능을 상실하게 되고 만다. "분열의 스캔달"(Vissert Hooft)을 겪지 않은 선교란 존재하지 않는다. 따라서 세계에서 복음을 증거하기 위해서는 교회의 일치를 문제삼지 않을 수 없다. 많이 논의되고 있는 "남인도 교회"의 형성에 원동력이 된 트랑쿠바(남인도)에서의 교회일치에 관한 대회의 선언문에서——성공회, 감리교, 장로교, 조합교회의 공동 결의로 된——이런 상황이 벌써 1919년에 아래와 같은 거의 공격적인 표현으로 반영되어 있다.

"우리는 인류의 1/5이나 되는 인도를 그리스도의 백성으로 만들 심각한 과제 앞에 함께 서 있다. 이렇게 볼 때 우리는 이러한 거창한 책임과 관련하여 우리의 불행한 분열, 우리가 직접적으로 책임질 일이 아니고, 외부로부터 우리에게 부과된 분열, 즉 우리가 원인이 되지 않았고 또 그것을 계속 그대로 가지고 있기를 원치 않는 분열 때문에 약화되었고 무력하게 된 모습을 보게 된다."

동시에 선교는 에큐메니칼 운동이 일치를 위해 헛된 노력을 하지 못하도록 해야 한다. 그러한 노력이 교회의 자기 천명에, 특히 에큐메니칼 운동의 본산인 세계교회협의회를 불신의 눈초리로 보고 있는 많은 집단들의 추한 모습 즉 "상층교회"(Über-kirche)에 향해져서는 안 된다. 교회의 연합은 그 '자체' 에큐메니칼한 일의 목표가 될 수 없고 또 하나의 교회를 만들 수도 없다. 현존하는 교회의 전체 수가 중요한 것이 아니라 참된 교회가 문제다. "……그것으로 아버지께서 나를 보내셨다는 것을 세상이 믿게 하려는 것이옵니다"(요한 17:21)라고 예수는 그의 기도를 통해 그리스도인들의 일치성을 말한 데서 그 근거를 볼 수 있다. "에큐메니칼"(세계)이라는 개념은 따라서 "전 세계에 걸쳐" 혹은 "전체 그리스도교적으로"라는 말 이상의 의미를 가지고 있다. 이 개념은 오히려 그 본래의 지리학적 용법을 넘어서 교회의 일치와 위탁을 포괄하는 의미를 지니고 있다. 1951년 세계교회협의회는 당시 중앙위원회를 통하여 "에큐메니칼"이란 용어는 "전 세계를 위한 복음선포에 있어서 전체 교회의 전체 과제와 관련된 것" 전부를 지칭하는 것이라고 선언했다. 그렇기 때문에 마찬가지로 그 말은 아 선교운동과 통일을 위한 운동을 내포하고 있으며 또 이 말은 전자와 대립하는 후자를 지칭하는 것으로 사용되어서는 안 된다. 오늘날의 에큐메니칼 시대는 선교적인 시대와는 단절된다고 말하는 것은 그렇기 때문에 선교와 (und) 교회일치의 오해를 의미한다. 그리스도를 향하는 것과 동시에 세상을 향하는 것을 통해서만 우리는 일치에 도달할 수 있는 것이다.

선교학과 에큐메닉스는 개개 그리스도교인들의 경험 내용을 반영해 준다. 즉 비그리스도교인들과의 만남이나 다른 전통을 가진 그리스도교인들과의 대화에서 우리는 전과 같은 상태에 머물지는 못한다. 대화는 여러가지 방식으로 우리를 변화시킨다. 세계에 대한 선교는 신조상의 차이들의 상이한 의미들을 후퇴시키며 신앙이 갖는 새롭고 창조적인 이해와 형식에 이를 수 있게 만든다. 즉 에큐메니칼한 대화는 각자의 진리이해의 의미와 한계를 재음미하고 묻게 만든다. 말하자면 에큐메니칼한 대화는 우리를 자기부정의 필연성 앞에 세운다. 자기부정이란 물론 획일화를 말하는 것은 아니다. 왜냐하면 찬양, 사상, 봉사등 다양성 가운데서 바로 생의 풍요성이 드러나기 때문이다. 그러나 그것은 교회가 구태의연한채 머물러 있을 수 없음을 말해준다. 따라서 선교학과 에큐메닉스에서는 밖을 향한 필연적 진보가 중요한 것이다. 선교학과 에큐메닉스는 하나님의 현재적 행위, 우리에게 요구하는 응답, 오늘 요구되는 복종을 문제삼는다. 이들은 신학이 교회의 자기 보존의 충동에 대항하고 "그리스도교 자유의 영적인 다이나믹에 빠지지 않기 위하여 우리가 있는 그대로 존속하려는" 소원에 대항함으로 선교학과 에큐메닉스는 신학에서는 불안의 요인이며 단적으로 말해서 그런 요인이 되어야 한다(Heinz-Dietrich Wendland, *Ök. Rundschau* 1962, 266). 따라서 선교학과 에큐메닉스가 공동의 터전과 목표를 가지고 있으며 동시에 이들은 각기 자체의 독자적 과제들을 가지고 있다. 여기서는 우선 선교학으로부터 시작해 보자.

V. 선교란 무엇인가?

교회에 위탁된 선교는 최근 150년간 무엇보다도 "해외" 선교로 이해되어 왔는데 말하자면 복음이 아직 알려지지 않은 곳이나 덜 알려진 곳에—이런 곳을 말할 때는 곧 아시아나 아프리카를 생각하게 되는데——복음을 선포하는 것으로 이해되어 왔다. 이러한 지역적 규정은('선교'에 있어서 지리학은 신학적 개념이되었다. Johannes Dürr, *Evang. Missions-Magazin* 97, 1953, 138) 교회의 회집을 강조하는 것과 보조를 같이해 나갔는데 여기서는 선교는 회개, 세례, 교회에로의 부름을 말하는 것이었다. 이러한 두 가지 개념규정이 선교에 대해 중요한 것을 말해주고 있음에는 의심의 여지가 없다. 이들은 절대로 포기되어서는 안 될 것이다. 그렇지만 바로 여기에 순간적 오해의 위험성이 등장한다. 선교란 아시아나 아프리카에서만 하는 것이 아니다. 우리는 무엇보다도 특수한 훈련과 폭넓은 여행을 거쳐 선교사가 되어야 하지 않을까! 선교가 일방적으로 회집만을 지향하는 경우 교회는——사람들이 교회를 어떻게 생각하든——그런 사고의 중심에 머물게 된다. 까닭은 사람들이 무엇 때문에 그리스도인이 되며 무엇 때문에 교회가 세워지고 존속되는가 하는 물음에 대해서 또 다른 사람들이 그리스도인이 되게 하기 위해서 또 다시 새로운 교회가 태어나고 성장하기 위해서라고 하는 대답만이 존재할 뿐이다. 따라서 구스타프 봐르네크 (Gustav Warneck)에서부터 오늘날에 이르기까지 선교는 교회중심적인 선교사업에 매달려 왔다. 그렇게 되면 선교란 봐르네크가 말했듯이 "비그리스도교인들 가운데 그리스도교의 移植과 조직화를 지향하는 전체 그리스도교의 활동"을 말하는 것이다.

위에서 말한 것과는 달리 여기서도 다시금 엄밀한 의미에서 그리스도교인과 교회의 소명에서부터 생각해 봐야 할 것이다. 선교에서 하나님은 교회를 세워 세상에서 자기 일을 해 나가는 데 있어서 동역자로 삼는다. 하나님의 위탁을 받은 제자들의 존재, 말씀, 행위를 통하여 세계 가운데서 그리스도의 주권이 이룩된다. 여기서 세계는 지리학적 넓이에서 보아야 할 뿐만 아니라 "하나님의 창조의 전체성"에서 보게 되는 것이다. 하나님의 구원은 그 역사에 있어서나, 전체 생의 영역에 있어서나, 공간적 넓이에 있어서나, 전체 세계를 둘러싸고 있다. 따라서 그리스도인들이 함께 일하는 것은 세계성을 가진다. 이것은 모든 인간들과 역사적 삶의 전체 영역에도 해당된다. 이것은 신앙에로의 부름을 통하여 그리고 정치적 사회적 행위 혹은 하나님의 자유로부터 주어지는 삶을 통하여 일어난다. 따라서 개개 그리스도인은 모두 선교에 참여해야 하며 그렇지 않으면 그는 그리스도인이 아니다.

따라서 선교는 좀 더 포괄적으로 그 바탕을 마련하지 않으면 안 된다. 그리고 선교학은 교회가 가진 단지 하나의 지리학적으로 그리고 단지 교회이식으로서의 과제를 위한 보조적 위치에 제한되어서는 안 되며 특히 격변하는 세계의 현황은 이제까지 해 온 해외에서의 선교사업의 여러 형식들을 무가치하게 만들었거나 전적으로 뒤바꾸고 말았다(Vgl. Freytag, Strukturwandel der westlichen Missionen, in: *Reden und Aufsätze* I, 111ff). 선교란 불가분의 것이다. 선교는 그리스도인들과, 교회가 세계에서 하느님의 통치의 실현을 목표로 행하는 모든 것을 포괄한다.

Ⅵ. 선교학의 과제

선교학이 선교의 전체성에 신학적 근거를 둘 때는 그것이 만일 교회가 포괄적인 세계의 위탁과 관련, 문화적 지리적 한계선을 뛰어넘는 것이 중요한 그런 곳에서 구체적이 되는 경우에는 그것은 좋은 의미를 갖게 된다. 선교학은 그때 그때 낯선 세계의 모습을 한 세계를 향해 선포한다. 선교학은 신학과 교회로 하여금 이웃 가운데서 멀리 거주하는 이들을 (또는 멀리 사는 사람들 가운데 이웃을) 회상하게 한다. 선교학은 구원이 모든 사람들에게 주어져야 한다고 생각하며 또 그리스도인들에게 위탁된 "화해의 직무"가 자기 자신의 나라나 사회라고 하는 친밀한 지평에 국한되도록 할 수는 없다. 바로 이것과 함께 선교학은 파송과 세계의 불가불리성을 드러낸다.

선교학의 이런 기능들로부터 그 입문의 바탕이 마련된다. 선교학은 전체 신학연구로부터 독립해야 한다는 요구가 타당한 것이라면 그것은 신학의 기본적인 네 개의 분과 즉 성서신학, 조직신학, 역사신학, 실천신학을 다시 한번 반복해서는 안되며 또 그것과 나란히 자주적 특수 연구분야로서 고립을 주장해서도 안 된다. 선교론에 있어서 통용되는 구분(성서적이고 조직적인 서술)과 함께 선교역사와 선교활동은——"선교"란 마치 우리가 성서적, 조직적, 역사적, 실천적으로 연구할 수 있는 어떤 것이기나 한 것처럼——선교학을 너무나 많이 동시에 너무 적게 체계화 하려고 한다.

그러나 이러한 계획이 너무 과도한 욕심인 것은 '전체' 신학에서 교회의 세계적 위탁이 문제이기 때문이다. 그것이 지나친 겸양인 것은 선교학이 해외에서의 교회가 필요로 하는 "사업"을 위해서 '도' 경청을 요구해야 할 뿐만 아니라 거기에서는 교회의 '본분'이 문제가 되며 신학은 선교적 차원 없이는 그 과제를 잃기 때문이다.

선교학의 분류는 또한 오늘날 그것이 직면하고 있는 과제에서 가능하다. 우선 세가지로 구분하면 아래와 같다.

1. 교회의 과제에 대한 물음에 의한 구분과 그것과 함께 다른 신학적 분과에 대한 보충적 기능──여기서는 고립된 "선교의 신학"이 문제가 아니고 하느님의 창조, 이스라엘의 선택, 예수 그리스도를 보내심, 그의 교회를 불러 위임을 주고, 세계를 완성하는 데서 행하시는 사건의 이해가 문제며 특히 교회와 세계의 병열관계(Zuordnung)에 관한 오늘날의 결정적인 신학적 물음의 해명이 문제인 것이다.

2. '하나의' 세계에서 지역적 문화적 차이 및 거기에 있는 교회의 삶과 증언의 인식과 이해──오늘날의 상황에 대한 개괄적 고찰은 A.M. Thunberg의 책, *Kontinente in Aufbruch, Kirche und Missio angesichts der afro-asiatischen Revolution*, 1960에 나타나 있다. 거기에는 다음과 같은 문제들이 내포되어 있다.

a) 전통적 유산, 고대종교의 뿌리깊은 영향력을 그리스도교 신앙과 생활로 받아드리고 변형시키는 데 관한 문제, 예배나 공동체 형성에서 그러나 또 신조나 교리형성에서 그리스도인들의 "독자적 해답"의 가능성에 관한 문제와 더불어 또 "토착적" 신학에 관한 문제와 함께 이교문화에 복음의 뿌리를 박게 하는 것.

b) 전체 인간들을 그 자신의 사회적, 문화적 고유한 속성에 도달하기를 원하게 만드는 복음의 소통(이것은 "선교의 방법"이나 "접촉점"에 관한 물음 그 이상이다.)

c) 피선교지 교회의 구조──공동체의 구성, 교회직무상의 독자적 형식들, 외국에서 일하는 동역자의 위치, 에큐메니칼 운동이나 개교파의 세계적 연합기구와의 관계.

d) 아프리카나 아시아 교회들의 자기 세계에로의 파송──그들의 선교적 선포, 국가개발에의 참여, 타종교와의 만남. 아시아에 있는 교회의 자기 이

해와 과제에 관한 좋은 안내가 "공동의 증언"(Witnesses together)이라고 하는 제1차 동아시아 기독교대회(Rangoon 1959)에 관한 보고서에 나타나 있다.

우리 자신들의 교회와 관련 위에서 얻은 결론들과 또 여기서 드러난 난점들, 또 국가 및 사회와 갖는 교회의 연루성, 또 교회의 쇠잔현상들과 갱신을 위한 시도들의 간접적, 아니 때로는 직접적 의미가 분명해졌다. 우리에게는 낯선 현실과 대결하는 것은 때때로 새로운 인식들을 위한 본질적인 장애가 되는 저 굳어버린 선입관에서 우리를 해방시킬 수 있다. 예를 들면 교회가 가지고 있는 사회적 게토(Ghetto)를 깨뜨려 버리려고 했던 유우럽과 미국에서의 선교적 실험들이 그 충동과 많은 연구형식들을 해외 선교에서 얻은 경험으로부터 취한 것은 우연이 아니다. 교회의 선교적 실존을 위해서 우리는 무엇 보다도 Hans Ruedi Weber의 다음의 논문들을 읽어야 할 것이다. "A Maure Minority," Laity 8 *Ök. Rat d. Kirchen*과 "성숙한 교회"(Mündige Gemeinde), *Ök. Rundschau* 9, 1960. 3ff 또 W.C.C.에서 가진 오랫동안의 연구프로그램인 "교회의 선교적 구조"(Die Missionarische Struktur der Gemeinde)를 볼 것이며 그후에 진행상황에 관해서는 "Concept"란 교환문서에 보고되어 있다.

3. 아마도 오늘날 선교학의 가장 중요한 과제는 그리스도교와 타종교 및 우리 시대의 영향력 있는 세계관들과의 대화일 것이다. 우리가 종교에서 알려고 하는 것이 무엇이냐에 따라 우리가 어떤 과제를 가져야 하는가가 결정된다. 이 과제의 의미에 대해서 우리는 다음 항목에서 다루려고 한다.

Ⅶ. 프로테스탄트 종교 교육의 과제

종교에 있어서는 올바른 이해가 중요하다. 그러나 종교란 무엇인가? "종교의 개념규정이나 본질규정은 거의 해결이 불가능한 문제다"라고 '종교대사전' (*RGG*)은 말한다. 우리가 종교라는 개념의 총괄적인 말로 표현할 수 없는 현상들의 공통분모는 무엇인가? 아마도 우리는 처음부터 이 종교의 공통분모 즉 종교의 "본질"을 포기하고 종교 현상학의 도움을 받아 종교를 절대적인 것 즉 "거룩한 것"에 대한 추구와 그것에 의지하는 것으로 서술할 수 있을 것이다. 물론 그와 같은 현상학적 개념 규정은 우리 시대의 종교적 현실의 광범위한 영역을 밝혀냈으나 그래도 단지 일정한 영역만을 밝혔을 뿐이다. 우리는 고전적 이해에서 보면 "종교의 소모증"(Hendrik Kraemer)에 대한 오늘날의 증인들이다. 우리가 체험하고 있는 것은 점점 많은 사람들에게 종교가 절대적인 것 혹은 영원한 것 위에 세워진 것으로서 인정받지 못하고 있으며 또 이러한 현상들 대신 半宗敎的인 성격이 종교의 자리를 차지하여서 "종교"를 세계지배적이고 세계변혁적인 이념들의 형태를 통해 "사회 종교들"(Alfred Weber)로서 혹은 전통적 종교의 모습을 완전히 벗어버린 민족 문화의 자기실현(미국의 Black Muslims으로부터 세일론과 버마의 불교의 기능에 이르기 까지)의 수단으로서 이해되고 있다는 사실이다. 피안적 현실성과의 연루성을 벗어 버리고 종교는 그 체험이나 표현 형식에 있어서 우리 자신에게 신뢰의 바탕을 둔 종교들이라고 봐야 할 것이다. 그리고 최근 새로운 활력을 가지고 일어나는 세계 종교들, 예를 들면 新힌두교나 전후에 있은 많은 복합적인 문화나 운동들도 전통적인(요가등) 동양종교들의 요소를 통해서 교육받은 서구인들이 느끼는 매력을 제공하지 못한다.

프로테스탄트 종교교육이 단순히 역사적 학문으로 되어가서는 안 되고 우리 시대가 소유하고 있는 종교적 능력들과 마주치게 해야 한다면 종교를 다른 식으로 규정해야 한다. 제 1계명에 대한 루터의 강해를 보면 종교를 엄격하게 신학적으로 규정한 것은 가장 좋은 현상학적 규정이 아니겠는가? 대교리문답서에서 그는 "그대가 그대의 마음을 두고 자신을 맡기는 곳, 그 곳이 본래 너의 하나님이다"라고 했다. 또 다른 곳에서 말하기를 종교는——순종하거나 항거하거나——어떤 힘에 대하여, 그것이 차안적으로나 피안적으로나, 유신론적이거나 무신론적이거나 간에 느끼는 속박이다 (Jan Hermelink)라고 했다.

물론 이것과 함께 문제가 되는 것은 믿지 않는 자들의 주장이다. 까닭은 종교를 생의 성취나 세력확대에 대한 소원과 함께 우세한 세력과의 결탁으로서 이해하는 것은 인간적인 것의 기본법주며 그것은 신성이 박탈된 세계에서도 그대로 존속된다.

프로테스탄트 종교교육의 논제는 또한 언제나 어떤 일정한 세력에 의해서 붙잡혀 있는 인간들과 복음과 그리스도인을 대면시키는 것이다. 이러한 만남에서는 그리스도교와 타종교간의 일반적인 관계가 문제가 아니고 개체로서 그리고 공동체의 일원으로서 '그리스도인'이 문제다. 종교교육은 이해와 증거라고 하는 양절선(兩節線)에서 이루어진다. 따라서 이것은 동시에 일반 종교학과 서로 주고 받는 관계에 서 있다. 이것은 이 종교학으

로부터 경험적 종교들, 종교적인 것의 표현형식들과 작용방식들을 배우게
된다. 그러나 그것은 종교학에서 연구한 자료들을 자기의 문제영역에 이끌
어 들인다. 즉 종교적인 인간에 대한 복음전파를 다루게 된다. 그리고 이
것은 종교학 말하자면 때때로 연구자 자신의 종교에 의해서 채색된 종교
학에 대해 문제를 제기한다.

그 과제에 있어서 프로테스탄트 종교학은 종교학의 개개 전문 연구 분
야를 돕는다. 그렇게 함으로 경험적인 전문연구가는 직접적으로, 규범적
인 전문 연구가들은 비판적인 상대자로서 거기에 도움을 준다.

종교사학, 종교현상학, 종교사회학, 종교심리학은 경험적 종교학에 속한
다. '종교사학'(Religionsgeschichte)은 개개 종교의 역사적 발전과정을 추
구하며 또 그것이 갖는 고유성을 규정하려고 한다. 종교사학에서는 종교의
비교가 문제가 아니고 그것의 특수성(Einmalige)이 중요시 된다. 여기에 대
한 일괄적 고찰을 위해서는 Chantepie de la Saussaye의 책 "종교사학 교
재"(*Lebrbuch der Religionsgeschichte* 1925) 4판이 도움이 될 것이다. 개개 종
교들에 대한 새로운 문헌들에 관해서는 "宗敎大事典"(*Religion in Geschichte
und Gegenwart*)을 보라. '종교현상학'(Religionsphänomenologie)은 역사적인
경향을 가진 것이 아니고 종교적 "현상"(phainomena)를 서술하고, 정리
하고 규명한다. 종교현상학은 종교의 진리나 그 가치에 대한 평가를 내리
지 않고 종교적 현상들의 의미와 관계를 밝히려고 한다. 거기에서 결정적
인 판단중지(Epoché, Zurückhaltung) 즉 가치판단을 배제한 철저한 이해
의 태도가 종교현상학을, 가치판단을 하려고 하고 또 하지 않을 수 없는
종교철학과 신학으로부터 구별짓는다. 물론 종교현상학자도 자기 자신의
이해를 피력할 수 있다. 그럼에도 불구하고 종교현상학의 감정이입적 고
찰방법은 일차적으로 매우 그릇되게 나타나 있는 현재의 종교 현상들을
이해하고 규정하는 데 특수한 의미를 제공한다. 종교현상학은 그것이 종
교적 현상들을 역사적으로 해석하지 않고, 또 그렇게 함으로 그 이해에 눈
을 감아버리지 않기 위해서는 종교사학과 밀접한 관계를 유지해야 한다.
여기에 대한 문헌은 반데레우(van der Leeuw)의 책(1956²)을 보라(그 밖에
Hermelink의 *Verstehen und Bezeugen* 1960도 참고하라). "종교"는 신자 개개인
의 형식에서가 아니라 종교공동체의 형식에서 우리와 만난다(가족, 집단,
국가 등). '종교사회학'(Religionssoziologie)은 종교적 공동체 형성의 제반 형
식들과 규범들을 문제삼고 종교가 사회에, 사회가 종교에 준 영향을 탐구

한다. 종교사회학은 바로 위에서 서술한 종교들과 종교적인 것들의 변화에서 의미를 찾는다. 종교사회학이 교회사회학으로서 특별히 그리스도교회의 사회적 형식을 다루고 또 복음전달에서 제기된 장애를 다룰 경우 그것은 실천신학의 영역에 더 가까워진다. 여기에 대한 입문으로서는 Gustav Mensching의 "종교사회학"(*Soziologie der Religion*, 1947)을 읽을 것이며 현재의 연구상황과 과제를 보려면 D. Goldschmidt와 J. Matthes의 책 "종교사회학의 제 문제"(*Probleme der Religionssoziologie* 1962)를 읽으라. 거기에 비해 '종교심리학'(Religionspsychologie)는 개인이나 전체 문화의 종교적 경험을 추구한다. 종교심리학은 종교적 성장, 죄의식, 참회, 양심 (이들의 병적 형식들과 함께)과 같은 윤리적·종교적 현상들의 이해를 위해서 중요하며 또 "무신론의 종교심리학"(Léselotte Richter)로서도 그렇다. 그것을 위해서는 그것이 엄격하게 내재적 연구로서 그 자체를 이해하고 진리문제에 만족하고, 또 의미문제에서 인류학적이고 현상학적 연구에로의 이전할 문을 열어놓는 것이 필요한 것은 물론이다. 여기에 대한 입문서로 적절한 것은 Wolfgang Trillhaas의 책 "내면의 세계"(*Die innere Welt*, 1953²)가 있다. 이러한 경험적 학문들과는 달리 '종교철학'(Religionsphilosophie)은 규범적 학문이다. 이것은 종교의 본질과 진리를 문제삼는다 (Einzahl). 그것은 종교로서 종교를 측정하며 문화내에서의 종교의 위치, 인간에게서의 종교의 의미 또 理性과의 관계를 문제삼는다. 종교철학이 경험적 종교학의 전제와 개념들을 해명해 주는 한에서 그것은 프로테스탄트의 종교교육에서 필요불가결의 것이다. 또 종교철학이 종교의 본질과 진리에 관한 판단을 내리는 한에서 근본적으로 철학과 신학의 관계에 대해서 말할 수 있는 것이다(130면 이하 참조). 이들이 종교철학과 매우 가깝기 때문에 차제에 조직적(혹은 비교) 종교학에 관해서도 말해야 할 것이다. 조직적 종교학은 무엇 보다도 경험적 실증적 연구며, 여러 면에서 종교현상학과 가깝고, 종교사학과 짝을 이룬다. "종교사학은 형성되어 가는 것 (Werden)에 관심하고 조직적 종교학은 형성되어 있는 것(Gewordenen)에 관심한다. 전자는 횡단면(Längschnitte) 후자는 종단면(Querschnitte)을 제시한다. 전자는 유일회적인 것(das Einmalige)과 관련하고 후자는——넓은 의미에서——전형적인 것(das Typische)과 관련한다"(Holsten). 조직적 종교학이 종교간의 비교를 통해 종교의 형태론을 이끌어 내는 한, 어디에 바탕 두고 비교하게 되느냐 하는 문제가 제기된다. 여기에서 제3의 비교의 자리는 무엇인가? 즉 비교종교학은 쉽게 다시금 종교의 이념과 본질에 대한 문제가 되어 버리고 종교철학으로 흘러들어가게 된다.

Ⅷ. 에큐메닉스의 과제들

선교학과 마찬가지로 에큐메닉스는 그것이 신학연구의 한 특수 분야로 변질되고 그렇게 됨으로 에큐메닉스는 전문가들과 열성분자들의 활동영역이 되어 버린다는 사실에 유의해야 한다. 따라서 에큐메닉스에도 확고한 전문가는 존재하지 않는다. 그대신 문제가 되는 것은 그것이 교회와 신학으로 하여금 소명을 함께 수행하게 하려면 어떤 과제들을 제기해야 하는가 하는 것이다. 우리는 이 과제들을 정보, 반성, 실현화라는 표제어로 제시할 수 있을 것이다.

1. '정보:에큐메니칼 운동' 에큐메니칼 운동은 늘 그 기원과 목표에 대한 인식부족과 오해로 골치를 앓고 있다. 그렇기 때문에 에큐메닉스의 제일 첫째 과제는 교회사에서의 에큐메니칼한 사상의 역사가 아니고 금세기의 에큐메니칼 운동역사, 그 발전 및 연구분과, 조직, 현재의 제반가능성들 및 미래의 과제등에 관한 지식을 제공하는 것이다. 세계교회협의회(W.C.C.)의 구성, 기구, 연구방법, 출판물, 위임기구들에 대한 지식 없이는 에큐메니칼 운동에 참여를 생각할 수 없다. 에큐메닉스는 일치하려는 노력, 이루어졌거나 부분적으로 논의되고 있는 교회연합과 관련된 상황과 문제들을 크게 일별하게 하며 이제까지 이루어진 일치의 전 영역을 알려준다. 교회들이 다 같이 말할 수 있는 것, 즉 아직도 남아 있는 문제를 Walter M. Horton은 1955년에 나온 "그리스도교 신학——하나의 에큐메니칼한 시도"(Christian Theology, An Ecumenical Approach)에서 종합적으로 다루고 있다. 그때 그때 W.C.C.에 의해서 주관된 거대한 연구프로그램을 아는 것도 이 기초적인 정보를 위해서 필요하다. 그러나 에큐메니칼 운동과 세계교회협의회에 속하지 않은 것에 대한 지식도——터무니 없는 오해를 피하기 위해서는——필요한 것이다(Visser't Hooft, "Überkirche und Ökumenische Bewegung", *Ök. Rundschau*, 7, 1958, 157ff). 이 운동에 대한 입문서로서는 Norman Goodall의 *Ecumenical Movement, what it is and what it stands for* (London, 1961)이 있다. 그리고 에큐메니칼 운동의 역사는 위에서 말한 R. Rouse와 St. C. Neill의 책에서 취급되어 있다. 그리고 W.C.C.의 현재 상태, 회원 교회, 헌법, 정관에 대해서 또 그 문제

점들과 과제에 대해서는 Visser't Hooft가 편집한 자료인 "Neu Delhi 1961"이 있다.

2. '반성 : 교회의 일치'. 다른 제반 신학과목들과 함께 에큐메닉스는 교회의 일치, 더욱이 그리스도에 의해서 우리에게 주어진 일치 뿐만 아니라 우리들에 의해서 실현되어야 할 일치를 문제삼는다. 이것은 여러 가지 문제를 불러 일으킨다. 어떤 일치가 이루어져야 하는가? 에큐메니칼 운동의 목표가 단일형식의 세계교회가 되어서는 안 된다면 일치를 위해서 필요한 것이 무엇이며 또 거기에 따르는 위험은 어떤 것인가? 어디에서 일치가 통제(Gleischaltung)가 되며 또 다양성이 분열이 되는가? 우리 가운데서 일치를 저해하는 것은 무엇인가? 재결합을 위한 바른 길은 어떤 것인가? 성만찬에 같이 참여하는 것은 일치를 위한 노력의 수단인가 목표인가? 교회분열과 또 그것을 극복하려는 노력에 있어서 이른바 비신학적인, "제도적인" 요인들은 어떤 역할을 하는가? 이런 전체 물음에 대한 최근의 토론들을 위해서는 1963년 몬트리올에서 열린 "신앙과 직제를 위한 제4차 세계대회"를 위한 준비자료 1—Ⅳ가 도움이 될 것이다.

선교학에 있어서 처럼 에큐메닉스에서 문제가 되는 것은 교회의 기본적 이해인 것이다. 에큐메닉스는 그 점에 대해서 세계에서의 교회의 실제적인 상황에 대한 신학적 고찰을 하고 또 그렇게 함으로 일치의 문제를 추상화나 신학의 독백에 빠지지 말게 해야 할 과제를 지니고 있다. 선교학은 다양한 지역(예를 들면 "옛" 교회와 "새" 교회에서)과 전통들 가운데서 일치가 획득하고 다시 일치와 선교의 상호 관련에서 거듭거듭 입증해 준 특수한 전망들을 열어 놓는다.

"우리가 이미 일치성을 가지고 있지 않다면 우리는 그것을 추구할 수 없을 것이다"라고 에큐메니칼 운동의 선구자 중 한 사람인 템플(William Temple)은 말했다. 이러한 파라독스는 에큐메니칼 운동이 소망하는 것이며 그만큼 그것은 또 논점들을 첨예화시킨다. 일치에 있어서 가장 어려운 문제는 실상 우리가 분열을 결코 불복종의 산물로 볼 수 없고 복종의 결과로서 평가되어야 한다는 것이다. 갈라지는 일들은 참된 신앙고백을 하려는 데서도 생기며 또 교회의 갱신에 대한 희망에서도 생긴다. 우리는 여기서 곧 과거의 역사를 돌아 보게 되나 이런 동기가 작용해서 생겨난 교파는 존재하지 않는다. 따라서 일치의 문제에 있어서 회개의 촉구나 죄의 고백을 동반하지 않으면 안 된다. 일치에의 희망은 교회를 가르지 않고 함께 해나갈 갱신에 대한 희망으로서만 의미가 있다는 것이다(여기에 대해서는 Edmund Schlink, *Der kommende Christus und die kirchlichen Traditionen*, 1961을 보라). 이렇게 해서 우리는 에큐메닉스의 세번째 과제에 도달한 셈이다.

3. '실현화 : 교회의 하나됨'. 에큐메닉스는 단지 서술적 학문분야가 아니다. 그것은 하나됨이 가능한 제반 조건들 뿐만 아니라 교회의 실제적 일치를 고려하고 있다. 신학적 훈련으로서의 에큐메닉스는 오늘날의 에큐메니칼 운동이 교회에서 일하시는 하나님의 행위에서 우리가 응답해야 할 특별한 "카이로스"(Kairos)라고 하는 전제에서만 의미가 있다. 그러나 만일 우리가 오늘날의 에큐메니칼 운동에서 새로운 하나님의 행위를 본다면 우리는 그것과 더불어 요구되는 우리의 전통, 신조, 교회질서등의 상대화도 승인해야 한다. 우리의 교회가 처한 상황들의 이러한 문제상황을 이해 한다면 에큐메니칼 운동과 에큐메닉스는 아무런 의미도 가지지 못한다.

따라서 에큐메닉스는 정보와 반성을 넘어서 일치의 실현화 작업으로 들어가지 않을 수 없다. 말하자면 에큐메닉스는 오늘날 에큐메니칼 운동을 어떤 것들이 위협하고 있는 가를 숙고하지 않을 수 없다. 인내력의 상실이나 체념, 말로만 에큐메니칼을 주장하는 것들이 그런 것이 아닐까(모든 사람들이 일치를 원한다. 그러나 모든 사람들이 이런 수단을 원하는가?). 세계적인 척도와 에큐메니칼 회의등에서의 일치를 위한 고취성은 때로는 자기 자신의 입장에 대한 무관심이나 비타협성을 수반한다는 것도 세계교회에 대한 폭넓은 타협을 각오하는 것은 교파적인 혹은 지역 교회적인 자기 주장을 내포한다고 하는 에큐메니칼 유토피아들이 승인되어야 한다.

오늘날 통일을 실현하는 데 있어 이미 가능해졌고, 따라서 주어진 것을 검증하고 또 그것을 완성하도록 고취하는 일이 에큐메닉스의 과제의 일부다. 세계교회협의회의 총무였던 Visser't Hooft의 판단에 따르면 교회가 모두 본질적인 것을 잃을지 모른다는 불안가운데 있기 때문에 일치를 위해 아직도 성숙하지 못한 교회를 도와 "일치할 능력"을 기르는 데 상부상조해야 한다는 것이다.

하나되는 일은 우리가 이미 보아 온대로 갱신을 통해서 생긴다. 갱신은 교회들이 자기들의 소명을 진지하게 받아들일 때 가능하다. 여기에서 에큐메닉스와 선교의 상관 관계가 다시 한번 분명해진다. 보냄을 받은 "교회들 만이 일치의 실현에 가담할 수 있다"(Freytag).

舊約聖書神學

Robert Bach
金 正 俊 譯

I. 서 론

　　초대 교회의 성서는 구약이었으며 —— 아마도 신약은 성서가 아니었을 것이다. 예수 그리스도의 증언이 최초로 점점 신앙 고백의 형식을 띠면서 굳어져 갈 때, 그리고 사도들과 사도 후기의 크리스챤들이 여러 곳에서 기록한 문서들이 최초로 점차 신약성서로 형성되어 갈 때, 구약은 이미 오래 전에 정경이었으며 기독교의 선포를 여러 가지 면으로 형성시켜 주었다. 초대 교회는 유대교의 성서인 구약에서 이스라엘과 온 세계의 메시야가 약속된 것을 알게 되었고, 그들의 나사렛 예수는 죽은 자들로부터 부활하여 자기가 그 약속된 메시야임을 증명하였다. 초대 교회의 크리스챤들은 구약성서를 펴 놓고 유대인들과 토론을 하였으며, 이 구약성서를 본문으로 삼고 복음을 전하는 설교도 하고 교훈도 하였다. 결국 구약성서는 신약성서의 설화들을 형성시킨 결정적인 母體였으며, 특히 수난 설화에서 그렇다. 초대 교회는 정말 사심없이 구약성서를 읽다가 예수 그리스도라는 목표에 부딪혔을까 — 아니면 예수 그리스도를 근거로 해서 구약성서를 솔직하게 읽었을까? 결국 이 질문은 어떻게 되든 마찬가지다. 즉 구약성서가 신약에 어느 정도로 흘러 들어와 가라앉아 있느냐는 것을 우리는 네슬 판 희랍어 신약성서를 읽어 보면 쉽게 상상할 수 있다. 여기에는 구약성서의 인용이 전부 다 굵은 글씨체로 인쇄되어 있고, 끝에 가서는 신약에 인용된 구약의 성경 구절이 집합되어 있는데, 그 빽빽한 글씨체로 인쇄된 색인표가 거의 14 페이지나 된다.

　　그런데, 교회와 신학은 상당히 오랜 역사 동안 그와 같은 구약성서에 대한 솔직한 태도를 잊어버리고 있었다. 즉, 옛날의 마르시온이나 근대의 그

보다 훨씬 후대에 나타난 대학자인 폰 하르낙과 같은 사람도 구약성서를 폐지해 버리려고 했다. 그래서 구약은 오랫동안 어떤 사장(死藏)된 서적이 되어 있었다. 아돌프 폰 하르낙(Adolf von Harnack)이 1921년에 쓴 "마르시온"이라는 책에는 그 이후에도 계속하여 많이 인용되는 유명한 구절이 있다. 즉 "2세기에 (벌써) 구약성서를 배척한 것은 잘못이었다. 다수의 교회가 그 과오를 거부한 것은 당연한 일이었다. 16세기에 와서도 구약을 배척하지 않은 것은 숙명적인 일이었다. 아직 종교개혁 운동이 구약성서를 거절할 수 없었다. 그러나 19세기 이후부터 신교에서 구약성서를 아직까지도 경전의 원본으로 인정한 것은 기독교와 교회가 무력하게 된 결과에서 왔다고 하겠다"(A. v. Harnack, *Marcion*, 2. Aufl. 1924, 217).

그런데, 역설적인 이야기이지만 그런 소리가 나올 수 있었다는 것 자체가 바로 구약학의 연구가 전멸하지는 않았다는 증거다. 구약성서가 오랜 세기 동안 계속하여 일반적인 신학사상의 집성(集成)으로 여김을 받아왔으나, 이것은 역사적인 근거가 전혀 없는 판단이었다. 그러다가, 구약학은 점차 구약성서의 인간적인 특색(der menschliche Charakter)을 발견하였다. 물론, 처음에는 아주 신중하고 완만하게 그 길을 출발하였지만, 19세기 후반기와 20세기 초에 들어서서는 점점 더 철저하고 신속한 구보를 하였다. '신성한 성서'의 배후에서 그것을 제작한 사람들이 나타나기 시작하였고, 또 성서가 현존의 성서가 되기까지에는 기나긴 생생한 역사적 과정을 거쳤다는 것도 알게 되었다. 언젠가는 거룩한 책으로 여김을 받던 이 책을 점점 더 분명히 역사적인 책으로 이해하게 된 그 과정 전체를 일목요연하게 보여주는 책은 한스 요아킴 크라우스(Hans Joachim Kraus)가 쓴 "종교개혁으로부터 현재까지의 구약성서에 대한 역사 —— 비평적 연구사"(*Geschichte der historisch-kritischen Erforschung des Alten Testaments von der Reformation bis zur Gegenwart*, 1956)이다. 구약학이 제기한 오늘의 문제들을 조금이라도 이해하려고 하는 신학도는 누구나 이 책을 한번 읽어야 될 것이다.

이와 같이 구약의 인간적인 성격과 역사적인 성격을 발견함으로써, 과거의 구약이해에 혁명적인 사건이 일어나고, 그 이후 이미 보편적으로 인정을 받을 수 있는 새로운 학설들이 많이 나타나게 되었다. 예를 들면, 모세 오경이 모세가 쓴 것이라고 유대교의 학자들과 기독교의 전통은 인정을 하고 있었지만 지난 1세기간의 긴 역사를 지나면서 점차 오늘 우리가 이해하는 것과 같은 새로운 방향으로 바뀌고 말았다. 모세 오경에는 이스라엘 백성의 조상들이 메소포타미아의 고향을 떠나 팔레스타인을 넘어서 애굽으로 갔다가, 거기서 다시 출발하여 바다에서 구원을 받고 살아 나와서 40년 동안 사막을 헤매다가 드디어 팔레스타인을 전쟁으로 정복하였다고 되어 있지만 이런 구약성서의 기사는 역사적인 사실과 일치되지가 않으며 또 이사야 40—66 장이 주전 8세기에 활약한 예언자 이사야에게서 기인된 것이 아니라는 것 —— 즉 몇 개의 실례만 든다면 —— 그 기사의 배후에서 더 이상 실제의 역사 사건을 찾을 수 없다는 것들이다.

구약학이 구약성서의 문제를 다루면서 걸어 온 과정을 통하여 구약은 점점 더 활기찬 책으로 소생하였다. 옛날에는 교리문서의 증거자료로 인정을 받았던 부분들이 이제는 한 민족의 문학적인 유산으로 이해할 수 있게 되었다. 즉, 그 형성 과정과 본질을 이해한다면, 그것은 혈과 육의 인간이 기록하고, 이야기하고, 찬양하고, 기도한 것이다. 이 책의 배후에서 과거의 한 민족이 살아나게 되었고, "거룩한 문서"의 배후에서 고대 中東(중동) 문화사의 일부가 드러나게 되었다. 이런 새로운 발견을 강력하게 도와 준 것은 지난 백년 동안에 나타난 고대 중동(中東)의 연구였다. 그 중동의 연구는 구약성서를 고대 중동의 다른 민족들의 문화와 종교와 모두 생생한 관련을 맺게 하였고, 오히려 그들의 편에서 성서에 생명을 불어 넣었고, 구약을 다른 고대의 중동과 연결시킴으로써 구약을 훨씬 더 이해할 수 있도록 크게 도와 주었다. 우리는 오늘날 고대 문서를 발견한 사람들의 기쁨을 거의 느낄 수가 없다. 그러나, 그들은 그런 기쁨으로 구약을 한 걸음씩 점점 더 역사적으로 이해할 줄 알게 되었다. 이런 발견자들이 놀라운 기쁨을 금치 못했던 순간들 중에서 한 순간을 예로 든다면 "하무라비 법전"을 발견하였을 때다. 그것은 모세 시대보다도 수 백년 전에 바빌론에서 쓰어진 법률 문서인데, 구약의 율법 부분과 분명한 관련을 맺고 있음이 증명되었다. 구약 율법 구절의 어떤 형식은 이 "하무라비 법전"과 그 후에 발견된 다른 고대 중동의 법률 문서에 비추어 고대 중동의 법률 전통이라는 거대한 江(강)의 지류에 불과하다는 것이 증명되었고 이와 동시에 구약의 법은 시내산에서 하나님으로부터 직접 받았다는 그런 후광을 상실하였다. 그래서 구약성서는 다른 민족들과 같이 이 지상에서 생활을 하고, 전쟁을 하고, 고통을 겪은 어느 한 민족의 문학적 유산이라는 새로운 생명을 지난 백년 동안에 얻게 되었다.

그러나, 구약성서를 인간의 책으로 보는 댓가로서 교회와 신학은 얼마나 값을 치뤄야만 했던가! 고대 중동의 한 민족의 책이 기독교 교회의 강단에서 무슨 의미가 있었을까? 물론 구약성서는 위대한 것과 의미 깊은 것도 지니고 있었을 것이다. 그런데 바로 그 기독교라는 "종교"로부터 세계적인 구약성서의 "종교"가 헤어지게 된 것이다. 크리스챤은 필요한 경우에는 언제나 시편에서 몇 구절을 인용하거나 어떤 예언자의 말을 여기 저기서 골라서, "이미 거의 신약적으로" 영향을 끼치는 경건한 내용과, 또 잘 조사해 보지도 않고 신약의 내용과 맞추어 인용할 수 있다고 믿을 수 있는 특징들만을 찾아 내려고 노력을 하였다.

그래서 구약성서가 역사가나, 종교사학자나, 고전 연구자에게는 그렇게 생동적인 책이 되었음에도 불구하고, 교회의 설교자에게는 오랫동안 사장된 책이 되고 말았다. 우리는 헤르만 궁켈(Hermann Gunkel)이 1916년에 쓴 "구약성서에 남아있는 것이 무엇인가?"(*Was bleibt vom Alten Testament?*)라는 의미 심장한 제목의 책을 한번 읽어야 옳을 것이다. 궁켈은 구약성서의 인간적인 면을 재발견한 매우 위대한 학자들 중의 한 사람이다. 비록 그가 기독교에 대하여 구약성서가 매우 중요하다는 의미를 제시하려고 친절한 노력을 다 바쳤음에도 불구하고, 오늘 우리가 그의 책을 읽을 때에는 그의 질문에 대하여 "많은 것이 남아 있지 않다"고 대답할 수 밖에는 없을 것이다. 구약성서가 역사가와 종교사학자에게는 그렇게 생동적인 책임에도 불구하고, 교회의 강단에서는 계속하여 벙어리가 되어 있었다.

그 원인은 무엇이었던가? 구약성서를 역사 비평가의 영역에 내맡겼던 탓만이었던가? 아니면, 오히려 구약신학에는 어딘가 잘못이 없었던가 하는 것을 밝혀야 옳지 않을까? 구약성서가 사람이 쓴 인간의 책으로서, 어떤 작품이든 인간의 작품이면 모면할 수 없는 그런 모든 결점을 전부 다 지닌 책이라는 이유 때문에만 신학과 교회는 어떻게 구약성서를 빼앗길 수가 있었겠는가? 신학은 구약성서의 역사성을 생생하게 이해함으로써도 역시 구약을 새롭게 이해할 수 있다는 사실을 깨닫지 못했던 것은 아닌가?

신학은 구약성서의 역사적인 새로운 이해가 개방시켜준 그 모든 가능성들을 깨닫기 전에는 계속하여 구약성서의 메시지를 교회를 위해서만 이용하여 왔고, 또 우리는 오늘날에도 그런 사고를 바꾸어 새롭게 생각하는 과정중에 있을 뿐이다. 오늘날 구약성서를 공부하는 학생은 누구나 여기서 무엇인가를 느끼게 될 것이다. 즉 교회와 신학을 위하여 구약이 무슨 말을 할 수 있느냐는 문제가, 반 세기 전만 하여도 꿈도 꿀 수 없던 그런 생각을 오늘날에 와서는 어느 정도 자유롭게 할 수 있도록 고무시켜 주었다. 여기에 신학생이라면 아무도 피할 수 없는 질문이 있다. 구약성서는 단지 과거의 어떤 역사와 종교의 증거 서류에 불과한가? 그렇지 않으면, 이론적으로만이 아니라 교회의 생활과 신학사상에 있어서도 현실적으로 신약성서와 나란히 경전이 될 수 있는 자격을 충분히 지닌 책인가? 기독교 교회의 경전에서 구약과 신약을 동등하게 공존시키는 점에서 이미 나타나는 문제는 "다양한 신학적인 측면도"의 문제이다. 이런 문제는 신약학자들의 신약개론에서 더 자세히 설명될 수 있을 것이다. 성서 경전의 범위에서 구약성서의 자료가 어떤 의미를 지니고 있는가? 이로써, 우리는 성서증언의 이해라는 근본적인 질문에 직면하게 된다. 이 문제는 곧 "해석학"의 문제이다. 해석학의 문제에서 더구나 천편일률적으로 고정된 조항들을 따라간다면, 그릇된 방향으로 빠질 위험이 있다. 구약은 율법, 신약은 복음; 구약은 약속, 신약은 성취; 구약은 경건한 사람이 몰락해 가는 과정을 그린 책이고, 신약은 죄인을 의롭다고 말하는 책; 신구약이 다 같이 구속사라는 하나님이 인류 구원을 위하여 준비한 어떤 특수한 역사의 증언이라는 것과, 또 이와 같은 단순한 공식들이 아무리 많이 있을지라도 그것은 구약학을 해치는 유혹인 경우가 너무나 많다. 우리는 구약성서에 그와 같이 미리 준비한 조직적인 의복을 강제로 입혀서는 안 된다고 강력하게 경고해야만 옳을 것이다. 이 말은 구약성서를 공부할 때 해석학의 문제가 이미 처음부터 관련되어서는 안 된다는 말은 결코 아니다. 그러나 지난 10년, 또는 50년 사이에 쏟아져 나온 수 많은 구약 해석학의 참고서들을 훑어 본 사람이라면 누구나 그 문제가 얼마나 복잡하고 다양한 것임을 확실히 알게 될 것이다. 또 이 문제가 몇 개의 판에 박힌 공식으로 다루어진 것이 아니라 모든 해석학이 성서의 본문 자체에서 검사를 받고 있다는 사실을 알게 될 것이다. 신학의 전체 테두리 안에서 구약성서의 의미를 찾는 신학적인 질문을 해야 함으로 필연적으로 그만큼 구약성서 증언의 하나 하나에 나타나 있는 측면도(Profil)를 가능한한 각자의 상황에서 정확하게 파악하기가 어려울 것이다. 각개의 증언을 그 모든 상황에서 정확하게 이해하는 데 필요한 전제들과 방법들은 다음 장에서 논의하려고 한다.

그러나, 미리 구약성서의 해석학 문제를 다룬 수 많은 참고서들 중에서 몇가지는 지적해 두어야 하겠다. 구약 해석학의 초보적인 안내문으로서 적절한 것은 클라우스 베스터만(Claus Westermann)이 "구약 해석학의 제 문제"(Probleme)라는 제목으로 편집한 책이다(*Theologische Bücherei* II, 1960). 이 책은 해석학 문제에 대한 여러 구약학자들의 논문을 수집한 것이다. 그 다음에는 화란의 조직신학자가 쓴 흥미있는 작품을 말할 수 있겠다 : 아놀드 A. 반 룰러 著, "기독교 敎會와 舊約 聖書"(Arnold A. Ruler, *Die Christliche Kirche und das Alte Testament, Beiträge zur evangelischen Theologie*, Band 23, 1955). 해석학 문제를 다룬 더 많은 참고서들은 이미 위에서 베스터만이 편집했다고 말한 그 책에서 찾아 볼 수가 있다.

II. 구약성서의 이해를 돕는 여러 전제

구약성서를 실용적으로 적절하게 이해하고, 독립적으로, 즉 다른 외국어 번역에 의지하지 않고 이해하려면(몇 곳의 아람어 부분을 제외하고는) 구약성서의 문서 전체가 씌어진 히브리어를 아는 지식이 제 1의 전제가 된다. 언젠가는 —— 최초의 인류와 하나님 마저도 낙원에서 히브리어로 말을 했을 것으로 보고 —— 히브리어가 세상에서 가장 오래된 언어로 여김을 받았으나, 우리는 이미 오래 전부터 히브리어로 역사적으로 이해하도록 배웠고 이제는 히브리어를 셈語族 전체에 속한 하나로 분류할 수가 있게 되었다. 신학생은 히브리어 교과서에서 배운 최소한의 필요한 지식을 넘어서, 히브리어의 역사와, 가능하면 셈어 전체의 역사도 한번 대강 훑어 본다면 조금도 손해 볼 것이 없을 것이다. 이 목적을 위해서 신학생을 도와 줄 수 있는 책은 다음 두 권을 들 수 있는데, 어느 것이나 마찬가지로 중요한 책이다. 1) 발터 바움가르트너의 논문, "오늘날 우리는 히브리어의 역사에 대하여 무엇을 알고 있는가"(Walter Baumgartner, "Was wir heute von der Hebräischen Sprache und ihrer Geschichte wissen", *Anthropos* 35/36, 1940—1941, 593—616페이지, 이것을 그 후에 재출판한 책으로는 Walter Baumgartner의 *Zum Alten Testament und seiner Umwelt*가 있다. Leiden 1959, 208-239페이지); 2) 마틴 노트의 "구약성서의 세계"라는 중요한 책에서 관련된 부분(Martin Noth, *Die Welt des Alten Testaments*, 제4판 1962).

히브리어와 (관련된) 언어를 배우려고 하는 일은 구약학 중에서도 자기가 중심점으로 삼고 있는 신학연구를 하려고 하는 사람만이 감히 접근할 수 있는 일이다. 이런 신학생이 배워야 할 언어는 우선 아람어(Aramäische)와 우가릿어(Ugaritische)가 있다. 아람어는 성서의 다니엘서와 에스더서의 일부가 씌어진 때문만이 아니라, 후기의 유대교가 점차 이 언어를 사용하는 단계로 넘어갔다는 이유에서도 아람어 지식은 중요한 것이며, 더구나 신약성서의 이해를 돕는 전제로서도 결코 무시할 수 없는 것이다 (우가릿어라는 이름은 1929년부터 발굴이 시작된 라스 샤므라〔Ras Schamra〕라는 폐허의 언덕 속에서 드러난 고대 시리아 왕국의 수도 '우가릿'〔Ugarit〕에서 온 것이다). 문학적으로 우가릿어가 중요한 이유는 이스라엘 이전의 가나안 민족과 특히 가나안의 종교에 대한 문서가 우가릿어로 씌여 있기 때문이다. 우리는 이런 우가릿어의 문서를 통해서 이스라엘 신앙의 배경과, 이에 대조된 종교를 더 잘 이해할 수 있게 되었다. 이뿐 아니라 순전히 철학적으로도 우가릿어는 고대 히브리어의 자매 언어로서, 구약성서에 진지한 관심을 가진 학생에게는 지극히 중요한 언어이기도 하다. 구약성서에 대한 우가릿어의 의미를 일목요연하게 제시한 책은 발터 바움가르트너의 "라스 샤므라와 구약성서"(Walter Baumgartner, "Ras Schamra und das Alte Testament," *Theologische Rundschau*, Neue Folge 12, 1940, 163—188; 13, 1941, 1—20, 85—102. 157—183)이다. 히브리어와 밀접한 관련을 맺은 셈족 계통 언어로서는 자연히 아라비아어, 아카드어, 이집트어, 헷족의 언어 등을 생각할 수 있다. 아라비아어는 언어학적인 관점에서 볼 때 특히 셈족 연구에 중요하고 아카드어와 셈족 언어가 아닌 이집트어와 헷족의 언어는 이스라엘 민족이 퍼져 들어간 더 넓은 역사적인 환경을 더 명확하게 알려고 할 때에는 꼭 필요한 전제들이다. 그리고, 이제 끝으로 구약을 전공으로 하지 않는 신학생에게도 해당된 말을 하고 싶다. 신학생이라면 누구나 구약의 언어를 둘러 싸고 있는 바로 "그 울타리 넘어로" 한번 더 넓은 범위로나 더 좁은 범위로 한번 훑어 볼 필요가 있다. 여기서 "울타리"라는 말을 쓴 것은 우리 서구인의 사고에서는 히브리어 이외의 언어들이 구약의 언어를 둘러 싸고 있기 때문이다. 헬라어는 우리 서구인의 사고에서 볼 때 우리가 이어받은 문화적인 유산에 해당되며, 헬라 문화와 우리 서구의 문화가 서로 다양하게 뒤얽혀 있다는 사실을 깨닫기 어렵지는 않다. 히브리어는 헬라어에 비교해 보면, 우리에게 어떤 딴 세계의 언어와 같이 보인다. 그러나 이 세계 즉 이 구약의 세계를 신학생은 배워서 알아야 하고 또 알 수도 있을 것이다. 그리고, 신학생은 구약 언어의 고향이 어딘 가를 느낄 수 있어야 한다. 구약성서는 그 주변의 문화 세계와 종교 세계에서 해결되지 못한다면, 그 만큼 구약 성서의 언어도 해결되지 못할 것이다.

우리는 구약성서의 언어를 상술(詳述)하다가 뜻 밖에도 구약성서의 한계선을 넘어 고대 중동의 넓은 세계로 들어가게 되었다. 구약성서의 이해와 그 시대의 역사와 문화에 뒤얽힌 구약의 관련성을 이해하려면 단순히 언어적으로만이 아니라 이 세계, 즉 고대 중동의 광활한 세계 전체를 알아야 한다. 물론 신학생이 고대 중동문화의 광활한 영역 전체를 공부할 수는 없을 것이다. 그러나 구약성서를 진지하게 이해하려는 관심을 가진 사람이라면 누구나 고대 중동의 민족과 국가들의 역사와 문화와 종교를 한번 훑어 보도록 노력해야 할 것이다. 이 문제에 대해서도 이미 언급한 마틴 노트(Martin Noth)의 "구약성서의 세계"라는 책이 매우 도움이 된다. 특히 제3부 "고대 중동 역사"(*Elemente der altorientalischen Geschichte*) 이 외에도 구약성서의 이해를 돕는 중요한 책으로서, 고대 중동의 세계에서 나온 원문들의 번역판이 우리가 이용할 수 있도록 많이 수집되어 있다. 후고 그레스만(Hugo Gressmann)의 "구약관계 고대 중동문서"(Hugo Greßmann, *Altorientalische Texte zum Alten Testament*, 2 Aufl. 1926)과 제임스 B. 프리챠드의 "구약성서에 관련된 고대 중동문서"(James B. Prichard, *Ancient Near Eastern Texts Relating to the Old Testament*, Princeton 1955)와 쿠르트 갈링이 출판한 책으로서 작지만 누구나 값싸게 구입할 수 있는 중요한 "이스라엘史 교본"(Kurt Galling, *Textbuch zur Geschichte Israels*, 1950)이 있다. 신학생은 이런 고대 중동의 자료집과 성경본문과 나란히 비교함으로써, 이스라엘이 그 주위의 세계에 관련을 맺고 있는 어떤 특수한 모습을 한번 새롭게 잘 알아 볼 수 있는 기회를 놓쳐서는 안 된다. 예를 들면 구약성서의 "계약의 책"(출 20장, 22—23장, 33장)을 고대 중동의 법률 서적과 비교하며 또는 팔레스타인의 굴복에 관한 보고서와, 또 이에 대한 "열왕기 하"에 있는 기록과 그리고 예언자 이사야의 선포에 나타난 기록들을 비교해 보는 일 같은 것이다.

이런 자료집과 나란히 우리가 비교할 수 있는 것은 그런 자료와 관련된 사진들이다. 이런 것을 통하여 우리는 고대 중동의 세계를 더욱 생생하게 볼 수 있으며, 구약성서도 더욱 잘 이해할 수 있다. 그런 사진들을 제시

한 책으로는 후고 그레스만의 "구약성서에 관련된 고대 중동의 사진들" (Hugo Greßmann, *Altorientalische Bilder zum Alten Testament*, 2. Aufl. 1926) 이라는 책과, 제임스 B. 프리챠드의 "구약 성서에 관련된 그림에 나타난 고대의 중동"(James B. Prichard, *The Ancient Near East in Pictures Relating to the Old Testament*, 1954)이란 책이다. 여기서 몇 개의 예를 들어 보겠다. 이스라엘 왕 예후의 굴복 광경이(왕하 9장 이하) 앗수르 왕 살마네셀이 만든 소위 "검은 방첨탑"에 그림으로 나타나 있다(Greßmann, *Abb*. 123; Prichard, *Abb*. 355). 앗수르 왕 산헤립이 라기스 도성을 정복한 것도 (왕하 18:13f) 산헤립이 그렇게 그리도록 한 것이다(Prichard, *Abb*. 372f). 거기 보면 주민들의 충성의 맹세를 들으며 전리품을 받아들이기 위하여 (Prichard, *Abb*. 371; 예레미야 1:15도 이에 비교하라) 그의 왕좌가 그 도성 앞에 그려져 있다. 이것은 그의 사령부가 유대에 있는 것처럼 보이도록 한 것이다(비교 왕하 18:14). 그러나 이런 조각품들이 신학생들에게 주는 의미는 단순히 구약과 그 주변 세계와의 평이한 관계를 알려주는 데에만 그치지 않고 그보다 훨씬 더 넓은 세계를 열어준다. 그런 조각품들을 통하여 신학생은 고대 중동의 민족들과 국가들의 문화와 생활 형태에 대하여 입체적으로 그 시대의 세계상을 보충하여 그려 볼 수가 있게 된다.

이제까지 우리는 구약성서와 이에 관련된 역사의 윤곽을 대강 그려보려고 하였다. 이제는 우리가 구약성서의 이해를 돕는 그 다음의 전제로서 구약의 역사가 일어났던 지역의 이름을 알아야 한다. 이스라엘 백성이 살았던 지역을 알지 못하고서는 구약성서를 사실상 이해할 수가 없다. 구약성서에 나오는 수 많은 지명만이라도 우선 들으면 척척 알도록 익혀야 한다. 신학생이라면 누구나 팔레스타인의 지리 전체를 한번 훑어 보아야 한다. 여기서도 좋은 참고서를 보아야 한다. 마틴 노트의 "구약성서의 세계"중에서 제1부가 좋다. 이에 첨부하여 볼 것은 다음과 같은 성서 지도들이다. 제일 좋은 것은 아직도 헤르만 구테의 "성서 지도."(Hermann Guthe, *Bibelatlas*, 2. Aufl. 1926)이고, 그 다음으로는 그롤렌베르크의 "성서 그림 지도"(L. H. Grollenberg, *Bildatlas zur Bibel*, 2 Aufl. Gütersloh 1959)와 라이트와 필슨의 공저인 "성서의 역사적인 지도"(George Ernest Wright and Floy Vivian Filson, *The Westminster Historical Atlas to the Bible*, 2. Aufl. 1956)가 있다. 그 외에, 현재 시중에서 팔리고 있는 수 많은 팔레스타인의 풍경 사진첩들도 직접 팔레스틴을 가서 볼 수 없는 사람들에게는 우선 성서의 풍경을 간접적으로라도 볼 수 있도록 도와 줄 것이다. 가장 학업에 도움이 되는 우수한 사진첩으로는 달만이 제작한 "팔레스타인의 항공사진"(Gustaf Dalman, *Hundert deustche Fliegerbilder aus Palästina*, 1925)이다.

팔레스타인의 현대적인 지리를 아는 것이 매우 중요한 일이기는 하지만 그것으로는 아직 불충분 하다. 구약성서를 이해하는 데 필요한 팔레스타인의 지리는 역사적으로 변천해 내려온 지리다. 고대의 국경선들은 어떻게 바뀌어 갔는가? 주요 교통로는 어떻게 바뀌어 갔는가? 주요 도로는 어떻게 바뀌어 갔는가? 구약성서에 나오는 지명들을 오늘날에는 어떤 곳과 동일시할 수 있는가? 특히 역사적으로 지명을 동일시하는 지지학(地誌學)은 어떤 경우에 있어서 엄청나게 대답하기 어려운 때가 자주 있으며, 이런 경우 학생들은 대체로 어떤 지배적인 의견에 따라야 될 것이다. 여기서 참고할 수 있는 책은 성서어휘 사전이 있는데, 특히 라이케와 로스트가 출판한 "성서역사 사전"(Bo Reicke und Leonhard Rost, *Biblisch-historische Handwörterbuch*, 1962 ff)이 좋다. 그러나 학생으로서는 팔레스타인의 지리를 역사적으로 연구하는 방법론을 한번 훑어 보아야 한다. 이에 대한 참고서로는 알트의 작품과 엘리거의 작품이 있다(Albrecht Alt, "Neue Erwägungen über die Lage von Mizpa, Ataroth, Beeroth und Gibeon", *Zeitschrift des Deutschen Palästina-Vereins* 69, 1953, 1—27; Karl Elliger, "Beeroth und Gibeon," *Zeitschrift des Deutschen Palästina-Vereins* 73, 1957, 125—132).

끝으로, 팔레스타인 연구에 해당된 분야로서는 팔레스타인의 고고학을 말할 수 있다. 이것은 지나간 시대의 물질적인 유산과 관련된 학문이기도 하다. 고고학 연구를 떠나서는 오늘날 역사적인 地誌學을 더 이상 생각할 수도 없을 것이다. 우리가 고고학 연구를 하는 데는 이미 발굴자들이 캐어 낸 수 많은 원문들에 의존하게 된다. 이 분야에서는 이제까지 팔레스타인의 地域외에 더 오래된 중동의 地域에서 더 많은 자료가 쏟아져 나왔다. 고고학적으로는 文書 遺品들이 발굴되지 않은 곳에서도 그런 고고학적인 발굴 작업은 팔레스타인의 연구에 있어서 무한히 귀중한 것이다. 어떤 곳이 언제부터 사람이 사는 곳이 되었으며, 언제 파괴되었으며, 언제 다시 사람이 살게 되었는 지를 오늘의 고고학은 매우 정확하게 확인해 낼 수가 있다. 더구나, 이런 고고학적인 업적으로 말미암아 우리는 고대인의 생활 상태도 알게 되었다. 그들의 도성과 집의 모습, 그들의 신전과 제단의 모습, 그들이 사용한 연장과 무기와 일용품의 모습 등을 우리는 오늘날 고고학의 업적에 힘입어 거의 원형과 비슷한 모습을 재생시킬 수 있게 되었다. 그런데 신학생은 여기서도 팔레스타인 연구의 영역을 넘어 갈 필요는 없다. 이에 대한 입문적인 참고서는 노트의 "구약성서 세계" (Martin Noth, *Die Welt des Alten Testaments*, 2 Teil)와 올브라이트의 "팔레스타인 고고학"(William F. Albright, *Archäologie in Palästina*, 1962)이 있다. 여기서도 꼭 주의해야 할 것은 어떤 고고학적인 연구의 결과를 당장 성서학에 적용하여 결론을 내리지 않도록 노력할 일이다. 우리는 그런 과오를 통속 문학에서 자주 보고 있기 때문이다. 그리고 고고학이 할 수 있는 일과 할 수 없는 일에 대해서는 마틴 노트의 "성서는 그래도 옳은가?"(Martin Noth, "Hat die Bibel doch recht?", *Festschrift für Günther Dehn*, 1957, 7—22)와 "이스라엘 역사에 대한 고고학의 공헌"("Der Beitrag der Archäologie zur Geschichte Israels", *Supplements to Vetus Testamentum* VII, 1960, 262—282)을 비교해서 참고하자.

Ⅲ. 구약성서 해석학적 방법

우리는 이 논문의 서론 부분인 제1항에서 구약성서의 인간적인 성격에 대하여 말을 하였다. 구약성서를 하나님의 행위에 대한 증언으로 이해해야 하는 일이 극히 중요한 것과 마찬가지로, 구약성서의 인간적인 성격을 고려해야 할 일도 극히 중요한 것이다. 그렇기 때문에, 명확한 방법론이 필요한 것이다. 그렇다고 해서, 이런 방법만 있으면 구약성서 이해가 자동적으로 다 이루어지는 줄 착각해서는 안된다. 우리는 단순히 그런 방법론의 도움을 받아, 구약성서를 오늘 우리의 성서로 이야기하려는 것에 불과하다. 방법론이란 구약성서를 마음대로 처리하는 지배자가 될 것이 아니라, 오직 성서이해에 봉사하는 기능만을 나타내야 할 것이다. 방법론은 우리가 해석하려고 노력하는 구약성서를 순수한 연구의 대상으로 진지하게 취급할 줄 알도록 도와 주는 것이다. 우리가 구약성서를 이해하려고 노력할 때 방법론은 우리가 마음대로 구약성서를 해석하지 못하도록 지켜 주는 봉사자이며, 또 그래야 한다. 따라서, 방법론은 우리가 마음에 드는 생각을 구약성서에 집어 넣어서 읽어 내는 과오도 방지해 주어야 한다. 특히 방법론이 봉사해야 할 일은 우리가 피상적으로 읽고 있는 말씀(verbum exte.num)대로 구약성서의 메시지를 해석할 것이 아니라 그 메시지의 특수한 성격에 따라서 진지하게 해석하도록 도와 주어야 할 일이다.

　옛날에 씌어진 책으로서 우리에게 전승된 책이라면 —— 구약성서도 마찬가지로 —— 오늘날 씌어진 책과는 다르게 이해할 수 있는 방법론이 필요하다. 그런 특수한 이해 방법은 이미 본문의 표현 연구에서 시작되고 있다. 우리의 구약성서 해석 방법도 그런 표현 연구를 밑바탕으로 삼고 있다. 요즘 씌어진 책이라면(만일 인쇄 과정에서 온 오식을 제외하고는) 구둣점에 이르기까지 저자가 의도했던 바를 확실히 알 수가 있지만, 구약성서의 저자는 우리와 수천 년 멀어진 옛날 사람들이고, 또 그 오랫 동안 구약성서의 원문은 사람의 손에 씌어진 사본으로 계속 전승된 것이다. 이런 식으로 성서의 원문이 계속 베껴서 전달되었기 때문에, 원저자가 의도했던 본문을 우리가 확실히 갖고 있다고 장담할 수 있는 부분은 한 곳도 없다. 오히려 우리는 성서의 원문이 그렇게 오랫 동안 베껴서 전승되는 과정 중에 수 없이 의식적으로 변경되기도 하고, 모르고 무의식 중에 훼손되기도 했을 것이라고 생각해야 옳다. 그렇기 때문에 성서해석학이 해야 할 제1의 과제는 최초의 원문을 재건하는 것이 되어야 하며, 좀 더 신중하게 표현을 하면 할 수 있는대로 최초의 원문에 가까이 접근하도록 노력해야 할 일이다. 이런 연구 분야를 우리는 "본문 비평"(Textkritik)이라고 부른다. 과거에는 그런 본문 비평의 방법을 이용하여 성서의 원저자가 의도했던 원문을 회복할 수 있을 것이라고 낙관적인 의견을 취하고 있었으나 오늘 우리는 수 많은 이유 때문에 그런 낙관론을 더 이상 고수할 수 없이 되었다. 그럼에도 불구하고, 구약성서의 원문이 전승되어 내려온 특수한 역사를 고려하고 너무도 분명히 훼손된 성서의 본문은 재건하여 고쳐 놓도록 노력해야 할 일이 우리가 회피할 수 없는 과제다. 우리가 이런 과제를 수행하기 위하여 이용할 수 있는 참고서와 그 과제를 착수할 수 있는 방법에 대해서는 "구약성서 개론"책에 대부분 자세히 설명되어 있다. 특히 추천할 수 있는 책으로서는 마틴 노트의 "구약성서 세계" 제4부와 에른스트 뷔르트바인의 "구약성서 원문"(Ernst Würthwein, *Der Text des Alten Testaments*, 2. Aufl. 1963)이 있다. 특히 뷔르트바인의 책은 신학생이면 누구나 히브리어를 배운 다음에 할 수 있는대로 빨리 한번 끝까지 공부해야 할 책이다.

　그러면 우리가 너무도 분명히 훼손된 원문을 재건해 놓았을 때에는, 그것으로써 이미 원저자가 의도했던 본문을 찾아낸 것일까? 구약성서에서는 저자의 문제도 현대의 서적에서 나타나는 저자의 문제와 완전히 다르다. 예를 들면 이사야서의 "저자"는 누군가? 어쨌든 예언자 이사야가 저자는 아니다. 이것은 구약학이 밝힌 지 벌써 오래되는 문제다. 더구나, 이사야서에는 전혀 이사야가 쓰지 않은 부분이 너무도 많이 들어 있다. 이미 책으로 완성된 성서의 본문도 그 이후로 전승된 역사를 지니고 있지만, 그 책 자체로서도 책이 되기까지의 전역사(Vorgeschichte), 즉 책이 되기까지의 문학적인 형성사를 지니고 있는 것이다. 이런 구약성서의 형성과정을 연구하는 것이 "문서 비평학"(Literarkritik)이다. 구약성서의 각 책은 어떤 형성과정을 거쳐서 오늘 우리가 가지고 있는 문서가 되었는가? 성서의 문서에서 구별되는 자료는 어떤 것이며, 어떤 저자의 문체인가? 그렇게 구별되는 부분은 어떤 시대에 쓰어진 것인가? 그런 대규모의 삽입 부분이나 또는 짧은 첨가 구절(주해, Glossen)은 어떻게 알 수 있는가? 이와 같이 구약성서 각 책의 문학적인 형성 과정에 관련된 모든 문제들을 풀려고 노력하는 것이 "문서비평"의 책임이다. 이런 문제를 총망라해서 취급하는 책들이 "구약성서 개론"(Einleitungen in das Alte Testament)이다. 이 면에서 아직도 중요한 참고서는 슈토이에르나겔의 "구약성서 개론 교본"(Carl Steuernagel, *Lehrbuch der Einleitung in das Alte Testament*, 1912)인데 특히 그 이유는 이 책이 문서 비평적으로 구약성서를 연구하던 시대가 끝났을 때에 쓰어진 책으로서, 그런 학문적인 결과를 거의 다 모범적으로 요약해서 제시해 주기 때문이다. 좀 더 최근의 "구약성서 개론"을 참고로 열거하면, 아이스펠트의 것(Otto Eißfeldt, 3. Aufl 1964)과 바이자(Artur Weiser, 5. Aufl. 1963)의 것과 쿠울의 "구약성서의 성립과정"(Curt Kuhl, *Die Entstehung des Alten Testaments*, Sammlung Dalp, 1952)등이 있다.

 구약학의 과정 중에는 문서비평의 과제만 완료되면 성서의 원저자가 의도했던 바와 똑 같은 이해에 도달할 수 있는 모든 본질적인 것을 이미 완수했다고 생각한 때가 있었다. 그러나 우리는 그 동안에 새로운 사실을 깨닫게 되었다. 즉, 구약성서의 각 책은 문서비평적으로 이해할 때에 현대의 서적과 굉장히 다르다는 것이다. 왜냐하면 구약성서의 문헌은 대부분 순전히 문학적인 작품으로 책상에서 쓰어진 것은 전혀 아니기 때문이다. 오히려, 문서비평이 일으킨 문제로 말미암아 구약성서 각 책의 前歷史가 재건됨으로써, 구약성서의 문헌이 형성되어 가던 문서 이전 단계를 알게 되었다. 이런 문서 이전의 단계를 우리가 알고 있는 저작권 같은 것으로는 전혀 이해할 수가 없다. 구약성서의 대부분이 후기의 최후 단계에 이르러서야 비로소 현재형태의 문서로 형성된 것이고, 본래는 사람들의 입에 오르내리는 구전의 형태로서 명맥을 이어온 것이다. 이런 구약성서의 형성 단계에 대하여 특히 세심한 연구를 한 학자는 헤르만 궁켈인데, 그는 "문학형태론 연구"(Gattungsforschung) 또는 "양식사 연구"(formgeschichtliche Forschung)를 구약학에 도입한 사람이다. 전통적인 자료는 일정한 법칙에 따라서 구전되고 전승되었다. 왜냐하면 고대인들은 전통에 얽매이지 않은 우리 서구인들이 상상할 수도 없을 만큼 관습에 꽁꽁 얽매어 있었다. 고대인들에게는 무엇을 표현하려고 할 때 이미 일정한 양식이 있어서 그것을 쉽게 벗어날 수가 없었다. 우리가 구약성서를 바로 이해하려고 한다면, 이런 양식들을 알아야 한다. 이런 것은 오늘의 것과도 넉넉히 비교할 수가 있다. 예를 들면, 일간 신문 기사 형태는 학술 논문과 다르며, 탐정 소설은 서사시와 다른 것이며, 판에 박힌 국회 회의록은 어떤 희곡 문장과 다른 것이다. 우리는 이런 "문학형태"(Gattungen)를 너무도 분명히 잘 알고 있기 때문에 아무도 그런 문학형태를 바로 깨닫기 위하여 심사숙고해야 할 필요는 없다. 나는 그런 문학형태에 전혀 관심하지 않고서도 서사시를 탐정 소설과는 달리 읽게 된다. 그러나 우리가 구약성서 문학형태에 대해서는 그렇게 심사숙고하지 않고서도 직접 깨달을 수가 없다. 결국 본문을 적절히 이해할 수 있는 관견은 그 분문의 양식을 밝힐 수 있느냐에 전부가 달려 있다. 바로 이런 문제를 풀도록 도와주는 것이 양식사 연구 또는 문학형태사 연구(die form- oder gattungsgeschichtliche Forschung)다. 이 연구는 본문의 내용과 나란히 문학형식적인 특징을 근거로 넓은 방향에서 본문 이해를 밝히는 학문이다. 이에 대해서도 현대문학에서 실례를 들 수가 있다 : "옛날에 옛날에……", "사랑하는 여러분!……" "……여러분의 회신을 언제나 기쁘게 받아 보면서 우리는 충심으로 존경을 표합니다……"라는 양식을 봄으로써 만도 우리는 이런 문체가 어떤 문장에서 온 것인지를 알 수가 있다. 이런 문학형태는 전승된 표현 양식에 얽매인 상태에서 쓰어진 구약성서 문학 형태에서는 훨씬 더 찾아 보기가 쉽다. 결국 우리는 이런 문학형태를 학문적인 관찰의 도움을 받아 재건하지 않으면 안 된다. 예를 들면 어떤 분문에서 외형적인 양식의 특징이 계속 고정적으로 나타나는 것을 근거로, 그 본문이 찬양인지, 어느 개인의 탄식시인지, 법률문인지, 성소 전승인지를 판단하게 된다. 우리는 이런 문학 형태적인 방법론에 의하여 어떤 삶의 환경에서 그 문헌이 나왔는가를 알게 된다. 여기서 우리는 그런 문학형태가 본래 형성되었던 "삶의 자리"로(Sitz im Leben)에 직면하게 된다.

이런 문학 형태사적인 방법론을 전형적으로 잘 묘사한 헤르만 궁켈의 책은 신학생이라면 아무도 멀리할 수 없다. 특히 그의 저서 "창세기 주석"(Hermann Gunkel, *Kommentar zur Genesis*, 5. Aufl. 1922) 중에서 서론과, 한스 슈미트의 "대 예언자들"(Hans Schmidt, *Großen Propheten, Die Schriften des Alten Testaments*, II 2, 2. Aufl. 1923)이란 책에 쓴 궁켈이 시작하여 그의 제자 요아킴 베그리히가 완성한 "시편 개론"(Joachim Begrich, *Einleitung in die Psalmen*, 1933)을 공부해야 할 것이다. 이런 연구의 보다 새로운 연구 결과를 알려면 최근의 구약성서 개론을 읽어야 할 것이고, 더 많은 참고자료도 거기서 찾을 수가 있을 것이다.

문학형태사 연구가 구약성서 문헌들의 문학형태들이 생기게 된 다양한 고대 생활의 영역을 추적해 냄으로써, 우리는 고대 이스라엘의 개개의 생활 영역을 새롭게 이해하게 되었다. 이제 이러한 이스라엘의 생활영역 자체가 파악되고, 그런 특이한 생활 영역에서 자라난 전승이 어떤 것인지를 묻게 됨으로써, 문학형태사 연구는 더 폭이 넓은 "전승사 연구"로 이어진 것이다. 이스라엘의 민중 사회에서는 어떤 전승들이 형성되었으며, 왕국에서는 어떤 전승들이 형성되었던가? 모든 도성의 입구에 모여서 살았던 법률가들의 사회에서는 어떤 전승들이 자라났을까? 각개의 성소에서는 어떤 전승들이 자라났던가?

전승사 연구(überlieferungsgeschichtliche Forschung)이 이런 문제를 제기하여 추구함으로써, 구약성서 문헌이라는 이미 굳어진 이스라엘의 유산을 헤치고, 그 속에서 훨씬 더 생생한 이스라엘 신앙사(Glaubensgeschichte)를 찾아 낸 것이다. 우리는 수 백년 동안 계속하여 이스라엘에서 생성된 각개의 전승들, 가령 출애굽 전승, 시내산 전승, 이스라엘의 하나님으로 말미암아 살렘의 왕궁에서 생성된 다윗 선택 전승들을 밝혀냄으로써, 그런 전승들이 이스라엘의 생활과 신앙에 어떤 영향을 끼쳤으며, 또 그런 전승들이 이스라엘의 신앙 체험을 통하여 어떻게 변형되고, 새롭게 해석되고 실제화되었는 지를 깨닫게 되었다. 이런 관련에서 볼 때에 "이스라엘의 전승들에 대하여 예언자들은 어떤 태도를 취하고 있었던가?"하는 문제는 특수한 신학적인 문제에 해당된다. 왜냐하면 예언자들도 계속 반복하여 자기들이 소위 그 전승의 흐름에 관련되어 있음을 밝히고 있기 때문이다. 물론 예언자들은 그들의 동등시대인들이 전승을 이해했던 것처럼 무비판적으로 찬성할 수는 없었을 것이다. 때로는 전승에 대하여 정면으로 철저한 "아니다"(Nein)를 선포한 것이 예언자였다(예를 들면, 아모스 9:7). 최소한 예언자들은 놀라울 정도로 자주 자유롭게 전승을 재해석(Neuinterpretation)하고 있었다(예를 들면, 이사야 43:16—21을 비교해 보라). 이스라엘의 신앙 전승에 대하여 예언자들은 어떤 태도를 취하고 있었던가 하는 문제는 당분간 가장 까다로운 구약학의 문제들 중에 하나이고, 또한 이와 관련된 수 많은 문제들이 해결되지 못한채 그대로 남아 있다. 우리는 예언자들을 전승의 반대자로 보아야 옳은가, 아니면 전승의 해석자로 보아야 옳은가? 또 예언자를 전승의 해석자로 보아야 옳다고 한다면, 그들의 해석을 어떻게 정의를 내려야 더 정확한 정의가 될 것인가? 예언자란 전통을 책임지고 맡은 기관의 직원이었던가? 특히 예언자는 제사 전승의 책임자였던가? 오히려, 예언자들의 선포는 그 당시의 전승 옹호자들을 공격하는 방향에서 전승을 해석한 것이 아닌가? 여기서 매우 흥미있는 문제는 바로 예언자들이 그 당시 현존한 전승들을 거부하고 오히려 종말론적인 선포를 제기하는 그런 관계를 밝혀야 할 문제다. 이런 문제를 총 망라해서 제일 먼저 취급한 책으로는 폰 라트의 "구약신학" 제2권을 들 수 있겠다(Gerhard von Rad, *Die Theologie des Alten Testaments*, 2. Band, 1960).

전승사 연구의 분야에서는 너무도 많은 문제들이 아직도 미해결의 상태에 머물러 있기 때문에 우리는 언제나 그 문제제기의 출발점에서 시작하게 된다. 즉 "구약신학"은 어떤 추상적인 신앙의 용어나 재생시키는 데서 끝나 버릴 것이 아니라 오히려 구약신학은 이스라엘 신앙의 모든 내용을 전부 다 그 본래의 생활 영역에서 찾아냄으로써, 그런 신앙의 옛 그대로를 오늘날에도 발휘하도록 해야 한다. 이 문제를 돕는 참고서로는 폰 라트의 구약신학 상하 권을 들 수 있겠다(Gerhard von Rad, *Theologie des Alten Testaments*, I 1957, II 1960).

IV. 구약성서 연구의 설계

우리가 이미 제2항에서 자세히 논의한 구약성서 이해의 전제에 따라서 신학생은 우선 히브리어를 공부해야 한다. 물론, 이것은 학교에서 배우는 한 학기 동안의 배움이라 해도 여기에 상당한 집중적인 연구력이 필요하다. 그러나 우리가 경험한 바로는 빨리 배우면 빨리 배운 그만큼 또 빨리 잊어버린다는 것이다. 그러니까, 교실에서 배운 다음 방학 동안에는 매일 한시간씩 히브리어를 공부할 필요가 있다. 여기서는 꽤 쉬운 히브리어 본문을 통독만 하는 것이 아니라, 히브리어 문법도 반복해서 공부해야 한다. 구약성서의 히브리어 본문 통독은 신학생으로서 공부를 하는 동안에는 계속하여 매일 공부시간을 짜놓고서 읽어나가야 한다. 물론 학기 중에는 그런 히브리어 통독 대신에 강의나 세미나 준비를 해야 할 것이다. 히브리어 지식이 상당히 확실한 단계에 이를 수 있는 것은 공부할 때에는 매일 히브리어 성서(Biblia Hebraica)를 펴서 읽을 수 있을 때이다.

우리가 제2항에서 "구약성서의 이해를 돕는 전제들"이라고 말한 것들을 대부분 신학생들은 공부를 더 계속해 나감으로써만 비로소 획득할 수 있을 것이며, 구약 성서의 공부 자체도 마찬가지일 것이다. 여기서도 비교적 일찍부터 추천할 수 있는 책은 우리가 이미 자주 지적을 했던 마틴 노트의 "구약성서의 세계"이다.

물론 구약성서의 주석 강의를 듣는 다는 것은 히브리어를 알 때에만 비로소 의미가 있다. 그래서 신학생이 히브리어 공부를 하면서 동시에 구약성서 공부를 할 수 있느냐는 문제가 나온다 히브리어 보다 더 먼저 헬라어를 배워야 하는 학생에게는 이 문제가 더 절실해진다. 구약성서의 주변 세계에 대한 강의나 성서의 지지학(地誌學)과 고고학에 대한 강의를 들을 때에도 이미 히브리어를 모르는 초보자에게는 문제가 된다. 그러나 이때 벌써 구약신학에서 꼭 필요한 공부는 시작해야 한다. 구약학의 주요 강의 중에서 가장 일찍 들어야 할 강의는 어쨌든 "이스라엘의 역사"일 것이다. 물론 이 강의는 이미 성서주석을 전제로 하고 있지만, 가능한 한 일찍 이스라엘의 역사적인 윤곽을 배워 두면, 조금도 해로울 것이 없을 것이다. 구약성서의 전승사는 그런 역사적인 윤곽 속에 들어 있는 것이다. 최소한 신학생은 첫 학기 중에 마틴 노트의 "이스라엘 역사" (Martin Noth, *Die Geschichte Israels*, 4.Aufl. 1959)를 읽어 두어야 한다. 그 다음에 이스라엘의 역사를 더 깊이 알려고 공부를 계속한다면, 이스라엘의 역사에 대하여 모범적인 논문을 쓴 알트(Alt)의 글을 읽어야 한다. 그는 이스라엘 민족의 역사에 대하여 쓴 자기의 짧은 논문들을 수집한 세권의 책이 있다(Albrecht Alt, *Geschichte des Volkes Israel*, 1953, 1959). 신학생은 누구나 이 작은 논문들 중에서 최소한 하나쯤은 꼭 읽어야 할 것이다.

구약공부의 비중을 주석에 둠은 당연한 일이다. 신학생은 누구나 자연히 일련의 주석학 강의를 듣게 될 것이다. 전통적으로 주석학 강의는 창세기, 이사야서, 12예언서, 시편등의 주석이다. 따라서 신학생들은 이런 책들을 집중적으로 공부해야 할 것이다. 그러나더 칭찬할 만한 것으로는 강의 시간표에 따라서 예레미야서나 출애굽기와 같은 그 이외의 주석학 강의도 한번 들어보는 것이다. 물론 주석학 강의를 청강하는 것만으로써 모든 것이 다 되었다는 것은 아니다. 주석학 강의(Exegetische Vorlesung)를 수강하는 것은 강의 시간에 다룰 본문을 미리 번역하고 또 거기에 관계된 주석책을 두 권 정도 읽는 것이 좋지만 한 권이라도 본문에 해당된 주석책을 미리 정독해 둠이 의미있는 것이다. 이렇게 할 때에만 강의를 알아 들으면서 따라갈 수 있기 때문이다. 이보다 더 노력할 만한 가치가 있는 것은 학기가 시작되기 이전 방학 동안에 미리 강의에 대비해서 준비를 하는 것이다. 이 경우에는 강의를 받을 성서의 본문중에서 가장 중요한 부분을 미리 번역하고 어떤 주석책을 정독하고 또 가능하면 어떤 중요한 논문집도 끝까지 정독함으로써 예습을 할 수가 있다.

대체로 중요한 주석학 공부의 핵심은 강의실에 있지 않고, 자기 연구실의 책상에 있다. 이런 관련에서 본다면 가장 의미 깊은 강의는 세미나다. 이런 주석학 공부를 시작하도록 제일 먼저 도와주는 것은 구약성서에 대한 예비 세미나 과정이다. 이런 과정에 참여할 수 있는 학생은 한두 학기의 히브리어 시험을 합격한 자들이다. 이런 예비 세미나에 들어가도록 미리 도와 주는 참고서는 카이자, 큄멜, 아담이 함께 지은 "주석학 방법론 입문"(Otto Kaiser, Werner Georg Kümmel und Gottfried Adam, *Einführung in die exegetischen Methoden*, 1963)이다. 이런 예비적인 세미나 준비를 요구하지 않을 때에도 어떤 일정한 본문을 주석하여 논문을 쓰는 일은 권장할 만한 일이다. 이런 방법을 통하여서만 독자적으로 본문을 해석하는 작업을 할 수 있게 된다. 이런 초보적인 해석을 실시함으로써 그 다음에 주석 연구의 단계로(세미나 준비 같은것) 들어갈 수 있는 준비를 하게 된다.

"구약성서 개론"에 대한 강의나 "구약성서 신학"에 대한 강의는 사실상 구약연구에 있어서 최후의 단계에 적절히 배울 수 있다(구약성서 개론에 대해서는 이 논문의 제3항과 이런 개론에 대한 신약성서 논문의 제5항을 비교하여 "개론"이란 단어의 의미를 생각해 보라) "구약성서 신학"은 구약학의 왕관으로서 특별한 의미를 지니고 있다. 구약신학은 성서의 본문을 해석하여 일단 명확하게 알게 된 증언을 오늘날 교회와 신학을 위한 의미로 연결시켜 주는 교량 역할을 하는 것이기 때문이다. 여기서 구약학이 다른 신약 분야와 관련됨으로써만 연구될 수 있다는 것이 분명해질 것이다.

이런 관련에서 신학생은 한번 쯤 어떤 주석설교를 쓰는 실습을 할 수 있는 기회를 가짐이 좋다. 주석설교 실습은 주석가와 조직신학자와 실천신학자가 공동으로 작업을 함으로써 가능한 것이다. 그러나 최소한 그런 주석설교를 배우는 세미나의 범위에서 어떤 구약 본문을 택하여 한번 설교를 작성해 보는 일을 아무도 주저해서는 안 된다. 왜냐하면 구약성서에 대한 모든 주석연구의 목적은 오직 선포 즉, 신약에서와 같이 구약이 **증언하는** 하나님의 진실을 오늘 선포하는 것이기 때문이다.

新約聖書神學

Georg Eichholz
全　景　淵　譯

I. 서　론

　　신학 공부할 때 내 스승이신 칼 루드비히 슈밋트는 신약성서 석의가의 과제와 문제성을 때때로 "석의가는 오직 한 책만 다루는 사람(homo unius libri)이다"라는 말로 표시하였다. 그가 이 말로 무엇을 나타내려 했는지에 대해서 길게 해석할 필요는 없다. 그러나 우리는 곧 거기에 덧붙여서 다음과 같이 말해야 할 것이다. 곧 이 한 책이란 것은 많은 문서를 모은 것이라는 것과 그것은 한 문고를 이루고 다양하고 매우 긴장에 찬 역사를 ──초기 기독교의 역사를 그 안에 반사시키고 있다는 사실이다. 그래서 신약성서 연구가는 그의 유일한 책을 다루면서 결코 끝나지 않는 과제에 말려들어 간다는 것을 이해할 수 있고──그 때문에 될 수 있는대로 마음을 탁 열어놓고 그 사람이 전에 같은 과제를 풀려고 모험했던 모든 사람에게서 배우려고 한다는 것이다. 석의가는 마치 성서해석이 자기로부터 시작했던 것처럼 하여 해석할 수 없다. 만일 그가 석의가로서의 자신의 책임을 의식한다면 그에게 열린 연구 공동체에 대해서 감사하게 될 것이며, 그의 이전에 있은 해석자의 지식과 통찰을 알려는 노력에서 그들에게서 해방받아야 될만한 무거운 짐을 느끼지 않고 그가 사용하도록 초청받은 불가결한 도움을 찾아볼 것이다. 그리고 그는 그것을 넘어서 신약성서 안의 증인들을 더 낫게 이해할 가능성을 붙잡을 수 밖에 없을 것이다. 그래서 그는 신약의 언어, 역사적 시점과 환경을 열심히 배울 것이고 우선 그에게 그 언어는 그 때의 역사적 시점의 말로 들겨질 것이며 매우 면밀히 연구할 만한 것이 된다. 만일 신약의 해석자가 신약성서를 내용에 부합하게 읽으려고 한다면 그 일의 열쇠로서 손에 들고 생각할 한 책의 이름이 먼저 말해져야 한다. 그것은 구약성서다. 나는 그것을 단지 우리가 잘 아는대로 구약성서 안에 반드시 그 역사를 갖는 신약의 개념과 표상들을 위해서 무뚝뚝한 해석의 반려자라고 생각지는 않는다. 사람들이 신약의 "히브리적 뿌리"에 대해서 말하게 되는 것은 우연한 일이 아니다. 그러나 그 뿌리는 개념과 표상에서 찾는 것으로 다하지 않고 더 깊은 데 서리어 있다. 구약이 신약성서 해석자를 신약성서가 끼어 들어간 사건의 더 큰 관련 가운데 넣어야 된다는 것이 결정적 의미를 가진 것이다. 간단히 말하면 하나님이 인간과 함께 지어가는 역사의 관련에 그를 넣는다는 것이다. 전체 성서에는 사건의 한 평면이 문제되며 성서는 관념을 가르치는 책이 아니고 역사의 책이라는 것, 성서의 첫장으로부터 끝장에 이르기까지 인간을 용납하고 인간을 위해서 행동하시는 하나님이 그의 피조물에 대해서 다 이해 못할 관여를 하시는 일이 다루어져 있다는 이 사실이 신약 연구가로 하여금 무엇보다 구약의 말을 잘 듣지 않고는 견디지 못하게 한다. 이것으로써 성서의 말씀이 움직이는 차원이 고찰되게 된다. 그리고 신약의 해석자가 만일 자기가 다루는 본문(Text)이 갖는 주어진 "문맥"(Kontext)과 관계 짓는다면, 다시 말하면 그가 나사렛 예수의 역사를 그것만 취하지 않고 자기의 백성을 다 이해할 수 없는 신실성으로 보살피는 역사인 하나님의 행동의 문맥 가운데 넣어 볼 때 그의 본문을 감축하거나 오해할 위험을 벗어날 수 있다. 신약성서는 하나님의 신실성에 대한 찬송가이다. 이 사실이 오늘날 바로 강조된다. 왜냐하면 만일 우리가 성서의 첫째되는 주제, 곧 성서가 역설하기를 그치지 않는, 인간을 위한 하나님의 행위라는 주제에다가 신약의 말들을 관계시키지 않는다면 그 말들의 본래적 지평 그것을 명료히 체득하기 어렵기 때문이다. 신약성서의 복음도 그것이 말하려 하는 한 사건에 밀착되어 있다. 복음은 어떻게 그 하나님의 큰 행위가 "나사렛 예수의 역사 가운데 들어있는 지를 우선적으로 말한다. 나는 그것을 여기서 단지 설명할 뿐이지만 독일어로 번역되어 나온 미스코테(Kornelis Heiko Miskotte)의 글을 지적함으로 대신할 수 있다. 그것의 표제는 "신들이 잠잠할 때"(*Wenn die Götter Schweigen*, 1963)이고 부제는 "구약성서의 의미"라고 되어 있다. 여기서 구약성서의 본문에 깊이 들어가 그것이 무엇을 말하는가 또 그것이 우리에게 대하여 직접적으로 또 결코 지나가 버리지 않는 현재성으로 관계 맺는다는 것을 말해 주고 있다. 그 책 저자는 조직신학자라는 것을 강조해야 한다. 나는 조직신학자 미스코테의 자기 해석을 주목하지 않을 수 없다. 곧 현대 교의학자는 비전문가를 지휘관이라고 하였다(*Evangelische Theologie*, 1960, 245ff). 왜냐하면 우리가 사용할 것은 여러 다른 학과의 신학자들이 "공동으로 연구"하는 일이다. 특히 석의가들은 자기들의 고립한 태세를 극복해야 하고 방법론적이든 내용적으로든 서로에게서 배워야 하기 때문이다. 신약성서 신학은 구약과 갖는 역사적 연루성 — 그것은 내용적으로는 당시 유대교나 헬레니즘과 갖는 것보다 훨씬 더 결정적인데 — 을 오해하기 "때문에" "훨씬 불확실하게" 작용한다고 하는 구약성서 연구가들의 비판적 거점이 일관적으로 숙고될 수 없는 것이다(Hans Walter Wolff "구약 예언자의 역사 이해"; *Evangelische Theologie*, 1960, 233).

이제 신약성서 석의라는 학과에 들어가는 길은 극히 단순한 사실인 것처럼 보일 수도 있다. 왜냐하면 신약성서 연구는 교회 안에서 최근의 섬기는 일에 꼭 전제가 된다는 생각은 연구 초심자에게 이미 자명한 사실로서 밝힐 수 있었고 또 허락되었다. 그런데 만일 그 섬기는 일이 매 주일도 주간을 통하여 거듭 그에게 요구된 성서해석이 아니라면 그 섬기는 일의 중심이 무엇인가? 이 주어진 책임을 알고 할 일 가운데 성서 본문을 면밀히 공부하는 모양으로 이 해석을 착실히 준비하는 것보다 더 중요한 것이 무엇이겠는가? 그래서 모든 신학자는 미리부터 석의의 과업을 위해서 마음 열어놓음과 마음준비를 할 것을 생각할 수 있다. 그러나 남는 문제는 석의란 무엇인가 또 왜 그것은 우리에게 의무를 지어 주는가 하는 것이다. 사람은 다른 사람에게서 배우는 것처럼 석의를 배울 수 있는가? 석의는 손 재간의 법칙을 가진 일종의 손 재간인가? 만일 성서이해라는 것이 문제라면 무슨 문제들이 생겨나는가? 만일 루터가 "성서의 엄청난 신비"(über großen Geheimnis der Schrift)에 관해서 말하고 거기서부터 우리는 그것을 이해하려는 노력에서 우리가 갖지도 않고 그 내용에서 자라나지도 않는 것을 인식하여야 할 때 거지의 역할을 하게 된다는 결과에 다달으게 됐다면 그는 사실의 중심을 찌른 것이겠는가? 나는 이런 질문으로써 다만 석의라는 것은 매우 포괄적인 과제를 의미하는 것이라는 사실을 설명할 뿐이다. 만일 해석학의 문제는 성서 본문의 이해를 어떻게 하는가 하는 질문으로서 현대 신학연구에 매우 우위를 차지하기 때문에 그것이 그 분야를 널리 지배하고 있다는 것이 사실이라면 석의는 거기서부터 근거를 얻어야 한다.

Ⅱ. 번역으로서의 神學

　석의의 노작을 다른 신학적 학과와의 관련에서 간단 명료하게 스케취하는 것은 달성못할 것은 아니다. 모든 선교에서 근본적인 사실은 성서의 증언 가운데 표현된 말을 오늘날 청중을 위해서 해석하는 일이란 것. 또 이 번역은 모든 번역과 같이 전적으로 "본문"에 얽매어야 하며 동시에 번역으로는 자유로워야 한다는 것, 또 그 번역은 전적으로 듣는 자의 언어로 말하게 된다는 것——이것은 그것을 맡아 하는 모든 사람에게 생애 중 그가 한 순간이라도 동한히 할수 없는 한 과업이라는 것이 드러난다. 이 표현 가운데는 말하자면 신학의 개요가 포함되어 있다. 그리고 만일 내가 그 같이 말할 수 있다면 그 신학개요는 석의에서도 또 모든 설교에서도 되풀이 된다. 우리는 거듭 그 성서의 증인의 말을 들는 때 우리가 말해야 하는 그 말씀을 만나야 하고 그 같이 만나서 우리는 그 증인과 함께 말씀을 선사받기 때문에 결코 침묵을 지킬 수 없다. 이것은 선교의 사명은 거듭 새롭게 성서의 말씀을 듣는 일에서 일어나야 한다는 것과 다르지 않다. 모든 신학적 연구와 모든 증인의 존재 사실을 가능하게 만들고 또 근거를 주는 놀랄만한 현상은, 모든 충동은 결국 우리를 향하여 지상의 권위를 가지고 임하고 우리를 그 본문이 말하는 것을 들은 대로 계속 말하도록 육박하는 그 본문으로부터 일어난다는 사실이다. 우리는 더욱 그것을 넘어서 석의란 무엇인가 하는 데 대하여 반성해야 할 것이다. 성서 해석자는 물론 성서 증인의 목소리가 수세기의 거리를 다리놓고 자기 자신의 현재에 그와 만나는 일을 조종할 수 없다. 그것은 그가 소유할 수 있는 단순한 사실이 아니며 그는 본문이 그에게 말하는 것을 확실히 자기의 것으로 만들어야 한다. 그러나 그는 성서의 증인으로 말하게 하는 일이 그에게 가능하게 되도록 하는 그 피동성을 자기 맘대로 조종할 수 없다. 그것은 언제나 선물로 받는 것이다. 만일 그가 그것을 자기 힘으로 그것을 받을 수 없다면, 이 일의 원동력은 그것이 이 말에 실현되고 이 말이 그로 하여금 그 증인이 되는 일을 가능케 하고 또 그렇게 독촉한다는 사실이다.

　우리는 설교가 어떻게 진행되는 가를 관심하며 해석이 설교에 대해 어떤 관계를 갖느냐를 묻는 것이다. 성서해석은 만일 그것이 다시 증언이 되는 것이라면 성서의 증언의 요구를 바로 이행해야 한다. 오직 해석은 본문의 의도를 충분히 드러내야 한다. 따라서 사람은 모든 석의를 (그것을 넘어 모든 신학을) 설교를 위한 준비로 이해할 수 있고 또 그같이 해야 한다.
신학적 연구는 신학의 어떤 학과에서든지 자기 자신을 위해 이루어지는 것이 아니며, 석의라든지 조직신학 또는 실천신학으로서 이루어지는 것도 아니며 교회의 역사를 연구하는 것으로서 되는 것도 아니다. 그것이 포괄적 견지에서 그 의미를 획득하는 것은 그것이 오늘날에 있어서 교회가 하는 증언에 관련되고 그 때 설교만을 생각하는 것이 아니고 모든 형식의 증언을 다 고려한 것으로 된다는 근거에서나, 신학은 매우 높은 정도로 현재에 관련된 사항이며 말하자면 그것은 성서의 말씀을 질문하며 역사 가운데서 교회가 이 말씀을 듣는 일을 질문하는 데 그것은 현대에 대하여 교회가 짊어진 사명 때문이다. 그러나 이 사실은 교회가 오늘날에 대하여 거듭 거듭 성서의 증인과 만남에서 자신의 사명을 받는 것이란 사실, 또 따라서 성서석의는 교회에게 교회가 생겨난 확고한 근원을, 곧 교회가 자신의 힘으로는 결코 말할 수 없는 그 증언의 말씀 가운데 갖고 있는 자신의 구원을 지시해 준다는 사실을 폐기하지는 못 한다. 이런 의미에 있어서 "신학자는 성서와의 만남에서 출생한다"(Theologus in scripture sacra nascitur)라는 명제는 옳다.

성서 본문을 이해하려는 면밀한 방법론적 노력으로서의 석의는 성서의 본문은 결코 침묵하지 않는다는 것, 그것이 우리에게 말하게 하는 것을 오히려 하나님이 기뻐하신다는 신학은 자체 안에 근거를 갖지 않고 자기 스스로 시작할 수 없다. 하나님께서 어제의 그의 증인들을 오늘에도 말하게 할 때, 즉 그의 영이 우리를 듣는 사람이 되게 할 때만 신학이 성립된다. 그렇게 하여 신학은 발생한다. 그런데 그것은 우리가 걷도록 부르심을 받고 우리가 있는 자리로부터 떠나가는 길로 말이다. 신학이 만일 하나님으로부터 출발한다면……석의로부터……선교에 이전하는 '도중에 있게' 되고 또 만일 그것이 이 의미로 가는 도중에 있다면 자체로서 '나뉘어질 수 없다. 신학이란 것은 전체적 일이고, 다양한 것으로 분화될 것이 아니라는 것이 저절로 이해되기 때문에 이같은 통찰은 다행한 것이라고 나는 생각한다. 신학 부문의 개개 학과는 신학자들의 진행 도중의 정류장에 지나지 않게 된다. 그렇게 하여 신학의 약도가 설계되고 기초가 생긴 것이다. 그래서 성서 석의가가 조직신학의 과제를 모르는 척 한다든지 그가 실천신학에게 자신 일을 맡긴다고 한다면 그것은 잘못된 것이며 깊이 생각해야 할 문제다. 그 때 그는 전체의 울타리 안에서의 자신의 역할을 파악하지 못하게 되고 아마 그것을 정당하게 평가할 수 없을 것인데 선진하는 모든 발걸음이 자기의 지위와 자기의 정당성을 갖는 때에도 그러할 것이다. 그리고 신학에 있어서 현재의 곤경은 그것이 사실은 신학의 출발점을 그릇되게 이해했기 때문이라고 말하지 않으려 한다면 대부분의 경우 신학의 여러 학과가 바른 협력을 실현하지 못하기 때문에 생기는 것이다.

Ⅲ. 성서 석의란 무엇인가?

우리는 성서석의란 무엇인가 하는 이 예비적 토론을 더 캐어 물어야 한다. 성서 해석자는 성서본문의 입구가 그에게 열려 있고 본문이 그에게 말하기 시작하는 일을 자유롭게 조종할 수 없다고 이미 말했다. 그러나 이 사실이 그를 이 문을 두드리는 일을 못하게 할 수는 없다. 그것은 결코 모순되는 일은 아니라는 것이 이미 간취되었을 줄 안다. 만일 그가 성서 본문을 자기가 갖고 있는 도구로써 이해하려고 할 수 있는 모든 노력을 다했다면 그것은 바로 그에게 지시된 순종 행위가 된다. 그가 하는 노력의 일관성은 본문을 한 자(字) 한 자 추적하고 또 이 의미에서 본문의 글자에 의거하며 본문으로부터 조명(照明)이 비추어 오기를 기대하는 데서 성립한다. "방법론적으로" 연구한다는 것은 그가 그 본문을 할 수 있는 한 세심하게 포괄적으로 곧 본문비평적으로, 문학비평적으로, 문체비판적으로 또 양식비평적으로, 전승사적으로 연구하는 것을 말한다. (나는 여기서 이 서론의 범위 안에서 구약성서 학자의 논문을 인증하여 그것을 되풀이 해서 여기 제공하지는 않는다).

이 과제를 밝히기 위하여 우리는 조금 더 상세히 설명해야 하겠다. 우리는 제Ⅱ항에서 이해의 과정을 설명하는 한 은유를 사용하였었다. 우리는 "번역"에 관해서 말했고 그 당시 성서의 증언을 현대의 청중을 위해서 옮기는 것을 생각하였다. 여기서는 번역은 더 넓은 의미로 다루어지며 성서의 원 본문을 오늘날 말해지는 언어로 "옮기는 일"을 훨씬 넘어서 이해 하려고 한다. 번역은 결국 끝 없이 계속되는 한 과정의 다른 표현이다. 곧 성서의 사신(使信)이 오늘날의 청중을 위해서 "말로 나타나 오기"를 원하는 것이며, 그 때 모든 지금까지의 해석을 반복을 감히 모험해야 한다. 번역들을 단순히 물려받아 채용될 수는 없다. 우리는 옛 시대의 번역으로써 만족할 수 없다. 그것은 종교개혁자들의 것과 같은 모범적이고 타당한 해석일지라도 그럴 수는 없다. 듣는 자들의 언어는 늘 변해가고 언어의 변화 속에 인간의 변화된 세계 이해와 자기 이해가 반영되어 있다. 우리는 에벨링(Gerhard Ebeling) 처럼 다음과 같이 말할 수 있다. "하나님의 말씀의 사건은 언어의 전통을 이미 형성하고……성서 안에서도 이미 여러 층의 말이 있으며, 후대에 와서 비로소 교회의 역사를 통하여 필기하고 해석하는 데 더욱 다르게 되고 어긋난 소리를 내게 된다. 하나님의 말씀은 전통을 통해 오지만 현재에 현재적 언어 사건 속에 현실성을 나타내며 새롭게 말해지고 그같이 하여 스스로 새로운 말이 되어 울려난다." 신앙은 그것이 특수한 말을 하고 세상과 시대의 말이 아닐 때는 신앙이 아닐 것이 자명한 이치다."——만일 신앙이 세계와 시간에 대해서 흔히 사람들이 그것에 대해서 말하는 것과 다른 모양으로 말한다면 신앙이 아니며 ("기독교 신앙의 본질" 1959, pp. 237, 257f), 그것은 우리가 성서 증언은 거듭 새롭게 증언되기 때문에 새롭게 증거하여야 한다.

만일 신학이 할 과제가 각 현재에 번역해가는 과제라고 본다면 성서 석의는 불가피한 예비적 노작, 곧 '옮긴다'는 의미의 번역으로 시작하게 되는 것이다. 이것은 신약성서 해석자는 그가 신약 저자들의 희랍어를 배워야 한다는 것을 의미한다. 그것은 이미 학교에서 희랍어를 배우지 않은 모든 학도들이 이 언어를 확신 있게 읽을 수 있게 되기 위해서는 학교의 교실에 몸을 옮겨야 할 것이다. 언어를 배우는 것이 신학 입문과 긴밀히 연관되어 있을만큼 그런 일이 있게 된다. 왜냐하면 한 학도가 그때 그때 한정된 과제를 초월해 보고 거듭 전체를 관찰할 수 있다면 언어 공부는 매우 유익하기 때문이다. 그는 그 때 언어 습득의 노고를 넘어서 왜 이 노고가 그에게 요구되는 가를 이해하게 될 것이다.

여기서 나는 신약성서 희랍어의 특수문제를 다룰 수는 없다. 그것은 그 일을 활발히 연구하는 모든 사람에게는 매우 절실한 과제가 되어 있지만 나는 신약성서의 희랍어가 플라톤 이래로 통용되었던 교양있는 희랍 문학이 사용한 고전적 희랍어는 아니라는 점을 지지함으로 그치려 한다. 이 사실은 그 어휘의 문제에서 뿐만 아니라 모든 다른 성격에서 또 구문법(syntax)에서도 그러하다. 사람들은 오래동안 생각하기를 신약성서는 고전 희랍어에 나타나지 않았던 어휘들을 알고 있기 때문에 신약성서 희랍어에서 원시교회의 특수한 언어 형성의 능력을 찾아보게 된다고 하였다. 사람들은 "순 성서적 낱말들"(voces mere biblicae——신약 희랍어에만 나타나는 낱말들)에 관해서 말했다. '헤르만 크레머' Hermann Cremer——현대 신약성서 신학

사전의 선구자)가 편집한 "신약 희랍어의 성서적 신학사전" 초기의 판에서 이런 관점을 발견할 수 있을 것이다. 신약시대의 파피루스, 오스트라카 또 碑銘들을 가지고 가능한 풍부한 언어사적 발견을 필요로 하였다 (파피루스는 파피루스 관목의 상에서 얻는 고대의 글쓰는 종이요 "페이퍼"(또는 파피르)라는 말이 여기서 유래했고, 오스트라카는 사기 조각으로서 짧은 보고나 영수증이나 편지를 썼던 재료이다). 신약성서 희랍어가 예외적 성격을 가졌으리라는 상상이 순식간에 사라지고 이것 저것의 양피지에서 그 증거를 찾지 못하게 되었다. 더우기 신약의 희랍어는 단순히 '헬레니즘 희랍어의 일상 용어' 소위 '코이네 희랍어'였다는 것이 밝혀지게 되었다. 현재의 "신약성서 신학사전"의 편집자는 다음과 같이 지적한다. "신학성서의 희랍어는 계산서와 상업 관계에 쓰던 용어이다…"(Gerhard Friedrich, Die Problematik eines Theologischen Wörterbuchs zum Neuen Testament," in *Studia Evangelica*. 1959, p. 483).

나는 다만 이 연구의 변화과정을 하나하나 추적할 것을 권할 뿐이다. 그것은 아마 아돌프 다이스만(Adolf Deissmann)의 책 "동방의 빛"(*Licht vom Osten*, 1923)에서 파악할 수 있다. 다이스만은 (다른 책에서와 같이) 이 책에서 파피루스, 오스트라카 또 비명의 사진이 제공되어 판독되게끔 해명해 주는 예증들을 실어, 생생한 언어의 현실성 때문에 성서 희랍어의 구조가 전에 성립되던 것들의 어휘를 하나하나 검토하면서 붕괴시킨다. 다이스만은 어느 정도로 "그레코 로만 세계의 새로 발굴된 문서들"이 신약성서 어휘와 사용법에 빛을 드리워 주는가, 또 신약 증인들의 언어가 어떻게 당시에 통용되던 언어와 얽혀있었는가를 나타내 보이는가를 강조하기 위하여 어떤 기회든지 이용하지 않을 수 없었다.

나는 왜 이 모든 것이 그같이 중요한가 하는 질문이 나오기를 기대한다. 여기에 대한 대답은 우선 어떠한 석의가도 모든 번역 행위로서 주어진 문헌학적 작은 노작에서 떠날 수 없다는 것이다. 그 사람은 그렇지 않으면 자신의 모든 석의에 대한 자명한 전제를 포기해야 하고 조종할 가능성을 남기지 않고 다른 사람의 번역을 버려야 한다. 만일 내가 한 석의가에게 사전에 대한 사랑이, 더 잘 말한다면 사전들에 대한 사랑이 있어야 한다고 생각한다면 지나친 말과 같이 들릴 수 있다. 여기에 여러 개의 사전들이라고 말한 것은 신약성서만의 특수 사전 외에(G. Friedrich 편집의 여러 권의 아직 완성되지 않은 킷텔 신약성서 신학사전 외에 Walther Bauer의 불가결한 우수한 사전을 열거한다) 세속 헬라어 사전(Liddell-Scott의 것 같은)을 첨가해야 한다. 이것으로써 한 어휘의 의미를 특수한 의미에 너무 조급하게 한정하지 말아야 한다. 사전들은 언제나 연구 상황에 따라 새롭게 갖추어져야 한다. 영국의 사전학자 존손(Johnson)이 다음과 같이 말한 것은 근거없는 말이 아니다. "사전은 시계와 같다. 그것들 가운데 가장 나쁜것도 없는 것 보다는 낫다. 그리고 가장 좋은 것에서도 그것이 전적으로 바르다고 기대할 수 없다." 그러나 이것은 이미 연구과정에 있는 신학자가 시인이요, 위대한 번역가인 알렉산더 슈뢰더(Alexander Schröder)가 "거의 매일 참고하는 그림(Grimm)의 사전 사용"에서 압도당했던 것과 같은 유혹을 경험하게 되는 것을 배제할 수 없다. 이것은 바로 그가 신약성서 신학사전 제4권 서문에서 스스로 고백하는 것을 (1942년) 우리는 더 읽을 수 있다.

다이스만이 토로한 발견의 기쁨이란 것은 특히 연구생활이 겪는 기쁜 순간에 연관되어 있고 그를 따라 경험할 수 있지만 단순히 그것을 반복할 수는 없다. 그러나 신약성서의 본문을 모든 신학자는 자기 스스로 (또 할 수 있는대로 몇 가지로) 번역해봐야 한다. 만일 그가 다른 사람의 번역으로부터 감사하는 마음으로 배울 수 있다해도 석의가가 전적으로 배우는 자가 되듯이 그런 노력을 피할 수는 없다. 그러나 언제나 그는 희랍어에 가장 적절한 독일어를 찾으려 애쓰며 한 낱말의 의미의 대국적 층을 알게 되고 의미의 진폭과 역사로부터 그런 번역이 가능한가 하는 것을 시험할 것이다. 그는 그의 번역을 거듭 정정하고 그에게 (예비적으로) 만족할 때까지 다듬기를 그치지 않을 것이다.

그러나 번역의 노고와 쾌감을 지적함으로써(둘은 동시에 여기서 성립할 것이다) 여기서 말해야 할 것을 다했다고 할 수 없다. 그림(Jakob Grimm)은 전에 번역에 관하여 비유를 사용하였다. "번역은 배를 이끌고(traducere navm) 다른 쪽으로 옮겨 앉는 것이다. 지금 항해하려고 하여 배에 사람을 싣고 건너편으로 상륙하려는 사람은 다른 지반과 다른 공기에 부딪치게 되는 지대에 상륙한다." 그러나 우리는 번역은 옮기는 것이라고 하는 좁은 의미를 버리지는 않았다. 그러나 우리가 야콥 그림의 계몽적 비유를 따른다면 그때 우리에게 명료하게 되는 것은 모든 번역행위는 한 해안에서 다른 쪽으로 옮겨가는 것이며 법칙에 따른 항해다. 신약성서 석의가는 다이스만(Adolf Deissmann)의 전철을 밟고, 사전의 도움을 얻어 성서중인들이 그 시대의 언어와 세계와 어떻게 얽혀있는가를 다루게 된다. 우리에게 이 일은 우선 먼 세계이며 우리가 그것을 연구하면 할수록 그것은 우리와 멀어진다. 그것은 그렇게 될 수 밖에 없으며 그가 사려 깊은 석의가로부터 사려 깊은 역사가가 되려는 열망이다.

나는 여기서 우리가 도달한 곳과 이같은 서론 자체가 문제의 약도 그림 이상의 것이 될 수 없다는 것을 간략히 말할 수만 있다. 우리가 전념해야 할 성서 증인들의 언어는 그것이 부착되어 있는 세계 전체의 이질성만을 그것들의 낯선 모습 가운데 나타내고 있다. 우리가 마태복음을 생각하든지, 요한이나 바울을 생각하든지 간에 어떤 예를 택하는가 하는 것이 중요하지 않다. 모든 성서 증언은 근본적으로 역사 가운데 그의 고유의 장소를 가지며, 우리가 그것을 배우면 배울수록 명료히 그가 살았던 세계를 자기의 말 가운데 반영시켜 있고 그가 대면해 싸운 전선을 또한 반영해 준다. 바울 서신은 그가 보낸 고린도의 어린 교회에서 나타난 대로 그것들이 던져져 겪은 고난 가운데서 우리에게 인식이 되는 것이다. 편지 받는 사람의 상을 파악하기 위해서 십중한 검토와 질문을 제기할 필요성이 있다면 서신을 그때 그때 받는 사람들과 무관한 문구라고는 바울 서신 가운데 하나도 없다. 우리가 초대 그리스도교에 관해서 무엇을 체험하는가 하는 데 따라 매우 놀라게 된다. 바울의 선교로 된 어린 교회들은 짧은 기간동안 매우 과중한 위기에 끼어들어 그 때마다 신앙의 근거가 늘 전면에 나설 수 밖에 없었다. 바울은 나타나 보이는 결연성을 가지고서만 그 기초에 돌아갈 것을 호소했다. 바울의 반대자들로 드러난것은 당시 바울이 세운 교회 속에 들어간, 우리가 영지주의(Gnosis)라고 일컫는 한 운동이라고 구분할 수 있다. 그것은 "기독교"적 영지주의의 형식을 가졌다. 곧 그것이 그리스도에 관해서 말했다는 것과 복음을 전하려고 열성이었고 또 '성령'에 의존하기도 했다는 것을 봐도 그렇다. 바울이 사용한 어휘들을 그들이 사용하는 것은 사실이다. 바울이 그들의 그리스도안에서 자기의 그리스도를 발견하지 못하였고 그들의 복음 가운데서 자기의 복음을 인식할 수 없었고 그들이 성령이라 일컫는 것에서 그가 하나님의 영을 경험했던 그 분을 만나지 못했다는 것이다. '따라서 모든 것은 달랐다.'

우리는 그것을 의도하지 않고 석의적 개개 문제와 마주선다. 그러나 우리의 최고의 말은 여전히 번역이란 말이고 물론, 그것은 더 넓게 이해된

의미에서 하는 말이다. 고린도 서신들을 예로 들면 바울의 언어는 우리가
그것들을 구체적으로 이해한다면 수신인을 겨누어 만들어졌고 처음 기독교
의 최초의 시기를 엿보게 하는 것이란 사실이 드러난다. 만일 우리가 바
울을 이해하려고 한다면 우리는 그의 말의 사전과 나란히 영지주의의 사전
을 배워서 영지주의의 사고에서 그 낱말들의 의미가 무엇인가를 묻는 일을
시작해야 한다. 우리는 다만 그의 문장이 의도한 바를 따라 읽을 수 있다.
바울은 영지주의를 한 세계 만큼이나 사이를 두고 떠나 있었다. 가장 기본
적인 결단은 이미 실현되었고 이해로써 우리가 뒤따라 실현할 것을 원한
다. 우리가 바울의 본문을 해석하기 전에 바울이 있는 곳에 우리를 접근
시켜야 한다. 우리는 그를 솔직하게 오늘날로부터 이해하기를 떠나서 당시
의 그의 증인으로서의 책임을 고려하여 그에게 접근해야 한다. 우리는 우
리의 질문과 관념을 가지고 그를 앞질러 가서는 안 되고, 질문과 관념들을
그와 함께 제출해야 하는 것이 사실이다. 우리는 아마 그가 서 있는 역사
적 시점을 이해하기를 노력해야 한다. 그것은 그가 그 시점에서 그리스도
를 자신의 주로서 증언하는 모습을 파악하기 위한 것이다. 우리는 바울을
본따거나 단순히 그를 되풀이 할 수 없다. 그러나 우리는 바울에게서 배우
고 그에게서 어떻게 그가——그가 세운 교회안에 종종 일어난 사정에 직
면하여——자기 시대에 그리스도를 증언했는가를 질문하면서 오늘날을 위
해서 복음을 번역하는 일을 '연습할' 수 있다.

IV. 신학적 면모의 다양성

나는 이제 한 걸음 더 나가서 간결하게 신약증인에 대한 이 연구가
일관하게 갖는 것이 무엇인가를 설명할 수 있다. 우리는 단순성 때문에
'바울'에게 머물러야 한다. 만일 우리가 그의 서신을 자세히 검토한다
면 단편적으로 바울에게는 비록 넓은 전기적 자료가 들어나지는 않지만
그의 전기의 단편들은 드러난다. 그가 그의 생애에 관해서 말하게 된다
면 그가 말하고자 하는 것의 '예화로서' 언제나 하고 있다. 고린도 후
서 11 : 23에서 그가 얼마나 고난을 당했는가 하는 포괄적인 놀랄만한 목
록은 그의 생애 가운데서 도려낸 사건들을 많이 갖지만 그러나 그 모두는
얼마나 바울이 불안한 생을 살았는가는 고린도 전서 4 : 8—13에서 처럼
별 설명없이 말하고 있어 사도로서의 그의 곤경의 정도를 설명한다. 고린
도 후서 11 : 23의 본문 가운데 지적된 사건들은 언제 일어났다는 시일을

정할 수 없기 때문에 우리는 그것을 연대기적으로 확정할 수 없고 사도행전에 남아있는 메모와 시간적으로 전혀 "일치하지"(Synchronisieren) 않는다. 그래서 바울의 전기를 위한 사도행전의 가치에 대하여 한계선이 그어진다. 바울의 서신들 안에는 물론 그가 어떻게 되어 복음의 선포자가 되었고 자신의 소명을 어떻게 생각하였고 어떻게 그는 그의 생의 신학적인 결단을 이해했는가 명료히 제시되어 있다. 그리고 이것이 대략 몇 가지 요점만을 들어 그 면모를 그릴 수 있는 그의 생애의 개별적 사정을 아는 것보다 더 중요하다.

불트만(Rndolf Bultmann)은 한번 다음과 같이 강조하였다. "바울을 이해하는 것으로써 원시 기독교를 이해하는 것이 작정된다."(Zur Geschichte der Paulus-Forschung, Theolgische Rundschau, 1929, 29). 흔히 하는 보류에 상관 없이 말할 수 있는것은 바울은 언제나 우리에게 "원시 기독교의 모든 인물보다 더 잘 알려져 있다"는 것이다(Karl Luding Schmidt, Der Apostel Paulus und die antike Welt, in: Vorträge der Bibliothek Warbrug, 1927, 44). 그러나 이것은 시인 슈나이더(Reinhold Schneider)가 자기의 생애의 보고서인 "감추인 날들"이라는 책의 서론에서 자기 자신에 관해서 다음과 같이 말한 것이 바울에게도 타당하다는 것을 부정하지 못한다. 곧 "한 저자의 생의 환경에는 아무것도 걸려있지 않다. 다만 문제될 수 있는 것은 그가 그에게 꼭 필요한 역사적인 것에서 얻으려고 추구하는 대답일 뿐이다." 바울이 준 "대답"은—그의 편지들이 그때 그때 쓰여질 시대의 모든 흔적을 지고 있는 그 편지 형식으로서—결코 조직신학 대전(Summa Theologica) 으로 결성할 수 없다. 왜냐하면 그것들은 원시 기독교의 어린 교회들의 구체적인 질문, 곤경, 또 위협을 취급하는 데서만 그의 신학 사상을 제시하기 때문이다. 종종 일종의 바울 신학의 대전이라고 이해되는 로마서는 그가 속한 그 역사적 시점에서 떼어 놓을 수 없다. 그런데도 불구하고 바울의 신학의 개요를 파악하고 적어도 요약해서 제시하려고 시도하고 있다.

이 같은 과제가 모든 '신약 문서 저자'에 대해서 연구되도록 되어 있다. 자극적인 연구 결과를 앞당겨 말한다면 신약성서는 '신학적인 획일성'을 알지 못한다는 것이다. 그것은 결코 신학적인 공분모에 얻을 수도, 또 얻으려고도 하지 않는 서로 배치되는 많은 묘사들을 내포하고 있다. 이 의미에 있어서도 케제만(Ernst Käsemann)의 다음 명제는 옳다. "원시 기독교 역사

튼 모든 역사와 같이 미리부터 여러 겹으로 되었다. 조직신학자만이 그것을 한 틀로 도식화하는 것이다"(*Verkündigung und Forschung*, 1956/57, 164). '바울과 야고보'는 신학적으로 서로 일치하지 않는다는 것은 루터가 말한 야고보서에 대한 비판적 이해로 거의 자명한 사실이 되었다. 모든 사람은 루터의 매우 준열한 말 "지프래기 서신"이란 말을 안다. 그것은 물론 그 서신에 대한 바울의 다른 표현에 비추어 보면 아직 억제해야 될 말이다. 루터는 야고보서에 대한 견해에서 바울의 관점에서 말하는 것이며, 그것은 그가 야고보서에서 바울 신학의 중추인 사람이 믿음으로만 의롭다 인정 받는다는(롬 3:20) 그의 종교개혁적 가르침을 찾지 못했기 때문이었다. 이 야고보서에서 강조점을 행위에 두었다는 것이 그에게 이해하기 어려웠던 것이다. 야고보에게는 "믿음만"이라는 것으로 만족치 못하였다. 그에게 신앙은 행위와 분리될 수 없게 결합되어 있었다. 나는 야고보서 2장 24절에 "사람은 행위로 의롭다 선언받는 것이며 믿음으로만이 아니라는 것을 아시오"라는 말을 기억한다. "바울과 모순되는 것을 알 수 있다"(Videtur contradicere Paulo)라는 루터의 말은 명료한 면모를 말해 준다. (Weimar전집, 卓語錄 V.414). 그리고 그는 이 형태에서 본질적으로 벗어나지 못했다.

   나는 물론 야고보서를 바울로부터 읽는다든지 바울을 기준하여 측정해서 안된다고 생각한다. 그 경우 바울은 정경 가운데 표준되는 정경이 될 것이다. 그리고 그 때엔 그는 바울도 바로 이해하지 못하고 말 수 있다. 그래서 우리는 야고보를 바울과 비교하기 전에 그로 하여금 말하게 해야 한다. 그리고 동시에 바울의 본래적인 의도를 물어야 한다. 바로 야고보서에 대립하여 바울은 무엇을 제기하느냐 하는 질문이 불가피하다면 결연하게 또 아무 타협 없이 신앙을 중심점에 넣고 그 같이 오직 그리스도의 복음만이 증언되어 있는 것을 본다. 여기서는 어떻게 답변해야 하는가? 나는 어떤 '연관성' 가운데서 신앙이 강조되는가를 명료히 해야 한다고 생각한다. 우리는 그런 강조를 갈라디아서와 로마서에서 찾아볼 수 있다. 그 강조는 전형적 유대교 신학의 체계에 대한 반제로서 명료히 파악된다. 유대교 신학에 의하면 인간은 토라의 행위를 근거로 하여 하나님께 의롭다 인정받는 것으로 되어있다. 그리고 오직 그것의 반제적인 형식에서만 그것은 자기 본래적 의미를 밝혀주고 그리스도 안에서 된 하나님의 불가사이한 행동을 예리하게 선포하는 것이다. 그것은 그리스도 안에서 되는 하나님의 은총의 통고, 인간이 사는 데 오직 의거해야 하는 그 하나님의 은총의 통고인 것이다. 의로 인정받는 일의 신학은 바울에게 있어서 매우 기본적인 질문에 대한 대답이다. 곧 사람이 하나님 앞에서 산다면 무엇에 의지하여 사는가 하는 질문에 대답하는 것이다. 그는 하나님께서 그리스도 안에서 그를 용납하심으로 산다. 때문에 인간이 다른 모양으로 의롭다 인정받을 수 있다는 생각은 환상이다. 바울에게서 신앙을 강조하는 것은 그의 그리스도론의 결과이며, 예수 그리스도 안에서 행한 하나님의 행동을 자랑하는 것이다. 거기 대립하여 야고보는 후세대의 기독교의 단면을 제시해 주며 인간의 순종이 어떤 것인가를 묻는다. 그의 논조는 말씀은 단지 듣는 일을 넘어서 행할 것을 요구한다는 것이다. 그는 우리가 엉거주춤한 데서 그치거나 양면치기에 떨어지는 것을 금한다. 그 같은 행위에서 신앙은 전혀 아무 일관성을 갖지 못한다. 야고보는 신앙의 일관성을 묻고, 그 때문에 시종 일관하게 행위에서 성립하고 행위없이는 신앙은 존재할 수 없다고 볼 수도 있다. 이 예에서 명료한 것은 아마 석의가에게 본문이 스스로 열린다는 것은 무엇인가 하는 것이 될 것이다. 이 문제 전체를 조감하기 위하여 내가 쓴 두개의 연구, "야고보와 바울, 성서 정경의 문제 논구"(*Theologische Existenz heute*, N.F. Heft 39, 1953)와 또 같은 총서의 "바울과 야고보에게서 신앙과 행위"(Heft 88, 1961)를 비교하여 보라다.

우리는 여기서 다시 한 장래에 대한 전망만을 지시할 수 있다. 신약성서 본문 석의에 대하여 거듭 사람들이 획득한 것은 신약성서 증언들이 가진 다양한 소리의 통찰이다. 그것은 공관복음서들도 같은 양식을 거의 갖지 않고 있다는 것, 예를 들면 제1복음서도 자세히 관찰하면 고도로 독자적인 영역을 가진 신학적 작품이란 것이 입증된다는 것에까지 이른다. 언제나 우리는 "전통"을 다만 오해될 수 없이 독특하게 해석한 것으로만 접촉할 수 있다면 전통의 모든 증인들은 자기 독특한 신학적 약도를 제시하고 있는 것이다. 이것은 비유를 들고 보면 개별적으로 지적할 수 있다. 양식사적 연구는 복음서 기자들은 각기 시대에 전승받은 자라고 부르고 있으며, 한편 전승 소재를 자기 독특하게 구성할 계기는 멀어진다. 나는 여기서 단순하게 말하려고 한다. 그러나 오늘날 우리가 찾은 것은 공관복음서 기자들이 그려낸 개성이 뚜렷한 전통의 신학적 약도이다. '전통은 언제나 증언으로서 해석된 전통 가운데 존속한다.' 그리고 그 안에 반영되어 있는 사실은 한 전통은 결코 단순히 연대기적 정확성에서 확립될 수 있는 것이 아니고 도리어 지나간 날의 증언을 후대의 각 시간에 '새롭게 증언되기를' 기대하고 있다는 것이다. 달리 표현하면 이 전통을 전하는 자들은 독특한 모양으로 듣는다는 것이다. 그 가운데 증언된 주님은 모든 현재의 주요, 각 현재에 새 증인을 불러내는 주이기 때문에 그러하다. 만일 복음서 기자들이 자기들에게 전해진 전통을 반복하기만 했다면 매우 역설적인 사실이지만 이 전통에 모순돼 있다는 것이 명백하게 될 것이다.

여기서 결론되는 것은 신약성서 신학은 '여러 층을 가진 현상'이라는 것이다. 그것은 바로 석의가들이 다루는 이 유일한 책은 여러 가지의 본문을 모은 문고라는 것과 같다. 모든 연구는 거듭 본문에서부터 시작한다. 또 마가 신학이나, 누가, 요한, 바울의 신학이란 것의 약도는……오직 신중하게 관찰해 얻은 본문 연구에서만 생길 수 있다. 마치 모자이크는 돌 하나 하나를 알알이 모아서라야 이루어지는 것과 같다. 나는 이런 인상을 얻는다. 우리는 비록 중요한 예비적 과업이 있지만 무엇이 타당한 표현이겠는가 하는 것을 전보다도 오늘날 더 잘 발견하게 된다는 것이다. 그리고 이것은 신약성서의 정경의 통일성을 새롭게 보아야 한다는 것을 의미한다. 그것은 매우 여러 갈래의 책으로서 우리와 만나며 신학적 형식이 통일 돼 있다고 말할 수 없다.

위에서 스케취한 문제에 깊이 들어가기 위해서 유익한 책은 보른캄과 여러 사람의 공저 "마태복음의 전승과 해석"(G. Bornkamm, G. Barth, H. J. Held, *Überlieferung und Auslegung in Matthäusevangelium*, 1960) 또 막스젠의 "마가 복음서 기자"(Willi Marxsen, *Der Evangelist Markus, Studien zur Redaktionsgeschichte des Evangeliums*, 1959²), 또 콘첼만의 "누가의 신학" (Hans Conzelmann, *Die Mitte der Zeit, Studien zur Theologie des Lukas*. 1960³)등이다.

V. 서론학과 시대사

한 개의 독특한 질문 영역은 소위 '서론학'이란 것이다. 그것은 그 이름에서 인상을 얻는 것 같이 처음에 위치한 것이 아니고 석의적 연구 끝에 있다. 왜냐하면 그것은 신약의 본문을 정확하게 아는 일을 전제한다. 곧 신약성서 문서의 저자와 구체적 역사적 계기에 대해서 무엇을 말할 수 있는가, 또 수신인과 그들의 연대적 지리적 위치가 무엇이 되겠는가는 반드시 본문 자체를 용납하고 또는 거기서 얻는 면밀한 분석으로써 결론되는 것이다. 오늘날까지 거기 대한 의견이 서로 엇갈렸다는 것은 결코 우연한 것이 아니다. 종종 각기의 견해는 더 넓은 환경을 설명하는 일을 전제하고 때로는 원시 기독교의 역사를 앞질러 찾아내게 된다. 더 이론이 없을 날자와 의심을 걸 수 없는 진단은 기대키 어렵다. 그러나 이 사실은 역사가가 거듭 빠지게 되는 곤경과 일치한다. 체계적 설계 없이는 일이 진척되지 않는다. 그 체계적 성격에 대해서 의의를 제기할 수 없으며 그러면서 문제되는 것은 여러 가지 다른 해결 시도를 계속 검토하고 서로 저울질하는 일이다.

예를 들면 빌립보서는 언제 쓰어진 줄 생각하는가? 그리고 그것은 어디서 생겨났는가? 또는 에베소서 이전인가? 또는 가이사랴에선가? 로마이어(Ernst Lohmeyer)는 비록 이 견해를 일관하게 용납할 수는 없지만 결연하게 그것을 지지한다. 종종 여기서 한 대답이 다른 대답에 종속될 때가 있다. 예를 들면 집필 장소를 작정하는 것으로써 그 문서의 연대를 작정하게 되는 것이다.

서론학의 과제가 무엇인가 하면 그것은 처음 원시 교회의 '문학사'의 연구라고 이해되었다. 이미 "문학"이라는 표어가 적당하지 않기 때문에 문학사라는 개념을 우리는 완전히 소화할 수 없을 때 그같이 이해된다. 사람은 복음서들을 그것들을 구분하는 문학의 종별을 드러내기 위하여 "작은 문학"이라고 불렀다. 그리고 거기서 다루어지는 것은 개개 문서 또는 문서군의 발생사 이상의 것이었다. 얻을 수 있는 한, 신약 본문의 생성 상황을 그리는 일이 문제이다. 그 때 우리는 바로 공관복음서들을 생각해야 하는데 그 확정된 문학 형태는 오랫동안 구전(口傳)으로 전해 내려온 전(前) 역사를 가지는 것이다. 여기서 양식사적 연구는 매우 계발적 통찰을 획득할 수 있었다. 그것은 "작은 단원들"을 전승의 원 소재로서 추적하였다. 그리고 복음서 안에 더 오랜 층과 새로운 층이 드러나고 그것들을 조사하는 것이 무엇보다도 중요하였다. 특히 질문해야 하는 것은 무엇이 이 전체의 전승을 그 이전의 전승층에서 '떼어서 형성'했는가는 것이다. 그러나 어느 신약본문이 석의가들이 가려내려고 애쓰며 그 전승의 유래를 알리고 질문하는 그 일정한 전승을 채용하지 않았는가? 이것은 결국 문학의 유래에 관한 문제는 고립된 문제가 될 수 없다는 결론이 된다. 신약성서의 시대사는 본문이 가진 독특한 역사적 문제성에다가 그것이 발생하게 된 환경을 첨가한다. 그것은 결정적 역할을 한 시대의 운동과 원동력과 인물들을 묻는다. 그것은 여러 갈래로 나누인 연구라는 것이 명료하다. 석의가가 정확하게 그 전모를 파악하려는 것은 후기 유대교의 세계이다. 곧 랍비주의와 묵시문학과 또 사해(쿰란) 교단의 신학이다. 발굴된 이 교단의 문서들은 예기치 않은 빛을 우리에게 던져주었고 그 발굴물의 출판이 아직 진행중에 있기 때문에 아직 더 던져줄 것이다. 신학자는 가장 중요한 이 문서 본문들을 관찰하여 아직 명료한 견해에 도달하지 못한 일반적 지식을 넘어야 한다는 것은 이론의 여지가 없다. 왜냐하면 신약성서 기자들이 이 교단의 사상 세계와 접촉했느냐 하는 질문은 석의가에게는 아직 완결된 사상을 말하기는 너무 이르다 해도 중요성을 가진다. 복음서 안에는 바리새인과 사두개인이 거의 페이지마다 언급되어 있는데, 쿰란 교단은 신약성서에 전혀 언급되지 것은 놀랄만한 사실이다.

후기 유대교 외에 '헬레니즘'의 세계도 공부해야 한다. 그 때 철학적 조류들을 생각해야 하는데 성서 문본에 거듭 지시되어 있는 대 스토익 철학자, 에픽테터스, 세네카, 마크 아우엘 등과 그 외에 에피큐리안 철학자들을 생각해야 한다. 스토익과 에피큐리안들은(잘 알려진 철학 경향인데) 사도행전에도 그 나타나 있다. 곧 바울이 아덴에 왔을 때(17:18)를 기술한 장절에 나타난다. 성서 본문 외에 더 넓은 범위를 취급한 글들, 예를 들면, 막스 폴렌츠의 글을 읽어야 한다(Max Pohlenz, *Die Stoa, Geschichte einer geistigen Bewegung*, 1948). 나는 여기서 세부적인 것을 논할 수도 없고 그럴 생각도 없으나 다만 성서본문에 표현된 자기이해, 세계이해를 파악하는 것이 의미 있다고 지시해야 한다. 왜냐하면 석의가의 질문은 어떻게 헬레니즘 세계에 살던 사람이 자기의 세계에서 스스로를 파악했는가 하는 것이 되어야 하기 때문이다. 스토익 철학은 교양있는 사람의 세계 분석에 지나지 않았다. 그 철학이 아마 이 시대의 사람을 형성하는 힘, 당시의 도시들의 길거리를 횡행하고 주민들의 여러 층을 망라한 사람들에게 일러주려고 했던 철학이었던 모양이다. 신약성서 시대의 정신적 힘을 행사하던 것으로 영지주의(Gnosis)가 있고 그 내용은 새로 발견된 고대 문서에 의하여 명료히 드러나고 성서석의를 위한 그것의 의미는 더욱 부정할 수 없게 되었다. 여기에도 성서 본문을 공부하는 데 예비적 연구분야가 있다. 고대 후기의 종교들(신비의식 종교)의 넓은 영역이 관계된다는 것을 나는 새삼스럽게 강조할 필요가 없다. 이 모든 것이 중요하다. 왜냐하면 신약성서의 환경을 의지하며 복음을 받은 사람과 그들의 사는 곳을 될 수 있는대로 정확하게 배우는 일은 우리에게 매우 도움이 되기 때문이다. 왜냐하면 복음의 소식은 듣는 사람에게 겨누어 주어졌기 때문이다. 그 소식은 듣는 자에게 예수 그리스도를 그의 주로 선포하기 때문에 그 듣는 자에게 맞추어 편성되었다. 그 소식은 듣는 자와 떼어 생각할 수 없기 때문에, 말하자면 그에게 맞게 만들어졌다. 그래서 우리에게 문제되는 것은 그 소식이 처음 들은 사람에게 주어질 때 그에게 일어난 구체성과 적절성으로 하나 하나 들겨질 것이라는 사실은 나는 말할 수 있다. 헬레니즘 세계의 사람의 세계이해와 자기이해의 단편을 근거로 하여 예를 들면 로마서 8 : 38—39절이나 빌립보서 2 : 6—16절 같은 본문이 새롭게 이해될 수 있다. 만일 헬라적 인간이 자기가 그 손 안에 들어 있다고 믿은 그 운명적 세력들 앞에 두려워하며 살았다고 한다면 그에게 대하여 예수 그리스도는 모든 세력의 주라고 선포되는 것이다. 만일 그 사람이 이 주에게 속한다면 그 세력에 대한 공포를 버릴 수 있다.

신약성서 시대의 '정치사'도 자명하게 그 정당성을 가지며 그것은 팔레스틴의 정치적 환경뿐 아니라 로마 제국의 포괄적 틈에 관련된 사정도 그러하다. 이것은 매우 자명적이다. 신약성서 안에는 거듭 "대조의 표현 형식"이 나타나며 거기에 정치적 세계의 언어가 반제의 형식으로 채용되었고, 예를 들면 당시의 정치 이념 가운데도 복음, 주, 구주("구세주")라는 것이 있었다. 그같이 묵시문학은, 해당 연구들이 지시하는 것 같이, 그 언어에서 훨씬 반제적으로 곧 가이사 칭호에 대립한 반제적으로 이해된다. "우리의 주는 신이다"(Dominus at Dens noster)라는 말로 도미티안 황제가 이름 불러졌다. 또 다른 예를 들면, 히브리서에 보면 우리는 이곳에 영원한 도시(Polis)는 갖고 있지 않고 미래의 도시를 향해 가는 도중에 있다(히 13 : 14)고 유우머 섞인 말투로 말하고 있다. 이 말로써 그 기자는 그 지배가 영원히 존속하리라고 말한 고대 제국의 이념에 대항했던 것이다. 히브리서는 거기 대해서 다만 이 세계의 도시국가는 결코 "영원히 존속"하지 않는다고 말할 수 있었다. 성서는 정치적 서적은 아니다. 그러나 그것은 정치적 세계도 그 '운명을 측정'하고 그리스도인의 정치적 실존에 대해서 언제나 '일관성을' 유지하고 있다. 성서는 모든 주들의 주를 선포하여 동시에 땅 위에 있는 모든 주군들의 한계를 설정한다.

마지막으로 말할 것은 '지도'의 공부를 등한히 해서 안된다는 것과 팔레스틴과 지중해 세계를 자세하게 지리적으로 알려는 연구가 잘 진행되지 않는다는 것이다. 소위 일련의 서론의 문제들은 지도를 손에 들고서 비로소 명료하게 된다. 바울이 세계의 여러 도시들의 길거리를 걸어가는 것을 보여 구체적 인상을 주어야 하며 선교 여행의 매일의 일정이 어떠했는가를 재도록 해야 한다. 그는 자신을 세계에 대해 빚진 자라고 의식하였다는 것은 여러 말에 잘 나타나 있다. 그는 당시의 세계를 "횡단"하고 "대각선"을 그었다고 말해지며 그 때 "왼쪽 오른쪽으로 불붙는 길을 통하여 불꽃이 저절로 퍼져갔다"고 하르낙이 정확하게 말한 것 같이 되었다(Adolf Harnack, *Die Mission und Ausbreitung des Christentums* 1, 1924, 80. 83). 사람이 오늘날 선교의 "지리적 차원"을 말하는 것은 근거 없는 말이 아니다.

제 V항에 약술한 문제 영역에 따라 참고서를 제시하는 일은 여기에 언급된 본문의 많은 교정본, 보조 자료, 큰 저작과 작은 특수 연구들 때문에 결코 단순하지 않다. 나는 본문에 대한 안내로서 두 책을 열거하는데 그치려고 한다. 그것은 여기서 들어가려고 하는 넓은 영역에 대한 입문으로서 습득해야 될 것이다. Edgar Hennecke, 신약성서 경리전 (*Neutestamentliche Apokryphen* 1942², Wiehelm Schneemelchar의 새 판에는 두권으로 되었다), 또 Charles Kingsley Barrett, "新約의 주변세계"(*Die Umwelt des Neuen Testaments*)이다. 새로운 관점에서 시도한 "신약 서론"(*Einleitung in das Neue Testament*)이 막스젠(W. Marxsen)에 의하여 출판되었다(1963). 막스젠은 연구사도 언급한다. 연구사에 대해서는 큄멜(Werner Georg Kümmel. *Das Neue Testament. Geschichte der Erforschung seiner Problem*, 1953)이 더 깊이 들어간다. 큄멜에게 우리가 감사하는 것은 파이네 벰(Feine-Behm)의 서론(1963¹²)을 수정 증보해서 낸 일이며 그것은 더 포괄적이며 우수한 지식을 서론의 문제에 이끌어 들였다. 그것은 불가결한 책이다. 간단한 종교사적 연구에 기여하는 것은 불트만의 책 "원시기독교"(Rudolf Bultmann, *Das Urchristentum im Rahmen der antiken Religionen*)이다. 이것은 현재 로볼츠(Rowohlt)의 독일 백과사전의 틀 안의 한 책으로 얻을 수 있다. 지리적 문제에 대하여 성서 지도들을 제출한 것을 들어보면, 먼저 구테의 성서지도(Hermann Guthe, *Bibelatlas* 1926²)가 있는데 그것은 고대의 것에 한정되었다. 이것과 나란히 그롤렌베르크(Lukas Grollenberg O.P.)의 성서 그림 지도(*Bildatlas zur Bibel*, 독일판1959³) 또는 라이트, 필손, 올부라잇의 성서

지도(Wright-Pilson-Albright, *Westminster Historical Atlas to the Bible*, 1947)가 있다. 역사적, 고고학적 또지리적 개개 문제에 대해서는 "신학 대사전" (*Die Religion in Geschichte und Gegenwart*)의 제3판(내용 6권과 색인 한권, 1957)이 신속하게 명료하게 보도해 준다.

Ⅵ. 증인의 인간성의 지평에 있는 언어의 문제

나는 결론적인 주를 첨가하려고 한다. 우리는 신약성서 사전의 역사 가운데서 신약성서의 희랍어는 당시의 통용 희랍어였던 특수 희랍어는 아니었음이 들어난 것을 상기한다. 우리는 이 사실은 또 하나의 체험의 예증이요, 비유라고 이해할 수 있다. 곧 그것은 더 깊이 들어가는 체험인데 모든 석의가가 신약성서를 이해하려는 노력에 있어서 점점 더 얻게 되는 것으로서 신약성서 본문이 모두 역사적 정황에 긴밀히 얽혀 있다는 체험이다. 평행되는 말, 개념에서의 근친성, 여러 면으로 표상과 사정에서 접촉을 가진 일, 이것이 그 체험의 구체적 모습이다. 이미 넓은 범위로 종교사학파는 그 현상을 파악하였다. 모든 책 중의 책은 그 한도에 있어서 책 중의 책이다. 증인 가운데 아무도 만일 우리가 그를 그의 시대의 사람으로 이해하지 않는다면 이해할 수 없다. 그의 시대 안에 출생하고, 그의 시대에 밀착되고, 그의 시대에 질문받고 그의 시대 가운데서 대답한다. 간단히 말해서, 그의 시대의 지평에 선 증인이다. 우리는 성서 증인들의 오해될 수 없는 인간성에 대하여 말할 수 있다. 그 인간성은 동정이나 실망 때문에 인정되는 것뿐 아니고 결연하게 보고 긍정되는 것이다. 확신 없는 반쯤한 긍정은 성서 증인이 갖는 비밀을 아직 파악하지 않았다는 것을 폭로한다. 증인들의 인간성을 언급하지 않는 것은 증인의 실존이 끼어 있는 현실을 생각하는 데 이전하며 모든 것은 하나님께서 증인들의 있는 그대로를 증인이 되라는 사명을 메워서 역사적 제한성 안에 두어 그들이 사는 세계와 시대에 대한 증인으로 만드신 것에 모든 것이 귀결한다는 것을 제거해 버리는 것이다.

그러나 이것과 긴밀히 연관된 것은 그들의 소식의 중심인 예수 그리스도에 관해서 그들이 다만 당시에 있던, 또 그 전(前)역사를 가진 개념과 표상에 의해서만 말한다는 것이다. 그래서 모든 사람은 단지 비유적으로 또 언급하는 정도로 제한성에서 예수 그리스도는 누구였는가를 말할 수만 있다. 그의 유일성은 그 복음의 소식 전체의 유일 독특성과 같이 예비적으로만 말할 수 있다. 그들이 거듭 부딛친 곳은 언어의 한계였다. 고대 교회의 대신학자 아우구스틴은 그것을 한번 담대하게 또 오늘날에도 사용될만하게 다음과 같이(요한 복음에 관련하여) 말하였다. "곧 그 모습대로 말한다는 것을 누가 말할 수 있는가? 내 형제여, 나는 감히 말한다. 요한 복음은 아마 있는 그대로 말하지 않고 그가 할 수 있는대로 말한 것 같다. 여기서 인간은 하나님에 대해서――물론 하나님께 영감을 받아서 말하지만 바로 인간이기 때문이다. 그가 영감을 받았기 때문에 그는 무엇을 말하였다. 그는 영감을 받지 않았으면 아무 것도 말하지 않았을 것이다. 그러나 영감을 받은 사람은 인간이었기 때문에 그는 모든 것은 있는 대로 말한 것이 아니고 인간으로서 그가 말할 수 있는 것을 말했다"(In Johann. tract. 1. 1). 여기에서 얻은 귀절(나는 이것을 칼 바르트의 교회 교의학1:2, 563에서 읽었다)은 신학적 문제로의 언어에 대한 책 전체에 붙일 표어를 제공해 준다. 그래서 언제나 문제되는 것은 성서의 증인들은 인간의 말의 부적합성으로서만 "말로 표현할" 수 있는 통찰과 전망, 곧 그들이 그들의 전할 소식의 비밀을 나타내는데 적합한 언어를 찾으려는 목적을 가진 통찰과 전망에 압도당했다는 것이다. 우리는 하나님의 말씀을 성서 안에서 다만 증인의 인간의 말로서만 갖는다. 하나님은 바로 그들이 그의 증인이 될만한 가치를 가졌다는 것이 이 한계를 폐기하지 않고 도리어 그것을 강조하며 모든 증인의 말은 먼저 있은 증인을 필요로 한다는 것을 의식하게 한다. 증인들의 말을 잘 알아듣게 하는 이는 하나님 자신이다. 그것을 그의 말씀을 섬기는 말로 삼으시는 것이다. 곧 석외가는 증인들의 인간의 말을 할 수 있는 한 잘 따라가야 한다는 것, 곧 그는 그들의 말을 가지고 또 그들과 동시대에 서서 모든 철학적 신중성과 역사적 노력은 그에게 자명한 것이 되어야 한다는 것, 그러나 그는 모든 증인의 주와 만남으로써 불꽃이 튀어나는 것을 언제나 지시한다는 것을 의미한다. 우리는 용감히 "우리 자신을 훨신 초월해 가야 한다. 성서의 내용은 그것을 다르게 하도록 허락지 않는다." 우리는 그것을 어떻게 해야 하겠는가? 내가 여기서 그 글을 인용한 초기의 칼 바르트는 성서의 기적을 다른 말로 바꿔 쓰면서 내가 그같이 말해도 좋으면 성서의 독자 법칙성이란 말로 그것에 답변한다. "우리를 처들고 있는 성서의 물결은 우리가 단 한번 거기에 몸을 맡긴다면 저절로 바다에 이른다. 성서는 우리의 모든 인간적인 제한성에도 불구하고 스스로 해석한다. 우리는 성서 자체 안에 있는 이 물결을 따라

갈 것을 강행해야 한다……"("성서 안의 새로운 世界" in *Das Wort Gottes und die Theologie*,1929, 21f.) 모든 석의는 설명을 다할 수 없는 것 또 처리할 수 없는 것을 가지고 있고 또 언제나 보유한다. 인간적 언어는 그것이 말해야 하는 것을 자기 힘으로 말하지 못하는 것이다(사람은 성서적으로 우리의 말의 "연 }"에 관해서 말할 수 있는데). 하나님이 만일 우리의 언어를 용납하지 않는다면 모든 것은 말해지지 않은 대로 있어야 한다.

현대 신약성서 연구의 긴박한 문제 중의 하나는 해석학 또는 실존주의적 해석의 문제이며 이 포괄적 문제성의 지평에서만 해결될 수 있는 것이다. 비신화화의 문제도 이 더 큰 틀 안에 속하며 결국 점점 더 명료하게 되는 언어의 문제로서 이해되어야 한다.

비신화화의 문제는 우리를 위해서 처음 생겨난 것은 아니다. 아마 알 수 있는 일은 성서 증인이 벌써 신화의 언어를 '파편으로만' 채용할 수 있었다는 것이다(그래서 그들은 케제만(Ernst Käsemann) 말을 빌면 신화적 도식에 "섭길" 뿐이라는 것이다). 그들은 신화의 본래적 의도를 바로 채용할 수는 없었다. 그러나 그것이 의미하는 바는 이미 성서 증인이 복음의 소식을 언제나 새로운 언어 영역과 표상 지평에 옮기려고 하여 신화의 언어(또 모든 언어)의 한계점을 깨닫게 되었다는 것이다── 좀더 자세히 말하면 이 한계점은 그들에게는 복음을 말하려는 기도를 넘어 거듭 저절로 생겨났다는 것이다. 그러나 여기서는 다만 암시하는 정도로 그치며 서론의 영역을 넘어서는 안 된다(기초적 것으로는 Gerhard Ebeling, Art, Hermeneutik, *RGG*³ Ⅲ Sp.242ff 그 안에 많은 문헌 소개가 있다; Otto Weber, Art. Hermeneutik, *Evangelischer Kirchenlexikon* Sp. 120ff.; Rudolf Bultmann, Das Problem der Hermeneutik, *Zeitschrift für Theologie und Kirche*, 1950, *Glanben und Verstehen* Ⅲ, 211—235; Kornelius Heiko Miskotte, Zur biblischen Hermeneutik, *Theologische Studien* Heft 55, 1959; George Eichholz, Der Ansatz Karl Barths in der Hermeneutik, in: *Antwort, Festschrift für Karl Barth* ,1956, 52—68 또 Die Grenze der existentialen Interpretation, *Ev. Thol.* 1962, 565—579).

석의가는 오늘날 모든 번역의 기도를(실존주의 해석도 그같은 해석의 기도이다) 그의 본문을 가지고 대체 또 어느 정도 그것의 표현을 말로 나타낼 수 있을가 또는 대체 그는 본문의 말을 근본적으로 다른 것으로 옮기든지 요약하겠는가 하고 물어야 한다. 만일 우리가 이 질문의 공개성에 대하여 이해를 가질 수 있다면 우리는 핵심적 문제에 더 접근하고 거리낌

없이 함께 말할 수 있게 될 것이다. 그 문제가 그같은 양상을 띠기 때문에 성서 증인은 신화적으로 말하고 우리는 그것을 우리를 위해 번역하기 위하여 실존주의적으로 그들의 말을 번역해야 한다는 것을 나는 승인할 수 없다. 그 경우 이미 성서적 증인의 정황이 오해되고 동시에 우리 자신의 과제가 단순화 되고 만다.

　만일 우리가 다시 성서 증인들의 인간성에 돌아가 생각한다면 우리는 그것을 예수 그리스도의 인간성과 나란히 세워 보아야 한다. 그러나 이것이 말하는 것은 이 증인에서 저 증인에로 거듭 나타나 그 인간성은 하나님께서 그의 말씀을 우리와 같이 거하게 하셨다는 것을 지시하는 것이라는 사실이다. 그것이 우리와 같이 거한다. 그 문서의 인간성 안에 그가 측량할 수 없이 우리에게 향해 오시는 일의 신비가 감추워 있다.

組織神學

Jürgen Moltmann
尹 聖 範 譯

I. 信仰과 知識

신학도는 누구나 두 가지 문제점을 안고 신학을 연구하게 된다. 하나는 信仰(Glauben)의 문제요, 다른 하나는 知識(Wissen)의 문제다. "神學"(Theologie)을 연구한다고 할 때는 알기 위하여 믿고 믿기 위하여 아는 것이 중요한 첩경이 된다. 그런 점에서 신학도는 자기가 믿는 것, 듣게 되는 복음을 인식하고 이해하고 파악할 수 있어야 한다. 믿음과 희망과 사랑으로 필연적인 부름을 받았다는 사실을 이해할 수 있도록 마음 문을 열지 못하는 사람이라면 어떻게 신앙을 이해하고 신앙을 바탕으로 삼을 수 있다는 말인가! 그러므로 먼저 자기 자신이 신앙 속에 몸담고 있는 것인지를 자문해 보아야 한다. 나아가 자기 자신에게 선포된 하나님의 진리가 침된 것인지 아닌지, 자기 자신에게 말씀하시는 분이 하나님 자신인지 아니면 인간이 상상으로 만들어 낸 우상 또는 미신인지, 자신의 마음을 움직이는 것이 참된 신앙인지 아니면 단순한 미신인지를 냉철하게 살펴 보아야 한다. 그러므로 기독교 신앙은 철두철미 진리를 비판적으로 묻고 자기 자신을 비판적인 측면에서 문제시 하는 것이다. 왜냐하면 기독교 신앙은 어찌될 지도 모르면서 운명에 자신을 내 맡기는 맹목적인 것이 아닌 때문이다. 예수 그리스도의 아버지 되시는 하나님은 인간이 제 멋대로의 사변을 동원하거나 마음 속의 어렴풋한 짐작으로 상상해 낸 모호한 하나님이 아니다. 그는 우리가 이스라엘의 역사와 예수 그리스도의 역사를 통하여 보고, 알고, 듣고 깨달을 수 있는 계시된 하나님이요, 밝히 들어낸 하느님이시다. 그런 점에서 신앙인이 무슨 특별한 종교의 틀에 매인 인간이 아니라 다른 사람과 똑 같은 인간인 것이다. 그러나 신앙인은 모두가 꼭 알아야만 할 것을 아는 사람이다. 모두가 꼭 들어야 할 것을 듣는 사람이다. 모두가 꼭 가져야 할 기쁨과 확신을 갖는 사람이다. 믿는 자의 신앙을 결코 "맹목적"(blind) 신앙이 아니며, 단순한 "모험"(Wagnis)도 아니며, "심연 속으로 뛰어드는 것"(Sprung in den Abgrund)도 아니다. 新約 聖書를 통하여 "우리는 당신이 살아계신 하나님의 아들 그리스도임을 믿고 알았읍니다"(요 6 : 68)고 고백하는 것이다. 나아가 우리는 "귀로 듣고 눈으로 보고 손으로 만져본"(요일 1 : 1) 대로의 "생명의 말씀"을 말하는 것이다. 하물며 어찌 신앙인이 눈을 감고 이해의 문제를 도외시 한 채 선포될 역사를 알지도 깨닫지도 못할 수가 있다는 말인가!

  기독교 신앙 자체가 認識과 悟性을 강력히 요구한다. 우리는 질문을 던지고 의심을 품어보는 悟性(Verstand)이 신앙을 위협하는 것으로 잘못 듣고 또 그렇게 알고 있다. 그러나 중세기 신학자 안셀름(Aneslm von Canterbury)이 "신앙이 오성을 문제시 한다"(fides quaerens intellectum)는 기본 명제에서 신학을 발전시킨 것은 정말로 타당한 일이다. 신앙인은 悟性의 의구심이 두려워 "아무도 받아들일 수도 없고" 나아가 아무에게도 전해줄 수 없는 마음의 신앙심으로 도피해서는 안 된다. 신앙인은 그 나름대로 悟性을 문제로 다룬다. 悟性을 추구하며 동시에 문제시 한다는 말이다. 신앙인은 오성을 바탕으로 하는 가라앉힐 수 없는 認識慾을 문제로 삼으며 나아가 인간의 思考를 불안스레 내다보며 강력하게 발동을 걸기도 하고 끊임 없이 "비판의 칼"을 댄다. 인간의 悟性을 노출시켜 숨가쁘게 몰아 댄다. 가만히 유유자적하게 내버려 두지 않고 오히려 미래를 향하여 그리고 자기 스스로를 위하여 개방하고 우리가 깨달아 알 수 있는 현실로 줄달음 치게 한다. 그러므로 침된 신앙인은 결코 "확실한 인식을 缺하고 있을 수"가 없다. 신앙인은 분명히 "나는 내가 무엇을 믿는가를 알고 있으며" "그것이 분명한 사실 임을 알고 있다"고 말할 수가 있는 것이다. 이러한 확신을 깨달아 알기 위하여 우리는 神學을 연구하며, 탐구하고 추구하며, 논의하고, 듣는 것이다. 그러기에 고대 교회의 신학자인 어거스틴(Augustin)이 "認識(Erkennen)은 悟性(Verstand)을 좋아한다"고 말한 것이다. 따라서 신앙인이 갈구하는 神學的 認識은 하나님과 그리스도가 悟性을 즐겨 허락한다는 뜻이다. 이것을 가리켜 알기 '위하여 믿는다'(glaubend zu wissen)고 한다.

  이와는 달리 '믿기 위해서 안다'(wissend zu glauben)는 말도 있다. 의식을 일깨워 시대를 사는 사람이면 이것 역시 피할 도리가 없다. 그러므로 알기위한 투쟁을 전개하고 나아가 세계, 인간, 역사, 사회에 관한 모든 학문을 총 동원하여 믿기 위하여 알려는 노력을 기울여야 한다. 레싱(Lessing)은 근대 神學的 啓蒙主義가 태동할 무렵에 자기 자신을 가리켜 머리로는 異邦人이요, 마음으로는 루터교 신자라고 고백한 일이 있다. 그후로 知識과 信仰, 主日과 平日, 神學과 科學 사이에 의식상의 균열 현상이 유산처럼 물려 온 것이다. 이제는 그러한 균열에 마음이 상하지 않을 정도로 만성이 되어 버렸다. 무언가를 알려고 하면 아무 것도 믿을 수가 없다고 말하는 사람이 있는가 하면, 신학을 공부하는 사람은 신앙을 잃고 만다고 말하는 사람도 있다. 양편 모두가 하나님은 도무지 알 수 없는 것이라는 점에 의견을 같이 한다. 따라서 하나님은 아예 존재하지도 않으며 죽었다고 까지 주장하는 사람이 있는가 하면, 이와는 반대로 알지 못해도 믿어야 한다는 주장도 있다. 無神論者의 경우는 하나님을 깨닫지 못하는 것이 無神論(Gottlosigkeit)의 바탕이 되며, 有神論者의 경우는 하나님을 의식할 수 없는 것이 도리어 진정한 信仰(Glauben)의 바탕이 된다. 이처럼 信仰과 知識이 분리된 때문에 신앙은 맹목적인 것이 되어 버렸고 지식은 하나님을 저버린 것이 되어 버리고 말았다. 그러므로 기독교 신앙인이 자기의 내면성으로 몰입하여 하나님을 內面으로만 추구하고 外面으로는 추구하지 않으면 않을수록 이 세계를 둘러싸고 있는 현실을 도외시 한 채 하나님도 없고, 의미도 없으며 암흑이 휩싸여 있는 과학과 기술 만을 내뿜고 말 것이다. 이 처럼 신앙이 현실과 과학으로부터 퇴각함으로 인하여 알게 모르게 無神論이 자명한 위치를 차지하는 상황을 낳고 만다. 물론 신앙인이 이러한 퇴각 현상을 증명할 수도 논박할 수도 없기는 하지만 하여간 이 세계에 대해서는 아무 말도 못하게 될 뿐만 아니라 완전히 쓸모 없는 인간으로 전락하며, 단지 많은 것을 혼자서 꾸려가보고 싶어하는 일종의 취미의 상징이 되고 만다. 그러므로 참된 신학자는 믿기 위하여 알려면 엄밀한 과학적인 의미에서 하나님을 믿는 눈뜬 자세가 필요하며, 세상을 저버리는 것이 아니라 받아 들이며, 암흑과 무지 속을 헤멜 것이 아니라 그리스도의 復活과 함께 하나님이 없는 세계에 빛과 생명과 진정한 미래를 부여해 주는 자세를 가져야 한다.

"神學"(Theologie)은 知識과 信仰이라는 두개의 교각을 연결하는 다리(橋)와도 같다. 신앙에서 지식으로 다시 지식에서 신앙으로 발길을 옮기고 당기고 하는 가운데서 神學은 모든 시대와 역류를 관통하며 和解(Versöhnung)를 이루어 가는 것이다. 신학이 화해를 이룰 때는 항상 이 "다리 위에서 만"(nur auf der Brücke) 즉, 길든 思考를 일깨워 새로운 강변으로 진전의 발걸음을 옮기는 가운데서 이루어 진다. 神學的 知識은 그런 점에서 누더기 작품이기는 하지만 동시에 장차올 未來의 단편이요, 추인 것이다. 그것은 신앙을 통하여 생기는 것이며, 희망을 통하여 先取되는 것이다. 그것은 죽은자들 가운데서 그리스도가 부활하심으로써 이루어 지며, 죽은 자들을 부활시키고 全世界를 하나님의 나라로 새롭게 만들어 주신다는 약속을 통하여 先取되는 것이다. 그러므로 神學은 옛 말을 빌어 말하면 "나그네 神學"(Theologia viatorum)이다. 하나님, 세계, 인간에 관한 신학적 지식은 그런 점에서 항상 그 자체를 넘어 모든 結實을 약속의 미래로 향하게 하는 미래지향적인 '希望의 知識'(Hoffnungswissen)이다.

이러한 神學이 학문 속에 들어오게 될 때 학문을 아주 독특하고 미래지향적인 비판력으로 究明하는 것이다. 그리하여 學問은 이미 열려진 世界過程속에서 人間을 열려진 훌륭한 역사적인 방법으로 인식하게 된다. 그럼으로써 非合理的인 '學問信仰'(Wissenschaftsgläubigkeit)이 극복된다. 학문 그 자체로서는 우리가 영과 육으로 살 수 있는 거처나 세계관을 제공하지 못하며, 오직 완전한 진리를 내포한 것으로 판명날 때까지 계속하여 숨가쁜 비판의 도마에 올려지기 마련이다. 神學者라고 해서 中世紀처럼 學問을 지배하려 들려고 해서는 안 된다. 그렇다고 해서 近代가 출범하면서 종종 시도했던 대로 학문에서 도피하려고 해서도 안 된다. 오로지 "다리 위에" 서서, 학문을 다리 위로 끌고와 신앙에서 지식으로 다시 지식에서 신앙의 진리로 이끌어 주는 작업을 실행해야 한다. 신학자는 학문의 길 동무가 될 수 있으며, 학문을 희망과 지식의 길 동무로 삼을 수 있어야 한다. 이것이 바로 學問이란 집 속에서 해야 할 神學의 課題인 것이다.

II. 神學과 敎義學

신학의 영역 속에는 "敎義學"(Dogmatik) 또는 "組織神學"(Systematische Theologie)이란 분야가 있다. 17세기 중엽까지만 해도 이 분야를 그저 "神學"(Theologie)이라 불렀다. 토마스 아퀴나스(Thomas von Aquin)는 그의 교의학을 "神學總書"(*Summa Theologica*)라 이름 했다. 칼빈(Johannes Calvin)은 자기의 교의학을 "基督敎 綱要"(*Institutio Religionis Christianae*)라 했

으며, 멜랑히톤(Phillip Melanchton)은 단순하게 "基礎 神學論集"(*Loci praecipui theologici*)이라 불렀다. 그런데 17세기의 프로테스탄트 正統主義에 이르러 "敎義學"이란 용어가 등장하기 시작했는데, 근본적으로는 "神學이"라는 것과 전혀 별개의 것은 아니다.

우리가 "敎義學"이란 말을 들을 때 흔히 "敎義學的 思考란 죽고 딱딱하고 편협하며 굳어버린 思考"라는 언짢은 생각을 품기 일쑤다. "敎義學"은 강요된 思考요, 동시에 신앙의 법칙이면서 종교재판과 이교도 배척의 구실로 쓰이기도 한다. "敎義學的 基督敎"(ein dogmatisches Christentum)가 사상을 단순한 주장 정도로 대치하고, 살아있는 인격적 신앙을 죽이려 들 것 같기도 하다. 이러한 인상이 사실 어떤 점에서는 옳기도 하다. 新約聖書에도 "도그마"(Dogma)란 말을 "온 세상의 戶口를 조사하라는 아우구스도 황제의 명령"(눅 2:1)을 뜻하는 율법적인 의미로 쓰이고 있으며, 信仰이 해방을 받아야 할(골 2:14) 유대인의 율법과 명제가 되어 있다. 그렇다면 신앙의 自由와 確信이란 의미에서 볼 때 "敎義學"이란 무슨 의미를 지니는 것인가?

먼저 "神學"(Theologie)이라는 말부터 생각해 보자. 이 말은 인식, 오성, 말씀을 뜻하는 *Logos*와 하나님을 뜻하는 *Theos*란 두 가지 말로 연결되어 있다. 그러므로 Theo-logie는 神認識, 神論, 神知識 등으로 불리워지며 "하나님"(Gott)을 참으로 받아 들이고 이해하며 표현하는 학문이라고 할 수 있다. "하나님"이라는 말 속에도 여러 가지 잡다한 의미가 포함되어 있기 때문에 여러 가지 잡다한 신학이 나오는 것이다. "Theologie"란 말은 본래 기독교적 착상이 아니라 헬라 철학의 인식론에서 우러난 것이다. 호머(Homer)와 헤시오도스(Hesiod)의 神話的 詩에 보면 神秘神學(*theologia mysthica*)이란 것이 등장하고 있다. 플라톤(Plato)과 아리스토텔레스(Aristoteles)의 철학에 보면 神의 본질과 희랍의 諸神을 구별한 소위 '自然神學' (*theologia naturalis*)이란 것이 등장한다. 이들이 말하는 神學은 일종의 宗敎哲學(Religionsphilosophie)이요. 고답 희랍 신의 본질에 대한 合理的 考察에 불과하다. 기독교 자체 안에서 마저도 오랫동안 신학을 "基督敎哲學"(*philosophia christiana*) 즉 기독교적인 하나님의 본질을 합리적으로 고찰하고 이해하는 것으로 취급해온 것이 사실이다. 그러므로 이런저런 식으로 神性을 이해하고 그것을 시종일관 전제로 하여 신학을 말하지 아니한 宗敎나 哲學, 世界觀은 하나도 없는 정도다.

"基督敎 神學"(Christliche Theologie)을 가리켜 희랍 철인들이 "神學"이라 이름붙인 정도를 발전시킨 것에 불과하며, 따라서 그것은 기독교의 神認識에 관한 학문, 기독교란 종교의 宗敎哲學, 일반 과학적인 관점을 총동원한 기독교적 神信仰에 대한 합리적 해석 등의 여러 가지 말로 불려질 수 있다고 생각하는 사람들도 있다. 그렇게 되면 결국 기독교 신학의 과제는 "기독교의 본질", 또는 "기독교 신앙의 본질", "단순이성의 한계 안에 있는 종교"(Kant)를 설명하는 것이 되고 만다. 이것은 다만 기독교가 말하는 하나님을 여러 가지 잡다한 神의 범주 안에서 취급하거나, 기독교 신학을 여러 가지 잡다한 神觀에서 취급하거나, 기독교란 종교를 여러 가지 잡다한 종교란 범주 안에서 취급할 경우에만 가능한 일이다. 기독교 신앙이 일반적인 신앙심의 일종이라고 한다면, 그리고 기독교 교회가 여러 종교집단 중의 일종이라고 한다면 神學의 과제는 기독교란 종교가 지닌 특성과 유사성을 일반적인 合理的 입장에서 설명하는 일이 되고 말 것이다. 기독교 역사를 보면 이러한 시도들이 神學史 가운데 있었음은 물론이다. 여기서는 여러 종교들 가운데 기독교를 놓고 거기서 기독교의 종합적 해석을 내리지만 그것은 소위 종교철학적 신학으로는 불가능 할 뿐만 아니라 기껏해야 기독교의 특성과 고유한 성격 만을 알 수 있을 뿐이다. 그런 때문에 기독교 신학은 이와는 다른 방법으로 추구되어야 한다. '基督敎 信仰'(der christliche Glaube)은 항상 제 나름 대로의 神과 邪神을 만들어 내기 마련인 인간적인 감정의 신앙심에서 이해될 수는 없다. 오직 신앙의 '對象'(Gegenstand)을 통해서만 이해가 가능하다. 기독교 신앙은 바로 예수가 주님이시고 하나님이 그를 죽은자들 가운데서 부활시켜 주셨음을 믿는 (롬 10:9) 것이다. 그런 점에서 기독교 신앙은 하나의 事件과 부르심에 대한 응답이 되는 것이다. 기독교 신앙이 부름과 사건의 응답이라고 할 때 그것은 저절로 그리된 것은 아니다. 기독교 신앙의 본질은 바로 살아 있는 신앙이 되게 하셨다는 점이다. 그러므로 우리는 기독교 신앙의 '본질' 이 무엇인지를 알기 위해서는 기독교 신앙이 믿는 바가 무엇인지를 깨달아야 한다. '基督敎的인 神認識'(die Christliche Gotteserkenntnis)은 앞서 설명한 바와 같은 인간 나름의 신학이 담고 있는 일반적인 認識能力으로 이해될 수는 없다. 이것은 바로 신앙의 대상인 하나님이 자신이 계시하신 歷史를 통해서 만 이해될 수가 있을 뿐이다. 그런 점에서 기독교 신학은 "하나님"을 말할 때 단순히 세상의 사라져 가는 사물들을 보고 不安의 것이라거나, 또는 인간의 상대적인 가치를 보고 절대적인 무조건적 성격의 것이라고 말하는 것이 아니라, 오직 "아브라함과 이삭과 야곱의 하나님" 이요, "예수 그리스도의 아버지"되시는 하나님이라고 말하는 것이다. 기독교 신학이 歷史를 설명할 때는 곧 이러한 하나님을 말하는 것이다. 따라서 舊約에 나타난 約束의 歷史(Geschichte der Verheiβung Gottes)가 유일회적인 사건이요, 新約이 말하는 그리스도의 죽은자들 가운데서 부활한 歷史(Geschichte der Auferweckung Christi von den Toten)가 유일회적 사건이듯이, 이 처럼 歷史를 통하여 전달된 神認識論도 유일회적인 사건 임을 알아야 한다. 이것은 바로 기독교적인 神認識(Gotteserkenntnis)은 철두철미 하나님의 유일회적인 역사적 啓示(Offenbarung)와 관계되어 있음을 뜻하는 말이다. 그러므로 우리가 하나님의 啓示 가운데 나타난 歷史를 추구하고 받아들이는 데서만 기독교적 神認識의 본질을 이해할 수가 있는 것이다. 神認識은 하나님의 계시로부터 생겨나는 것이지 결코 인간의 인식능력에서 생길 수 있는 것이 아니다.

마지막으로 '기독교라는 宗敎'(die christliche Religion)도 "宗敎"를 일종의 宗敎史, 宗敎心理, 宗敎哲學 등속의 가치관에서 파악한다면 이해가 불가능 하다. "기독교 共同體"(die Christliche Gemeinde=교회)는 오직 부름과 약속을 담고있는 유일한 "召命"(Sendung)을 머금고 산다. 그리고 이러한 共同體을 일종의 종교 또는 종교집단으로 생각해서는 도무지 본질을 파악치 못하고 말 것이다. 이 공동체가 지닌 비밀과 본질은 다만 그것이 지닌 希望과 召命을 이해할 때에야 비로소 파악될 수가 있다. 말하자면 누구로부터 소명을 받았고 누구를 희망의 대상으로 삼는가를 깨달을 수 있을 때에야 비로소 교회라는 공동체의 비밀과 본질을 이해할 수 있다는 말이다.

그러므로 우리는 인간적 신학, 인간적 신인식과 신의 문제, 인간적인 종교, 및 인간적 종교집단이라는 一般性에서 출발하여 基督敎의 特性을 파악할 수는 없는 일이다. 오히려 기독교의 보편 타당성과 모든 인간의 기독교적 관심사를 이해하기 위해서는 기독교 신앙, 기독교적 신인식, 기독교적 소명이 지닌 특수한 歷史性을 출발점으로 삼아야 한다. 하나님이 어떤 분이시고, 하나님이 모든 민족과 인류를 위하여 어떤 존재이심을 알기 위해서는 이스라엘의 歷史와 나사렛 예수의 歷史로부터 시작해야 한다. 우리는 思考, 知識, 認識이 무엇을 뜻하며, 침된 理性이 무엇을 뜻하는지를 알기 위해서는 그리스도를 통하여 생생하게 드러난 믿음, 소망, 사랑을 출발점으로 삼아야 한다. 인간과 인간 사회가 역사 속에서 차지하는 의미를 파악하기 위해서는 기독교적인 召命을 출발점으로 삼아야 한다.

基督敎 神學이 그 자체로서는 아무 것도 아니지만 인간의 사고와 지식과 인식의 역사적인 유일회적 사건에 대한 해답을 제시한다는 점에서 의미가 있는 것이다. 이 事件은 '일회적'(einmalig) 사건일 뿐만 아니라, '유일회적'(ephapax, ein für allemal)사건인 때문에──예수 그리스도의 復活이 바로 이 사건의 핵심이요, 신약성서의 중심이며 동시에 기독교의 현실이고 의미이다──神學을 통하여 우리는 이러한 事件을 보편적이고 모두를 위한 해결책으로 제시할 수 있는 노력을 기울여야 한다. 기독교 신학은 성격상 우주적인 지평인 때문에 그리스도의 復活事件을 전체 세계에 전하고 인류에게 "유일회적"(ein für allemal) 사건으로 제시해야 하며 그것을 일종의 교회 교리나 종교집단의 이데올로기나, 어느 종파의 비밀 교리로 축소시켜서는 안 된다. 즉 신학은 신학 자체와 모든 인간이 요구하는 바를 부활사건이 지닌 "유일회적" 사건에 조명시켜 해결할 수 있어야 한다. 신학은 결코 '기독교의 절대요구 사항'(Absolutheitsanspruch des Christentums)을 해결한답시고 이리 저리 방황해서는 안 된다. 세상과 담을 쌓고 교회란 울타리 속에서 홀로 소외된 채 하나님의 축복을 독차지하려고 신학을 연구할 수는 없고, 모든 인류를 대변하며, 모든 理性을 동원하여 그리스도 안에 나타난 모든 인류를 향한 하나님의 진리를 찾고 설명해 주어야 한다.

그러므로 기독교 신학은 기독교적 召命을 전제로 삼는다. 기독교 신학은 세계에 기독교 복음을 선포하는 것이어야 한다. 기독교 신학은 모든 민족, 사회, 그리고 그네들의 종교, 이데올로기 및 미래의 비젼을 동원하여 眞理와 未來를 위한 투쟁을 감행해야 한다. 만약에 기독교 신학이 제자리 걸음을 한다거나 과거만을 고집한다고 하면, 그리고 귀찮다고 하여 絕對要求를 포기한 채 스스로의 현실 안주를 만끽하며 敎理의 傳統만을 고집한다고 하면, 본래부터 지닌 "소금"(Salz)의 역할이 맛을 잃을 것이며, 신학적 이론 역시 지루하고 고답적인 억지로 전락할 것이다. 칼 바르트 (Karl Barth, *Offenbarung, Kirche, Theologie*, 1934)는 이렇게 말한 바 있다. "신학은 절망에서 출발하여 돼먹지도 못하게 거만으로 끝맺음 한다는 점에서, 그리고 갈기갈기 찢기는 고정관념으로 변하는, 하여간 가장 더러운

제 나름의 풍자화를 그릴 가능성이 있다는 점에서 모든 부문 중에서 가장 어렵고도 위험한 학문이다. 도대체가 신학 만큼 거대하면서도 지리한 학문이 또 어디 있단 말인가? 무한한 深淵 가운데서 조금도 놀라지 않은 신학자도 없거니와 놀란 나머지 포기해 버린 신학자도 없을 것이다." 나아가 그는 이렇게 계속하여 말한다. "신학은 머리와 가슴을 가장 풍요하게 움직여 주며, 인간의 현실을 가장 가깝게 문제시 하며, 모든 학문이 문제로 삼는 진리를 가장 명확하게 밝혀주고, 가장 존경할만하고 의미심장한 '기능'(Fakultät)을 행사하고, 가장 멀리 떨어져 있는 풍경이기는 하나 움부리아 또는 토스카나 처럼 가장 명료한 전경을 펼쳐주며, 쾰른이나 밀라노 대 성당 처럼 가장 위엄있고 기이한 예술품이라는 점에서, 모든 학문 중에서 가장 아름다운 학문이다. 빈약한 신학자, 그리고 신학 속에 담긴 빈약한 세대는 아무래도 기억되지 않는게 좋을 것이다."

Ⅲ. 敎義學的 陳述이란 무엇을 두고 하는 말인가?

이제 "神學"에서 "敎義學"으로 무대를 옮겨보자. 먼저 "敎義"(Dogma) 또는 "敎義學"(Dogmatik)을 두고 언짢게 생각한 바 있지만 그것이 실은 神學의 유일한 관심사요, 동시에 그런 것은 생각지도 않겠다는 것은 말도 안된다. 그것은 신학의 아름다움이자 동시에 위험성이다. 그것은 절대요구요, 동시에 위임받은 사항이고, 최종 구속력을 지닌 것이요 동시에 무조건적인 것이고, 신뢰할 수 있고 확실성 있는 것이라고 말해야 하며 또 그럴 수 있는 것이다. 그것은 몸에 박힌 가시바늘 처럼 모든 신학적, 교파적, 세계적 의식을 괴롭히는 召命이요 確信이다. 신학자라고 해서 제나름 대로의 인식에 안주할 수가 없을 뿐만 아니라, 신학자도 기독교인과 무신론자 모두를 항상 안정시킬 수가 없는 것이다. 우리는 계속적인 진전을 거듭하여 항구적인 關心事를 확정할 때까지 학문을 익힐 수 있어야 한다. 그럴만한 방법을 터득할 수 있는 기술인이 되어야 한다. 그러나 신학은 "마음을 편치 않게"(unruhiges Herz) 만들어 신학을 다 터득했다고 자만하지 못하게 하며 나아가 완벽한 만족스런 결과란 있을 수도 없음을 깨닫게 해주는 것이다. 오직 하나님과 하나님의 미래만이 유일한 해답이 될 수 있음을 확신케 한다. 그러므로 숨겨진 하나님의 실재를 밝혀내는 일에 정진하게 한다. 신학은 인간 자신으로 하여금 자기 스스로의 진면목을 노출시켜 변하게 한다. 인간으로 하여금 장차 올 것들을 긴장 속에 바라도록 이끌어 준다.

　"敎義學"이 삶을 죽어버린 정통주의 속에 매몰시켜 버리는 한 의미를 상실하고 말 것이다. "敎義學"은 과거의 교회 교리만을 되섭고 있는 한 피상적인 것으로 전락하고 말 것이다. 그러나 "敎義學"이 인간이 구축해 놓은 세계라는 울타리를 부수고 하나님의 眞理를 발견하려는 투쟁을 벌리는 한, 그리고 하나님의 진리와 그리스도의 우주적 미래를 담아 세계의 울타리 속에 관통해 들어와 인간이 몸담고 있는 모든 영역과 정신적 보금자리에 구원이냐 멸망이냐, 희생이냐 절망이냐, 신앙이냐 불신앙이냐를 선택하도록 결정적인 문제를 제시해 줄 때에는 아주 깊은 의미를 갖게 된다. 기독교 신학이 이러한 의미의 "敎義學"이 될 때에야 비로소 그리스도의 보답을 받은 공동체(=교회)에 침참할 수 있는 것이다. 절대 요구라는 것도 이런 의미에서 골치거리가 될 수 있을 때에 만이 교의학이 확신의 말을 전할 수 있는 것이다. 오직 투쟁을 통해서만 교의학이 확고한 신뢰를 누릴 수 있는 것이다.

　신학이 지닌 힘과 추진력은 바로 교회가 세상에 보냄을 받은 데서 생기는 힘과 추진력 바로 그것이다. 그런 점에서 칼 바르트(Karl Barth), 루돌프 불트만(Rudolf Bultmann), 프리드리히 고가르텐(Friedrich Gogarten), 에드워드 투르나이젠(Eduard Thurneysen) 등이 출범시킨 소위 辯證神學(dialektische Theologie)이 교회와 관련하여 신학이 다른 학문들과는 다른 독자적 특성이 있다고 강조한 것은 옳은 일이다. 자연이 자연과학의 대상이듯이 信仰과 敎會가 신학의 대상일 뿐만 아니라, 동시에 신학의 구체적인 주제가 된다. 그러므로 신학은 일종의 委任學問이다. 신학은 교회의 召命과 宣布를 충실히 이행하는 학문이다. 칼 바르트는 "신학은 교회의 技能"이라고 말한 바 있다. 이 말은 물론 신학이 個敎會를 봉사하는 임무를 띠고 있다는 뜻이 아니라, 모든 교회의 삶이 바탕을 두고 있는 그리스도의 보내심과 그의 약속의 말씀을 선포하는 일을 감당해야 한다는 뜻이다.

　신학은 아주 독특한 방법으로 세상에 대한 교회의 봉사를 돕는다. 어떻게 봉사한다는 말인가? 그것은 성서와 신앙고백을 바탕으로 하여 선포와 신앙의 확실성의 근거를 문제시 하며, 평신도와 "밖에" 몸담고 있는 자들을 대변해 주고, 따라서 선포를 받고 말씀을 들은 자들로 하여금 현대의 과학기술 문명 속에서 삶을 누릴 수 있는 방법을 추구하면서, 교회의 선포행위를 그리스도의 진리와 그에 상응하는 말씀을 바탕으로 삼아 비판적으로 문제시하는 봉사의 기능인 것이다. 그런 점에서 신학은 일종의 理論神學이 아니라, 종교개혁 신학자들이 항시 강조한 대로 하나의 實踐神學이다. 즉 선포와 복종을 통하여 召命을 실천하고, 또 그것이 현실적으로 성취되어야 한다는 의미에서의 실천과학인 것이다. 그러므로 敎義學은 항상 "思考에서 삶으로"(M. Kähler)이행하는 것임을 명심해야 한다. 그리고 사물을 단지 설명하는 것이 아니라 그것을 變革하는 임무를 띠고 있다. 따라서 組織神學은 항상 참된 선포와 거짓된 선포를 구분하면서 오늘과 내일의 선포를 문제로 삼는다. 敎會를 변화하려는 것이 아니고, 오히려 교회를 비판하며 세상을 향한 본래의 위임받은 召命을 실천하게 하는 것이다.

　神學 자체는 선포가 아니고, 오히려 교회의 선포와 복종을 감시하는 역할을 한다. 그렇다고 해서 하나님의 말씀이 갖는 재앙과 축복을 내려주는 역할을 도맡아 한다는 말은 아니다. 칼 바르트는 신학자의 이러한 재앙과 축복의 진단 문제를 놓고 이렇게 말하고 있다. "신학자는 하나님을 말해야 한다. 그러나 신학자도 인간인 이상 스스로의 힘으로 하나님을 말할 수는 없다. 신학자는 하나님을 말해야 할 當爲性과 동시에 스스로의 힘으로는 어쩔 수 없는 不可能性을 알고, 하나님께 영광을 돌려야 한다. 이것이 바로 신학자가 당면한 곤경이다. 그 외의 다른 것은 한낱 아이들의 장난에 불과할 뿐이다."(Das Wort Gottes als Aufgabe der Theologie; 1922; Gesammelte Vorträge, 1, 1927, s. 158). 물론 인간의 입장에서 하나님을 두고 여러 가지로 말할 수는 있다. 종교적인 말과 비 종교적인 말, 참된 말과 허구의 말 등이다. 그러나 "하나님을 말한다"(von Gott)는 말은 "하나님 자신이 말한다"(Gott selbst redet)는 뜻이며, "하나님"이 말한다는 뜻은 바로 신학자로서는 어쩔 도리가 없으며 동시에 벗어 날 수도 없는 일종의 "하나님 자신"의 말씀을 다른 사람이 듣는다는 말이다. 신학자가 하나님을 "말해야"(sollen)하지만, 그것은 자기 스스로의 힘으로 말할 성질이 못된다. 그러므로 신학자는 하나님 스스로가 자기의 이름으로 그리고 명령으로 하신 말씀을 자기가 보내신 성령으로 일깨워 주신다는 사실을 믿어야 한다. 이러한 사실을 當爲와 동시에 不可能性을 발휘하여 섬겨야 한다. 신학자는 절망도 하고 神學史도 살펴보고, 다른 신학자들이 주장하는 바를 고려하면서, 眞理를 말하고 진리에서 도피하지 않도록 끊임 없는 탐구를 계속해야 한다. 카톨릭 신학자라고 해서 오늘날의 眞理 문제를 못본다는

말도 성립하지 않으며 프로테스탄트 신학자가 종교개혁 신학자들의 사상을 인용하는 것으로 문제가 간단히 마무리 되는 것도 아니다. 그렇다고 해서 인간으로서의 무능력을 數理的인 거만한 모습으로 덮어 버리려 해서도 안 된다. 그럴 경우 일종의 완고한 정통론자나 독단주의자로 전락하기 마련이며, 자기 자신이 만들어 놓은 신학을 절대 요구사항으로 강요할 뿐 하나님의 절대 요구사항을 제시하지 못하고 만다. 신학자가 앞서 말한 當為와 不可能性을 동시에 견지할 때에야 비로소 용기와 겸손이 생길 수 있으며, 가장 훌륭한 인간적 신학적 개념을 파악할 수 있는 "증인"(Zeugen)이 될 수 있는 것이다.

  科學的 思考의 최고 봉은 역시 敎義學的 思考요, 교의학적 사고의 최고 봉은 '敎義學的 陳述'(dogmtische Aussage)이며 동시에 '敎義學的 判斷' (dogmatisches Urteil)이다. 지금까지 설명한 바를 토대로 보면 敎義學的 陳述은 결코 어떤 律令도 아니고 强制信仰도 아니며, 오로지 "유일회적으로" (ein-für-allemal) 일어난 그리스도 事件에 대한 '告白的 陳述'(Bekenntnisaussage)인 것이다. 그것은 결정적 사건을 설명해 주는 해답이요. 그런 점에서 구속력과 확실성을 함유하는 것이다. 예를 들어 基督論(die Lehre von Christus, Christologie)을 일종의 교의학적 고백진술로 표현해야 한다는 말이다. 따라서 認識이 告白으로, 예수와 그의 역사에 대한 知識이 信仰의 확신과 현재와 미래를 투시하는 활력적인 希望으로 전환될 때에 만이 예수가 누구이며, 어떤 존재인지를 깨달아 알 수 있는 것이다. 이 歷史的 人間, 즉 예수를 통해서만 타당하고 확실하며 진실된 약속의 말씀이 선포될 수 있다. 예수에 관한 진술에는 부당하며 절망적이고 거짓된 것이 있을 수 없다. 한걸음 더 나아가 '敎義學的 陳述'(dogmatische Aussage)이란 애매모호한 긍정과 부정, 확실성도 없는 진리와 거짓을 확실한 결단으로 내모는 일종의 '論爭的 陳述'(polemische Aussage)이라고 말할 수 있겠다. 물론 인간은 이러한 교의학적 진술이 첨예화 되는 것을 싫어할 것이고 따라서 과오를 범하는 인간이라는 전제 하에서 모든 인식과 신앙을 상대적인 측면에서, 일종의 가능성으로, 그럴듯한 개연성 정도로 인정하려 들지 모른다. 그러나 牧師가 교회에 몸담고 있는 죄인들이 혹시 赦罪를 받았을지도 모르며 신앙도 그런 정도라는 식의 막연한 설교를 할 수 없는 것과 마찬가지로, 신학자도 어쩌면 회의적인 태도로 신학이론을 전개할 수는 없는 일이다. 判事가 소송사건을 법관의 입장에서 명확하게 판결을 내려

야 하듯이 신학에 있어서도 교의학적인 구속력 있는 확실한 진술을 내리는 것을 목표로 삼아야 한다. 판사와 마찬가지로 신학자도 시비가 붙은 문제를 적나나 하게 해명해 주거나 또는 고소와 변화가 맞붙은 소송사건에서 진실을 가려주는 역할로만 범위를 한정시킬 수도 있다. 범위를 넓혀 神學者는 사건의 역사적 주석적 "解明"(Ermittlung), 고소와 변호의 수용, 다른 이론, 신학, 신앙고백, 교회, 이데올로기를 비교 검토하여 해명해 주는 역할을 할 수 있어야 한다. 지식을 바탕으로 하지 않는 신앙고백이 있을 수가 있겠는가? 그러나 아무리 지식을 동원한들 신앙의 확실한 판단이며 신앙고백을 확연하게 이루어낼 수는 없는 일이다. 모든 것은 역시 주석적, 역사적, 실천적 해명을 통하여 교의학적 판단을 내릴 수 있을 때에 만 비로소 신앙의 사실을 확연히 이해하고 제대로 파악할 수 있는 것이다.

물론 교의학적 판단과 '신앙의 진술'(assertio fidei) 만으로 진리의 해명과 과정이 완결될 수 있다는 말은 아니다. 사실로 말해서 더 이상의 문제점이 없게끔 완벽한 신앙고백이나 신앙이론 및 교의학적 판단을 만들어 낼 수야 없는 일이다. 우리들 인간은 역사 속에 몸담고 살고 있는 존재이기 때문에 우리의 모든 인식과 절대적인 요구사항은 역시 歷史的 틀을 벗어나지 못한다. 우리는 긍정이나 부정을 "단정적으로"(am Ende) 말할 수는 없다. 그렇다면 우리가 신학을 어떻게 교의학적으로 단정하여 말할 수 있으며 '절대적 진술'(absolute Aussage)을 이루어낼 수 있다는 말인가?

기독교 신앙은 본래부터 復活信仰(Auferstebungsglaube)을 본질로 한다. 신학이 하나님을 말하고 사고하는 것은 역시 그리스도의 부활을 바탕으로 하고 동시에 하나님이 죽은 자들을 부활시켜 죽은 자나 살아있는 자에게 감추어 있는 하나님의 본성을 들러내 준다는 사실을 바탕으로 할 때 만 가능한 것이다. 그러므로 信仰이란 그리스도의 부활을 통하여 하나님의 未來를 깨달아 알고 하나님의 미래를 통하여 인류와 전체 세계의 未來를 깨달아 아는 것을 뜻한다. 하나님과 인간의 진실을 알려고 하는 신학적 지식은 바로 이러한 그리스도의 부활이 지닌 성격을 확신하며, 분명하게 받아들이는 데서 생겨나기 마련이다. 그러므로 부활사건이 펼치는 미래의 지평을 깨닫지 못하고, 예견하지도 못하며 접하지도 못하는 사람은 부활사건의 본질을 제대로 파악치 못할 것이다. 그리스도가 죽은 자들 가운데서 부활하신 사건 속에 나타난 하나님의 독특한 啓示性은 바로 "하나님이 모든 것중의 모든 것"(고전 15 : 28)이 된다는 위대한 미래가 펼쳐질 것을 암시하는 말이다. 바꾸어 말하면 모든 인류와 사물을 예수 그리스도의 하나님을 통하여 의롭다 함을 받게 하고 진리로 이끌어 주는 원대한 未來가 바로 이러한 부활사건을 통하여 "앞 당겨지며"(nahe herbeikommen), 약속되며 확신되는 것이다.

　신학적 인식 및 기독교 신앙고백의 입장에서 볼 때 이것은 무슨 의미를 갖는 것인가? 그것은 바로 모든 신학적 인식은 바로 유일회적인 그리스도의 부활사건에 흠뻑 젖어 있어야 함을 뜻하는 말이다. 이를 위해 모든 학문을 수단으로 동원하고 부활사건에 몰입하면 할수록, 부활사건이 지닌 미래지향적 종말적 특성이 확연히 들어나며, 인간 자신의 불완전함과 미래를 향한 개방의 필요성이 절감되는 것이다. 그리스도의 부활사건을 통하여 하나님의 啓示를 찾는다는 말은 곧 이 사건을 통하여 하나님의 미래가 열려 있음을 알게 된다는 말이다. 이것은 바로 모든 사람에게 계시된 하나님의 미래를 우리가 탐구하고, 추구하며, 희망하게 된다는 말이다. 신학자가 그리스도의 부활사건을 통하여 "만물의 종말"(Ende aller Dinge)이 선포되고 약속되어 있음을 안다는 말은 곧 긍정이든 부정이든 신학적 사고가 "종말"을 고한다는 말이 아니고, 오히려 "시작"이며, 그런 점에서 신앙에서 현실로, 역사적 약속에서 만물의 구체적 완성으로 발돋음 하는 "다리"(橋, Brücke)의 역할을 한다는 말이다. 신학적 인식이란 하나님이 이스라엘 민족과 함께 한 歷史, 모든 인류를 위하여 나사렛 예수와 함께 한 歷史가 보여준 우주적 未來의 지평을 깨달아 안다는 뜻이다.

　이 사실을 명확히 이해할 수 있어야만 기독교 선포행위 및 신학적 교의학이 갖는 絶對要求(Absolutheitsanspruch)가 분명하게 인식될 수 있는 것이다. 여기서는 모든 인간의 思想史 또는 歷史性을 시발점으로 하여 종당에는 하나님의 永遠性을 추출해 내는 形而上學的 絶對要求가 중요한 것은 결코 아니다. 만물과 사고의 역사적 可變性에서 울어나와 결국엔 歷史를 부정하는 非歷史的 形而上學은 존재할 가치 조차 없으며 결코 신학적 방편이 될 수는 없다. 기독교가 말하는 絶對要求와 교의학적 진술이 갖는 絶對性은 결코 역사에서 도출되는 것이 아니라, 부활이라는 구체적 사건에 뿌리박고 있으며, 나아가 세계 역사의 未來象을 확실하게 표현해 주는 역할을 한다. 그리스도 사건을 통하여 나타난 하나님의 역사는 결코 형이상학적이 아니라 철두철미 終末的 歷史다. 그리스도의 인격과 본질을 해명하는 그리스도라는 명칭은 메시야적 명칭이다. 그 명칭은 결코 그리스도 가 영원하다거나 하늘에 있다는 식으로 말하는 것이 아니고, 그리스도가 장차 어떻게 올 것인지를 말하는 것이다. 다시 말해서 인간이 참 인간이 되고 세계의 진실과 義를 위하여 그리스도에게서 무엇을 기대해야 하는지를 말해준다는 말이다. 基督敎는 지성인들을 위한 형이상학도 아니요, 니체 (Nietzsche)가 조롱하듯 "민중을 위한 플라톤 사상"(Platonismus fürs Volk) 도 아니요, 오직 우주적인 未來의 확실성을 구현하는 사실인 것이다. 그러므로 敎義學的 陳述이 희망과 확신과 소명을 담은 진술이 된다. 나아가 그것은 궁극적인 확실성을 담고 있으며, 그럼에도 불구하고 그리스도의 사건이 보여준 완성 그리고 그리스도의 선포로 나타난 현재의 약속을 담는 완성을 향한 임시 방편이 될 뿐이다. "우리가 지금은 거울에 비춰어 보듯 희미하게 보지만, 그 때에 가서는 얼굴을 맞대고 볼 것이다. 지금은 내가 불완전하게 알 뿐이지만 그 때에 가서는 하나님께서 나를 아시듯이 나도 완전하게 알게 될 것이다"(고전13:12)고 바울은 말하고 있다. 나아가 "나는 이 희망을 이미 이루었다는 것도 아니고 또 이미 완전한 사람이 되었다는 것도 아니다. 다만 나는 완전한 사람이 되려고 달음질 칠 뿐이다. 나는 예수 그리스도에게 사로잡힌 바 되었다"(빌 3:12)는 말도 같은 뜻이다. 이것은 바로 인간 자신에게 뿐만 아니라 인간이 만든 신학에 있어서도 중요한 사실이 된다. 이 말씀 가운데서 우리는 신학적 인식의 특성을 찾을 수 있다. 확실성을 인식하고 파악하는 일이 그 하나요, 인간을 파악하고 찾고 탐구하고 단편적으로나마 인식하는 일이 다른 하나이다. 前者는 後者의 바탕이며, 後者는 前者의 역사적 완성이다. 확실성은 알려고 하는 의지를 중단시켜 버리는 것이 아니라, 역사의 무대로 이끌고 들어와 그 역사 속에 참여시키며, 단편적 노작에 불과한 모든 인식을 극복하고 바울이 말한 대로 죽은자들이 부활의 영광에 참여하는 하나님의 미래를 향하여 마음 문을 열게 한다. 달리 말해서 하나님을 힘입어 "새로운 존재가" 됨으로써 非 存在(Nichtsein)를 극복하게 만들어 준다는 말이다. 그러므로 이러한 확실성을 논리화 하는 敎義는 무언가를 추구하는 人間思考의 종말이 아니라 확실한 保證이 된다. 그것은 영원히 변치 않는 신학의 解答이 아니라 오히려 완전한 진리를 끊임 없이 추구하며 탐구하는 問題라 할 수 있다. 루터는 "그리스도인이 되었다는 말은 이미 굳어져 버린 事實이 아니라 항상 되어져가는 존재"(Christianus non est in facto, sed in fieri)라고 말한 바 있다. 그런 점에서 神學은 결코 이미 굳어져버린 논리가 아니라 확실한 깨달음을 얻기 위한 끊임 없는 움직임인 것이다.

IV. 神學이란 영역 속의 敎義學

神學的 敎義學이란 그 자체로서는 아무 것도 아니다. 그것은 다른 신학 分野, 그러니까 新舊約 聖書解釋, 敎會史, 神學史, 實踐神學, 현대 敎會學 및 牧會學의 문제, 다른 교회들 및 비기독교 세계와의 대화 그리고 협동을 추구하는 宣敎學 및 에큐메닉스, 그리고 학문적인 방법론과 협동체제를 함께 나누어야 할 哲學, 心理學, 社會學 등과의 직접적인 끊질긴 對話를 통하여 존재할 수 있는 성격의 것이다. 흔히 많은 사람들은 성서 주석학자나 역사학자가 열심히 "추구"(arbeiten)한 결과를 가지고 敎義學者는 입에 좋은 담배를 물고 안락의자에 앉아서 체계를 "고안"(ausdenken)해 내는 사람으로 생각하고 있다. 지나간 한 세기 동안 역사적 신학적 인식이 새롭게 등장할 수 있었던 이면에는 항상 새 것을 발굴해 낸 성서 주석학의 역할이 바탕에 깔려 있었다. 그간의 "예수傳 硏究"(Leben-Jesu-Forschung)와 宗敎史學派(Religionsgeschichtliche Schule)가 꽃피었던 것이다. 그리고 1920년 대에 이르러서는 樣式史學 方法(Formgeschichte)과 신약성서에 관한 實存論的 解釋(die existentiale Interpretation des NTs)이 고개를 들고 일어났으며, 30년 전부터 "舊約神學"이 재 발견될 수가 있었다. 그 때만 해도 敎義學은 성서 주석이나 성서신학과는 관계 없이 제 나름의 敎理史를 바탕으로 하여 이론을 정립할 수 있다는 생각이 높아 있었다. 말하자면 敎義學과 註釋學 사이에 커다란 균열 현상이 생겼고, 이 중에서 어느 한편을 취하면 되지 구태여 둘다 다 알려고 한다는 것은 무의미하다고 생각할 정도였다. 양편 모두가 서로를 오해하고 혼동한 것이었다. 많은 주석가들은 神學과 敎義學을 완전히 혼동하고 있었으며, 註釋 자체가 숨은 교의학으로 둔갑한 것이다. 解釋學(Hermeneutik)이 敎義學을 대치해 버렸다. 그것은 해석학 자체가 歷史的 주석에서 神學的 주석으로 방향을 옮겨 급기야는 敎義學的 성격을 지닌 때문이었다. 敎義學者들은 그들 대로 解釋學者들과는 전혀 다른 측면에서 장구한 성서주석을 시도하여 거기서 敎義學 理論을 세워간 것이다. 그러니까 성서 주석학과 교의학이 알게 모르게 다시 한번 혼동 속에 휘말려 들은 것이다. 사실로 말해서 주석학과 교의학의 상호관계를 아는 사람이면 누구나 神學은 항상 이 둘이 서로 분

리되지 않고 통일되어 있어야 하는 것임을 분명히 알 수 있을 것이다. 누구를 막론하고 자기 분야만을 몰두하면서 다른 분야는 아예 따돌릴 경우 완전한 의미에서 專門家라고 할 수는 없는 일이다. 우리는 우리가 해야 할 분야를 알아야 하며, 자기 분야가 아닌 다른 분야들이 제기하는 問題들을 심사숙고 해야하며, 동시에 다른 분야에 문제를 던질 수 있어야 하고 그럼으로서 자기 자신의 분야가 당면한 근본문제를 해명함과 아울러 다른 분야에 대해서도 아마추어(Dilletant)가 될 수 있어야 한다. "아마추어"란 다른 문제에 대해서도 愛好(delectari)를 향유하는 자이기 때문이다.

우리가 주석학자로서 歷史的 註釋을 하려고 하면, 역사 방법론 즉, 歷史의 槪念形成(Heuristik) 및 歷史哲學, 歷史神學의 전제와 원리를 명확히 파악해야 한다. 그런 점에서 歷史家는 교의학자와 철학자다. 내세운 敎義나 哲學을 歷史로 확충할 줄 모른다고 하면 그야말로 불행한 일이다. 주석학자로서 신학적 또는 역사적 해석을 내리는 사람이라면, 그것이 가져올 신학적 결과를 분명하게 통찰할 수 있어야 한다. 나아가 뚜렷한 교의학적 개관과 틀이 잡힌 인간관, 분명한 신관을 주석을 통해 형성해 놓아야 한다. 이 점을 명백히 하고 또 이것을 교의학적인 측면에서 논의해야 할 필요가 있다.

敎會史에 나타난 사건들을 역사적으로 규명하고 가치판단을 하는데 있어서도 교의학적 전제가 적용되는 것이다. 敎會史家도 역시 敎會史를 올바로 보고 또 敎理史 가운데 혹시 교회의 개념이 왜곡되게 표현되어 있나를 살펴보기 위해서는 敎會의 本質이 무엇이고, "하나님"의 본질이 무엇이길래 하나님의 이름을 빌어 수 세기에 걸쳐 그토록 수 많은 민족들의 역사가 점철되어 왔는지를 캐물어야 한다.

이와 마찬가지로 敎義學과 現代神學도 성서 주석을 새롭게 진척시키지 못하거나 새로운 주석 방법을 도외시 할 경우, 그리고 오늘날의 성서 해석과 역사연구 방법을 도외시 한 채 자기만의 외골수 길만을 추구한다고 하면, 서야 할 바탕을 상실당하고 말 것이다. 우리는 이미 敎義學이 신학을 "완벽하게 움직여가는 학문"(unbewegter Beweger)이 아니라 항상 움직임을 계속하는 학문임을 밝힌 바 있다. 교의학은 항상 한편으로는 성서 주석의 새로운 발견을 힘입어, 그리고 다른 한편으로는 시대 마다의 敎會의 프락시스를 힘입어 움직이고 자극을 받아야 한다. 앞서 말한대로 교의학은 절대로 필요하다. 따라서 교의학은 당연히 성서 해석과 프락시스를 통하여 자극을 받아야 할 필요가 있다고 말할 수 있겠다. 新舊約 聖書解釋은 항상 교의학으로 하여금 새로운 문제들을 맞아 철저히 思考하게 자극을 준다. 그러므로 교의학은 항상 성서해석에 마음 문을 열어 두어야 한다.

이제 교의학은 성서 註釋과 끊임없는 대화 속에서만 그리고 끊임 없는 대결 속에서만 존재할 수 있다. 성서 주석이 이루어 낸 결과를 정리하면서 동시에 성서를 해석하는 方法論(Hermeneutik)을 항상 문제 삼아야 한다. 기독교의 교의학이 神의 문제를 논의할 적마다 "神證明"(Gottesbeweis)이 오랫동안 중요한 위치를 점해 왔다. 그런데 이것이 오늘날에 들어서는 하나님의 존재와 역사적 말씀 및 행동에 관한 解釋學的 방법이 주류를 이루고 있다. 그런 점에서 성서해석과 교의학은 동전의 양면이라고 말해도 좋을 것이다.

기독교 교의학은 基督敎 宣布行爲와 끊임 없는 대화 또는 비판적 대립을 통해서만 존속할 수가 있다. 그런 점에서 교의학은 實踐神學(Praktische Theologie) 즉 說敎學, 牧會學, 敎會 敎育學, 敎會 建築學과 긴밀한 관계에 있다. 많은 사람들이 神學校에 들어와 敎義學을 제대로 배우지만 졸업한 후에 목회를 하면서는 교인들의 기호에 영합하여 경건성을 강요하거나 설교도 그런 식으로 하여 자기 자신을 교회의 현실에 맞추어 가는 경향이 뚜렷히 엿 보이고 있다. 교의학이 정작 오늘의 세계로 보냄을 받은 교회의 召命을 중심적 과제로 삼는다고 하면, 교의학 역시 실천신학과 마찬가지로 현재의 최전선에 나아가 낡은 관습을 부수고 새로운 가능성을 창조해 낼 수 있어야 한다. 기독교 교의학은 오늘날의 교회가 믿고 고백하는 바를 재 음미하는 기능을 행사할 뿐만 아니라, 내일의 교회가 선포할 것과 내일의 교회에 필요한 것을 思考와 言語를 통하여 발표하는 작업 까지 겸비하고 있어야 한다. 만약에 實踐神學의 본질을 파악치 못하거나 時代의 맥박을 파악치 못한다고 하면 도저히 그런 작업을 수행할 수가 없을 것이다. 그런 점에서 기독교 교의학은 선포행위와 구체적 행동을 통한 교회의 프락시스(Praxis)를 지향하는 것이어야 한다.

마지막으로 기독교 교의학은 일종의 "世界觀"(Weltanschauung)으로 전락할 위험성을 항시 지적당하는 가운데서야 비로소 가능한 것이다. 神과 世界, 人間에 대한 이해가 없이는 새 주석도 선포도, 윤리도 성립할 수 없다. 우리는 모든 인간들과 마찬가지로 사고와 행위를 통하여 神, 人間, 世界의 모습을 설정하고 그와함께 神, 人間, 世界의 현실을 추구하여 이러한 현실을 바탕으로 하여 그 현실과 함께 일해야 한다. 물론 이러한 모습과 현실을 "基督敎的 世界觀"(christliche Weltanschauung)으로 고착시켜야 한다는 말은 결코 아니다. 그것들은 항상 개방적이어야 하며, 유동적이며, 수정될 수 있는 것이다. 다만 구체적 형상이 설정되지 못하면 말도 할 수가 없고 의미있는 행동을 할 수도 없음을 말하는 것 뿐이다. 예를 들어 1945년 이후로 일종의 금언이 되다시피한 "기독교는 이데올로기도 아니요, 세계관도 아니다"라는 말은 일종의 非이데올로기라는 이데올로기가 되어버린 것이다. 우리가 세계관이나 인간관 및 신관을 단순하게 개념화 해서는 안 된다. 우리는 우리가 취하는 행동과 우리가 하려는 의지가 본질적으로 어떤 것인지를 명확히 밝혀야 한다. 우리는 우리 자신이 기독교적 입장에서 인간을 어떻게 이해 했으며, 사물의 세계에 살면서 신앙을 어떻게 이해해야 하는가의 문제를 놓고 自家批判을 할 수 있어야 한다. 神認識은 信仰의 발로이다. 인간의 본질이 무엇이고 어떤 존재가 되어야 하는가에 대한 人間理解 역시 신앙의 영역에 속한다. 세계의 상황과 역사의 움직임을 아는 것 역시 신앙의 문제다. 기독교 신학은 항상 현대 세계 속에서 갖는 신앙의 의미를 추구하며, 열려진 하나님의 미래와 진리를 탐구하고 제시하기 위해서는 특정한 폐쇄된 세계관을 敎理化할 수도 없고 또 그래서는 안되지만, 그래도 인간의 미래와 진정한 운명 그리고 세계의 미래와 목표를 구체적인 모습과 관념으로 설정하고 이해시킬 수 있어야 한다. 모습이라는 것은 현실보다 앞서 노출되는 것이기 때문에 단편적일 수 밖에 없다. 이것을 이해한다는 말은 곧 한 발자국만 더 나아가면 바로 현실이 밝히 보여지는 지평선과 같다. 그런 점에서 이해란 완결된 것이 아니라 과정에 불과하며 길을 안내하는 역할을 담당한다. 그러므로 기독교 신학은 인간과 세계를 신학적으로 이해하기 위해서는 철학, 인문과학, 자연과학이 말하는 인간관 및 세계관과 끊임 없는 대화를 하며 동시에 끊임 없는 대결을 하게 마련인 것이다.

우리는 교의학이 가끔 대화의 상대를 잘못 선택하고 동시에 그릇된 관계를 맺고 있음을 알 수 있다. 마치도 敎義學者는 이런저런 문제들을 상황에 따라 다루어야 한다는 명분을 내세워 만물박사가 되어야 한다는 논리인듯 하다. 사실 교의학자가 하는 일은 본질상 어떤 것일까? 분야는 다르지만 꼭 다루어야 할 분야는 어떤 것이어야 하는가? 연구방법이 다양한 여러 신학분야를 하나의 포괄적인 체계로 묶어 집대성 할 수 있다는 말인가? 敎義學이 神學의 월계관이라는 말인가? 성서주석이나 교회사 연구를 출발점으로 하는 경우라도 결국엔 교의학으로 결론을 맺어야 한다는 말인가? 지금까지 우리는 聖書解釋과 敎義學, 敎會史와 敎義學, 實踐神學의 상호 관계에 대해서 살펴본 바 있다. 나아가 성서주석에 진지하고 정열적으로 몰두하더라도 급기야는 교의학의 문제를 다룰 수 밖에 없으며 반대로 교의학적 사고는 다시 성서주석으로 되돌아가야 한다는 사실을 살펴본 바 있다. 여기서 한 가지 분명한 사실이 나타나게 된다. 즉 신학을 여러 가지 분야로 분류하는 것은 다만 편의상 그런 것일 뿐, 신학 자체는 결코 분리될 수 없는 統一體요, 구체적인 분야로 나누기는 하나 그것은 역시 전체를 향한 개별성의 탐구라는 사실이다. 그러므로 신학은 여러 전문 분야로 갈기갈기 찢겨진 것을 "교회와 세계"를 향한 神學으로 한데 모아야 하는 필연적인 과제를 안고 있는 것이다. 그러므로 敎義學者는 성서주석, 교회사, 실천신학의 문제까지도 파고드는 단순한 愛好家일 뿐만 아니라 화란의 교의학자 미스코테(Miskotte)가 말한 것 처럼 지휘자로서의 역할도 해낼 수 있어야 한다. 교의학자는 신학 전체의 바탕에 서서 신학의 효용성과 의미, 바람직한 새로움과 포부, 불가결성을 물어야 한다. 이것이 바로 교의학자의 특권이자 고통인 것이다. 여기에 바로 교의학자는 같은 신학의 동료들에 대해서도 항상 意味를 묻는 즐거우나 편치못한 입장에 설 수 밖에 없는 것이다. 물론 혼자서만 이런 고독한 과제를 수행하는 것은 아니다. 자기만이 "유일무이한 일"을 해낸다고 우쭐할 입장도 못 된다. 그런 특이한 입장에 설 수 있는 것은 다만 "성서 주석학자로서의 교의학자"(Dogmatiker im Exegeten), "역사가로서의 신학자"(Theologe im Historiker)라는 사실에 힘입은 것임을 알아야 한다. 그가 던지는 질문은 바로 성서 주석학자의 질문이며, 반대로 성서 주석학자가 던지는 질문은 바로 교의학자의 질문이 되는 것이다. 그러므로 교의학자는 성서주석이나 교회사와 대립하는 관계에 있는 것이 아니라 오히려 깊은 공동관계를 맺고 있다. 성서주석과 교의학이 신학연구에 있어서 공동전선을 구축해야 한다. 아주 혼한 현상으로 성서 주석에서 출발하여 교의학으로 결실을 맺는 것이 결코 가장 다행스러운 방법은 아니다. 신학도는 교의학의 문제를 성서 주석의 입장에서 다루어 보고 성서 주석의 문제를 교의학 입장에서 살펴 볼 수 있는 자세를 지녀야 한다. 교의학 연구를 성서 주석에서 평가하며 성서 주석 연구를 교의학적으로 평가하는 작업을 해야 한다. 그럴 때에야 비로소 교의학과 성서 주석학의 결실있는 공동성을 깨닫고, 그럼으로써 신학의 통일성과 불가분성을 스스로 깨닫게 되는 것이다.

V. 敎義學的 思考의 方法과 方向

결론삼아 몇 가지 敎義學 硏究書들을 제목별로 묶어 고찰해 봄으로써 교의학적 사고의 방법과 방향에 관해 아주 부족하나마 대충 개괄적인 해석을 할 수 있으리라 본다.

1. 神仰論으로서의 敎義學

宗敎改革 이후의 커다란 正統主義 神學이 啓蒙主義로 파멸을 당한 이래로, 19세기 초엽에 이르러서야 비로소 기독교 교의학이 다시금 "信仰論" (Glaubenslehre)으로 정립될 수 있었다. 기독교 신앙의식이 지닌 본질과 특성을 갈파한 획기적인 저서를 들을 수 있겠다. 슐라이엘마허(Friedrich Schleiermacher)가 쓴 '基督敎 信仰論' (*Der christliche Glaube nach den Grundsätzen der Evangelischen Kirche im Zusammenhang dargestellt*)이 그것이다. 이 책은 1821/22년에 초판이 나왔고 최근판으로는 레덱커(M. Redecker)가 편집하여 출판된 1960년도 판이다. 슐라이엘마허는 기독교 교의학을 "信仰論"으로 설명했으며, 이것이 20세기에 들어 와서는 약간의 차이가 있기는 하지만 라데(M. Rade), 슈테판(H. Stephan), 트릴쥐(E. Troeltsch)로 계승되었고, 전혀 새로운 방법으로 최근에 등장한 것으로는 불트만 (Rudolf Bultmann)의 논문집인 '信仰과 理解' (*Glauben und Verstehen*, I 1933, II 1958, III 1960)인데 이 책은 교의학적으로는 아주 중요한 저서이다. 이러한 信仰論을 아주 조직적으로 다룬 저서로는 에벨링(G. Ebeling)의 '信仰의 本質' (*Das Wesen des christlichen Glaubens*, 1958—이 책은 기독교 서회가 허혁 교수 번역으로 출판했다)과 논문집인 '말씀과 신앙' (*Wort und Glaube*, 1960)을 들 수 있겠다. 프로테스탄티즘의 自由主義 전통을 이어받은 저서로는 부리(Fritz Buri)의 '基督敎 信仰理解와 敎義學' (*Dogmatik als Selbstverständnis des christlichen Glaubens*, I 1956, II 1962)이 있고, 마지막으로 이와 비슷한 입장에서 쓰여진 것으로는 부룬너(Emil Brunner)의 '만남으로서의 眞理' (*Wahrheit als Begegnung*, 2판, 1963)를 들 수 있겠다.

2. 敎會論으로서의 敎義學

1920년 이후로 "辯證神學" (dialektische Theologie)이 나오면서부터 敎義

學이 敎會 敎義學 및 敎會學으로서 규정되기 시작했다. 변증신학은 神學을 "敎會의 技能"으로 이해한 것이다. 말하자면 교회론과 교회의 선포행위를 조직적으로 규명하는 것을 과제로 삼았던 것이다. 이런 측면에서 최초의 거작이자 아직도 완결되지 않은 것으로 1933년에 시작되어 현재까지 12권까지 출판된 칼 바르트(Karl Barth)의 "敎會 敎義學"(Kirchliche Dogmatik)을 들 수 있겠다. 이와 함께 부룬너(Emil Brunner)의 '敎義學'(Dogmatik, I 1946, II 1950, III 1960)도 이 부류에 속한다고 보겠다. 물론 부룬너 자신은 敎義學을 "信仰的 思考"란 의미에서 일종의 信仰論으로 보려고 했지만 역시 교회학적 측면에서 전개한 것으로 볼 수 있겠다. 아주 훌륭한 교과서용 교의학으로서는 오토 베버(Otto Weber)가 쓴 '敎義學 槪要'(Grundlage der Dogmatik, I 1955, II 1962)가 있다. 오늘날의 신학적인 문제들을 가장 잘 포괄적으로 다룬 것으로는 디임(Hermann Diem)의 '敎會學으로서의 神學'(Theologie als Kirchliche Wissenschaft)을 들 수 있겠는데 제1권(1951)은 "註釋과 歷史", 제2권(1955)은 "敎義學—歷史主義와 實存主義를 가로지르는 교의학", 제3권(1963) "敎會와 프락시스"로 되어 나왔다. 基督論을 중심으로 한 것으로는 하인리히 포겔(Heinrich Vogel)이 쓴 '그리스도 안에서의 하나님'(Gott in Christo, 1951)가 있다. 틸리히(Paul Tillich)의 '組織神學'(Systematische Theologie, I 1956, II 1958, III권 1968)은 신학은 교회의 기능이며 따라서 교회가 필요로 하는 것을 뒷받침 해야 한다는 입장에서 쓰여진 책이다. 틸리히는 이러한 신학적 명제와 모든 인간이 추구하는 眞理의 문제를 연관시켜 해명하고 있다. 하느님의 啓示와 그것이 성서와 교회의 예배를 통한 신앙고백을 통하여 증거를 찾아야 한다는 주장을 바탕으로 하는 것으로는 프렌터(Regin Prenter)의 '創造와 救贖'(Schöpfung und Erlösung, I 1958, II 1960)을 들 수 있다. 마지막으로 철두철미 終末論을 교의학적으로 분석한 것으로는 크렉크(Walter Kreck)의 '終末論'(Die Zukunft des Gekommenen, Grundprobleme der Eschatologie, 1961)을 들 수 있겠다.

3. 信仰告白으로서의 敎義學

교의학이 신앙의 고백과 관계된 것이라고 할 때 그것이 항상 구체적인 信仰告白書(Konfession)와 연관을 맺게 마련이라는 사실도 충분히 이해가 가고도 남음이 있다. 루터교의 입장에서 나온 것으로는 엘러트(W. Elert)

의 '基督敎 信仰—루터교 敎義學의 根底' (*Der Christliche Glaube—Grundlinien der lutherischen Dogmatik*, 1960⁵); 알트하우스(Paul Althaus)의 '基督敎 眞理' (*Die Christliehe Wahrheit*, 1959⁵): 라쵸(C.H.Ratschow)의 '信仰의 시련' (*Der angefochtene Glaube. Anfangs- und Grundprobleme der Dogmatik*, 1960²); 마지막으로 퀴네트(W. Künneth)의 "부활의 신학" (*Theologie der Auferstehung*) 등을 들수 있을 것이다.

그리고 개혁파 교회의 입장에서 쓰여진 것들을 보면 앞서 설명한 바르트(Karl Barth)와 베버(Otto Weber)의 저서 말고도 주로 화란 신학자들, 특히 미스코테(K. H. Miskotte), 벌카우어(G. G. Berkouwer), 반 룰러(A.A. van Ruler)등의 저작이 있다. 이를 위해서는 물론 和蘭語에 대한 지식이 있어야 할 것이다.

4. 敎義學과 倫理學

敎義學을 倫理學으로 설명하려던 사람은 단 한사람 로테(Richard Rothe) 뿐이다. 그는 1845년 "神學的 倫理" (*Theologische Ethik*)를 썼는데 그래도 이것은 정말로 읽을만한 가치가 있는 책이라 할 수 있겠다. 이와는 반대로 倫理學을 완전히 敎義學의 범주에 포함시킨 경우가 있는데 칼 바르트의 "敎會 敎義學"이 바로 그것이다. 이 외에도 윤리학을 항상 교의학의 입장에서 해명한 경우가 허다하게 많다. 오늘날 이런 부류의 윤리학 저서들을 들면 대략 다음과 같다. 헤르만(W. Herrmann)의 '倫理學' (*Ethik*, 1901); 엘러트(W. Elert)의 '루터교 倫理學' (*Das Christliche Ethos. Grundlnien der lutherischen Ethik*, 1961²); 퀴네트(W. Künneth)의 '政治倫理' (*Politik zwischen Dämon und Gott. eine Christliche Ethik des Politischen*, 1954): 부룬너(Emil Brunner)의 '戒命과 秩序' (*Das Gebot und die Ordnungen*, 1932):게르벵(A.de Ouervain)의 '聖化' (*Die Heiligung*, 4권, 1942—1946); 본회퍼(D. Bonhoeffer)의 '倫理學' (*Ethik*, 1949)—이 책은 孫奎泰씨 번역으로 기독교 서회에서 출판됨); 고가르텐(Franz Gogarten)의 '하나님과 세계 사이의 人間' (*Der Mensche zwischen Gott und Welt*, 1952); 틸릭케(H. D. Wendland)의 '神學倫理' (*Theologische Ethik*, 1958/1959²); 벤트란트(H. Thielicke)의 '現代 社會 속의 敎會' (*Die Kirche in der modernen Gesellschaft*, 1956); 트릴하스(W. Trillhaas)의 '倫理學' (*Ethik*, 1959)등이다. 그리고 神學思想을 개괄적으로 소개한 것으로는 이반트(H. J. Iwand)의 遺作인 '信仰과 知識' (*Glauben und*

Wissen,1962)을 추천한다.
이상에서 언급한 敎義學과 倫理學의 저술들을 완벽하게 개괄하지는 못했지만 읽을만한 충분한 가치가 있다고 믿어 소개해 본 것이다. 위의 저서 모두를 읽어야 할 필요는 없다. 오히려 교의학적 사고를 위해서는 그 중의 어느 한 저서와 한 문제를 집중하여 읽고 연구하여 그것이 다른 교의학적 문제와 관점과 어떤 관계를 맺고 있는가를 깊이 깨달아 아는 것이 중요하다고 생각한다.

教 會 史 學

Ernst Wolf
閔 庚 培 譯

"역사에서는 살아 있는 사건의 모든 문제점이 보이지 않는 하나의 진리 주위에서 움직인다"(하리인리히 바르트, (Christliche und idealistische Deutung der Geschichte, *Zwischen den Zeiten* 3, 1625, p. 172)

I. 교회사의 신학적 위치

칼 바르트는 그의 교회교의학에서 신학에 대해 백과전서 입문 처럼 상론하는 자리에서, 교회사의 위치를 계시 사건의 삼위일체적 모습(vestigia trinitatis)에 상응하는(I/1. 367) 주석학(혹은 성서신학), 교의학, 실천신학이라는 통일된 세 가지 신학과 관련지어 규정했다(I/1, 3). 거기에서 그는 교회사학을 이 세 가지에 대한 보조학문(물론 필수적이긴 하지만)으로 규정했는데, 그 까닭인즉 교회사학은 "하나님에 관한 기독교적 논구에 관한 어떠한 독립적인 질문에도 대답하지 않기" 때문이라고 하였다. 하나님에 관한 기독교의 논구가 "인간에 대한 하나님의 은혜로운 계시적, 화해적 임재 안에서" 진행되는가 아니면 예수 그리스도로부터 출발하는가? 이 물음에 대해서는 주석학이 그 대답을 모색한다. "하나님에 관한 기독교의 논구가 하나님께로 이끄는가?" 이 물음에 대해서는 실천신학이 대답한다. "하나님께 적합한가?" 이 물음과 여러 가지 형태에서 성취되는 하나님 말씀의 효능성과 가치에 대한 물음은 교의학이 대답해야 한다. 그러나 교회사학은——교리사를 포함하여——신학적인 학문으로 간주되려 하는 한에 있어서는 하나님의 말씀에 대한 물음과 실제로 관련하게 되지만, 칼 바르트가 처음으로 주장했다고 생각되며, 다른 사람들이 이를 계승하여 "필수적인 보조 학문"으로 규정한 것처럼, 실제로 세 개의 다른 분야에서 볼 수 있는 바와 같은 "독립적" 방법 가운데 하나에 들지는 않는다. 교회사학은

"교회 역사의 변천 중에 교회가 듣고 그리고 대답한" 말씀과 관계를 가지게 된다(O. Weber, *Grundlagen der Dogmatik* 1955, p. 65). 그래서 여기에 그 대답이 주어졌다고 전제되는 세 가지 물음이 있는데, 그것들은 알려진 하나님의 말씀의 근거와 목표와 내용이 무엇이냐 하는 물음들이다. 그리고 교회사학은 교회 역사의 여러 가지 역사적인 사건 속에 나타난 이 대답과 관련되며 활동적인 하나님의 말씀에 대한 응답의 역사, 복음에 대한 복종과 항거의 역사, 그리고 그것에 대한 비판의 역사와 관계한다. 이런 점에서 하나님의 말씀에 대한 물음과 교회사학과의 관계는 사실상 직접적인 것이 아니며, 독립적이지만 세계사의 현상에서는 중개적인 것이다. 물론 이런 논거에서 바로 교회사학이 보조 학문으로 규정되는 것은 아니다. 교회사학은 그 자체로 "하나님의 말씀에 대한 물음의 하나의 특별한 방법이며"(O. Weber), 그 안에 그것의 특수성, 그것의 "본질"을 가지고 있으며, 그리고 최소한 그것으로부터 그 방법이 규정되어야 한다고 볼 수 있다.

물론 세 개의 다른 신학 분야와 교회사학의 관계가 지금 단순히 등급 관계인 것은 아니다. 이것은 각기 특징 있는 질문 속에 나타난 신학 분야의 구별을 불가능하게 한다. 그러나 그 관계는 우선 종의 관계로서 뿐만 아니라 주의 관계로서도 파악될 수 있다. 17세기 말——이 전에는 교회사학이 호교와 논쟁의 교의학적 영역을 위해 단지 수레군의 일을 해야 했지만— 교회사학이 마침내 특수한 분야로 독립된 후에, 그것은 곧 기독교적인 서구 정신사와 학문사의 전체 연관 안에서 주인이 되는 길을 떠나서, 제 딴의 목표에 도달했는데 거기서 역사는 절대 정신의 자기 전개로 이해되었고, 마찬가지로 교회사는 교회의 이념의 실현의 역사, "구체적 기독교가 나온 실재적 양식"(F. Chr. 바우어)의 역사로서 이해되었다. 그 역사 이해는, 그런 관념론적 역사 해석이라는 의미에서, 고등 비평적 단계로 건너가게 되고, 교리사는 교리 비평이 되고, 하나님의 말씀으로부터 온 신학은 결국 인간의 자기 경험으로부터 나온 역사가 되고, 그래서 기독교의 종교적 가능성의 절정에 있다고 말할 수 있는 기독교의 이념을 역사 철학적으로 파악한다. 19세기에서 20세기로 넘어 올 때 독일 개신교 신학계에는 교회사학, 교리사의 우위성이 뚜렷하게 나타나는데, 당시 하르낙은 어떤 상징적 가치와 같은 위치를 점하고 있었다. 여기서는 교회사학이 전 신학 내에서 주인이 된다고 말할 정도이고, 단 "역사주의"의 독보적 모습이 거론될 정도이며, 그래서 다른 종교 철학과 역사 철학적 고려들이 교회사학을 뒷받침하고 그리고 그것들이 복음의 사명을 상대화시키는 인간의 종교 속으로 복음을 끌어 들인다.
　성서신학, 조직신학, 실천신학에 대해 교회사학이 보조관계에 있다는 말에는 다른 뜻이 있다. 보조관계에 있다는 것은 교회사학은 자체의 전 역사(前歷史)에서처럼 이들 신학 분야에게 재료를 제공해 주는 정도에 지나지 않는다는 뜻이 아니다. 오히려 그것은 피차 연결된 사건 관계를 통해서, 하나님의 말씀과의 관계를 통해서 규정된다. 이것은 다음과 같은 교의학적 전제가 교회사에 아주 적합하다는 생각에서 출발한다. 그 전제란 예수 그리스도 안에, 즉 성서(전 경전)의 구체적 형식 안에 나타난 하나님의 역사적인 자기계시를 인정한다는 것이다. 이를 더 정확히 말하자면, 기독교는 "책의 종교"가 아니기 때문에, 성서가 교회를 조직하고 유지해 왔으며, 동시에 교회만이 성서에 대해 권위 있는 해석을 해왔는데, 이 처럼 역사적으로 해온 성서에 대한 해석 안에 나타난 하나님의 역사적인 자기계시를 인정한다는 것이다. 이 해석 자체도 인간과 간격을 가진 하나의 역사적 과정이며, 또한 역사적으로 파악될 수 있는 과정이다. 그러나 여기 구별이 있다. 그 구별이란 신약성서 안에 나타난 그리스도의 증언에 대한 사도적 해석과 사도의 증언과 그리고 직접적인 전제에 대한 교회의 전승의 "산물"인 정경을 가지고 있는 그 해석 사이에 있는 구별을 말한다. 솔직히 말해 성경책을 성서(거룩한 문서)로 읽고 이해한다는 것은 성서와 동시에 출현하여 함께 걸어온 교회 안에서만 가능하다. 여기서 이 해석은 단지 하나님의 말씀의 생생한 증언에 의거하여 하나님의 말씀을 효과 있게 듣도록 한다. 역사가 흐름에 따라 성서의 증언에 대해 여러(각기 다른 예배 의식, 개인적인 차이, 신학적 연구, 교회 제도, 여기서 반사되어 나온 문화적, 사회적, 정치적, 결과들에 따라 생긴) 유형으로 해석을 해왔는데, 교회사학은 이렇게 해석한 일을 비평적으로 인식하려고 하면서, 동시에 다른 신학 분야들을 보조한다. 그런데 교회사학의 과제의 본질은 성령이 결부되어 있는 성서의 말씀을 열광적으로 직접 점유하고, 그와 함께 성령 자신을 "영적으로" 점유하기를 원해서 결국에 가서 사변적인 하나님의 영과 인간의 영을 혼돈하는 일을 못하도록 하는 것이다. 그래서 다음과 같이 말할 수 있다. 곧, 교회의 역사는 "예수 그리스도 안에 나타난 하나님의 계시와 우리의 중간에 서 있는 것"(G. Ebeling)이며——성서에 대한 해석과 구체적이고 역사적인 교회가 서로 분리되지 않는 한 그렇게 말할 수 있다——

그리고 비평적 이해를 위하여 여러 가지 역사적인 현상 안에 있는 이 "중간"을 파악하려는 신학적 노력을 보증하며, 그래서 더 넓은 의미로 "교회사학"이라고 일컬어지는 역사 신학이 다른 신학 분야들에 대해 합법적으로 활동할 수 있는 장소를 보증해 주고, 그래서 교회사학은 예수 그리스도 안에 나타난 계시의 역사성 위에 서 있는 이들 분야들을 상기시켜 주고, 전해 내려온 주관적인 전이해에 대해 교회사학의 비평적, 자기 비평적 검토를 통해서, 거기서 시작하여 복음에 대항하는 과오들을 폭로함으로써, 인간적 종교의 형상, 초시간적 진리, 이데올로기와 맞서는 복음을 사변적인 영지주의나, 독단적인 스콜라 신학이나, 호교적인 변증으로 변조하는 일을 못하게 한다. 교회사학이 추구하는 문제가 하나님의 말씀에 대해 "독립적인" 가치는 없지만 그 말씀의 역사적인 현실과 활동에 가치가 있다면 위와 같은 식으로 교회사학을 "보조 학문"으로 생각해야 한다. 그때 교회사학을 차별 대우하는 일은 자취를 감출 것이다. 이때 그것을 보조 특성이라 부르며, 혹은 그것이 그점에서 특히 신학 분야 사이에 보조 관계를 분명하게 한다.

위의 설명은 특히 "교리사"에 해당한다. 교리사는 교의학의 과제의 일익을 담당하며, 교의학적 논술의 비평적, 확인적 기능의 일익을 담당하며, 교의학적 논술의 총괄 개념인 교리가 계시와 어떤 관계가 있는가 하는 것을 다룬다. 또한 교리사는 교리사 편에서 연역적인 방법으로 교의학의 과제, 교의학의 판단과 결정에 관여한다. 그렇다고 해서 교리사는 "순수한 교리"의 계속적인 전개 과정이라는 의미에서 도그마의 발전 역사를 그대로 묘사한 것으로 이해될 수 없으며, 또한 "기독교의 정신사"로 이해될 수 없으며, 기독교의 "정신"이 자기 의식으로 성장해 온 과정으로 이해될 수 있는 것도 아니다. 다만 교회 선교 역사의 구조 안에서 복음에 대한 있는 그런 정신사로 이해하는 것이 바른 이해이다. "복음에 대한"라고 한 것은 복음을 도식화하는 데 대해 강하게 반대함으로, 교리사에서는 복음이 정신사적으로 가공되지 않고, 다만 복음은 자기 자신의 의지와 자기 자신의 이해 안에 있는 인간에 대한 현실적인 추궁으로서, 또는 인간을 향한 부름으로서, 세계 내에 있는 인간 존재의 인식과 확증을 위한 인간의 물음과 만나 결단을 요구하면서 사건을 작성하고 사색적으로 공식화 하는 정신사와 그 정신사의 종교적 동인과 동기를 비판적으로 규정한다고 말하려는 것이다. 정신사가 복음을 변화시키는 것이 아니라 오히려 정신사가——그자체가 복음과 동일시 되지 않지만——복음에 의해 변화되어야 하는 것이다.
　교리사는 역사적 통찰의 도움을 받아 교리를 비평할 책임을 가지고 있지 않고, 또한 교리의 철폐를 목표로 삼이 "교리 분석"이라는 비판적 과제를 가지고 있지도 않다. 왜냐하면 교리는 역사학의 영역에 대해 변호하는 것이 아니라, 하나님의 말씀에 대해 변호하기 때문이다. 그러나 대체로 교리사는 교회가 그 시기를 지각하고 수행해 온 복음 선포에 대해 신학적으로 해명하고 논증하려는 노력에 있어 성공을 거두기도 하고 시대 제약적 한계를 확인하고 그리고 복음을 일개 인간적인 기독교로 끊임 없이 변형시키기를 추구하는 과정을 비평적으로 규명해야 한다. 예를 들자면 고대 교회에서는 신비주의화, 도덕주의화, 영지주의화 되는 현상이 잇달아 일어났다. 이 특별한 비판적 기능을 위하여, 즉 복음에 대해 저지른 과오를 역사적, 비평적으로 바로 폭로 하기 위하여, 역사적 방법의 도움을 받는 교리사가 신학적인 판단을 자각할 때, 그것은 교의학에 대해 위와 같은 관계에 있게 되며, 그 때 특별히 교리사는 교의학의 "보조 학문"이 되게 된다. 그래서 교리사는 "자기의 고유한 기준 위에서 교리를 비판적으로 해석할 때"(O. Weber), 교의학을 도와 주며, 그리고 그것은 교리사가 현재 하고 있는 교의학적 작업과 교부들의 작업과의 유용한 관계를 보증해 준다. 그러므로 교리사는 과거 교회사와 관련하여 그것이 하나님에 관한 기독교의 증언이 적절하게 이행되는가를 묻는다. 그래서 교리사는 교회의 역사 안에서 있는 교회의 선교와 일치에 대해 해명할 수 된다.

Ⅱ. 교회사학의 문제점

　앞에서 신학의 한 분야인 교회사학의 문제를 고찰하는 중 교회사학의 "본질"에 대해서도 이미 다소 언급했다. 그러나 다음 몇 가지를 더 고찰하기로 한다.
　1. 신학과 역사학 사이에서의 교회사학의 위치
　2. 소위 세속사학——일반적으로 말해 "세계사"——와 교회사학의 관계
　3. 교회사의 대상
　4. 교회사의 방법
　이상의 문제들을 하나 하나 더 상세하게 설명하기로 한다.

1. 교회사의 위치

우리는 여기서 "역사"(Geschichte)와 "역사성"(Geschichtlichkeit)이라는 말로 표현된 모든 역사 철학적인 문제점을 다룰 수 없을 테지만, 정신 과학에서 유래되어 온 우리의 역사 이해는 본질적으로 이중성 위에 근거하고 있다는 사실을 기억해야 한다. 즉, 그 하나는 구약성서의 역사 이해에 근거하고 있는데, 그것은 고대 문화의 역사 이해와는 상반되는 것이다. 구약성서의 역사 이해에 따르면 역사는 하나님이 자기 백성과 함께 이루어 온 것인데, 그것은 시작과 끝을 가지고 있으며, 하나의 지속적인 전체이며, 유일하고 반복되지 않는 것이다. 하나님의 역사적인 자기 계시에 의해 규정된 역사, 즉 하나님으로부터 와서 그의 계시에 목표를 둔 역사, 역사의 끝을 향하나 역사의 완성의 상태에 대해서는 언급되지 않는 역사, 이것이 구약성서의 역사 이해이다. 다음으로 우리의 역사 이해는 합리주의적, 자연주의적인데 반하여 자연법적으로 규정한 역사 이해에 근거를 두고 있는데, 그것은 계몽주의가 전수한 고대유산 가운데 다른 면을 강조하는 것이다. 여기서 인간은──자연과학에 상대되는 역사과학의 영역에서──다시 자주적 주체로 파악된다. 그래서 그것은 독창적인 파토스 안에서 그렇게 이해되려 한다. 여기서 인간은 역사와의 만남 속에서, "과거의 단순한 산물로서가 아니라, 가장 넓은 의미에서 인간은 인간 존재를 만나고 그리고 그 만남 속에서 자기 자신이 인식되는"(Ebeling) 존재로서 자기 자신을 이해한다는 명제가 슐라이에르마허, 헤겔, 딜타이 (*Gesammelte Schriften*, p.279 참고), 그리고 M. 캘러 (*Das Gewissen* 1, 1878 p. 11)에 아주 가까운 명제라고 말할 수 있다.

그러나 여기서, 단지 신학적으로 통찰한다면 서양의 역사 의식의 배경은 더 깊은 층에서, 즉 하나님이 인간과 함께 한 역사와 인간의 역사성이 일치하는 데서 나타난다. 멜랑히톤(Melanchton)은 루터가 죄로 잃어진 인간의 모습을 말한데 영향을 받아 그의 저서인 "신학요의"(Loci, 1521)에서 처세술이던 고대 수사학에 대한 그의 확고한 이해 가운데서 로마서의 "변증법적인" 근본 개념, 곧, 죄, 율법, 은혜를 지양했으며, 그리고 상호 변증법적 긴장 안에서 그것들을 이해했다. 죄, 율법, 은혜 사이의 이 긴장은 하나님이 인간과 함께 이룬 거룩한 일의 역사인 의인의 사건을 잘 설명해 주며 그리고 의인의 사건은 인간을 (하나님 앞에 선) 인간이 되게 한다. 거기로부터 멜랑히톤이 학문사 중에서 이룩한 특기할만한 독창성이 나타나는데, 그것은 즉, 인간의 존재는 "역사로서"의 존재로도 발견될 수 있다는 것이다. 그것은 멜랑히톤이 후년에 가서 고대 문화로 만족하면서 생의 방향을 추구하던 인문주의의 역사적 관심을 일반사에 확장시켰다는 사실과 관련시킬 필요가 있을 것 같다. 어떻든 그가 서양의 역사 의식 속에는 특유하게 성서적 배경이 많이 잠재되어 있기 때문에 사건의 출발 지점에서 인간이 무엇이냐 하는 문제로 신학과 역사학이 만나는 지점이 깊이 탐구되고 있다(W. von Humbolt, *Über die Aufgabe des Geschichtsschreibers*,). 그리고 그 지점에서 신학은 역사의 본질과 의미가 무엇이냐 하는 물음에 해답하려고 하는 다른 역사철학의 노력을 비판적으로 통찰한다.

그것과 관련하여 서양의 역사 이해는 과거를 단순한 과거라는 한 면으로 보지 않는다. 미래와 미래의 가능성에 대한 생각이 과거의 객관적인 사건과 과거의 사건에 대한 주관적 이해 사이의 변증법의 방향을 결정한다. 그것은 "살아있는 과거"의 주위를 움직인다. 때문에 그 힘들을 탐구하고 측정하는 일은 그때 그때의 시기를 규정하고, 그리고 현재에 대한 미래를 현재 안에 미리 포함한다.

따라서 역사에 대한 관심은 거듭 거듭 실존적인 것으로 이해될 수 있으며, 그리고 연속성의 문제는 종말론에 비추어서만 신학적으로 이해 될 수 있는데, 이 연속성의 문제는 과거적 현재(Praesens praeterti)와 미래적 현재(Praesens futuri)라는 말로 특징지을 수 있는 어그스틴의 시간관과 거의 유사한 것이다. 거기서부터──슬로건이 된 '역사주의'의 개념이 실증주의 뿐만 아니라 진보주의적인 역사 이해와 인간 이해로도 생각될 때──아직도 해명되지 않은 여러 층의 "역사주의"의 문제에 대해서 입장을 표명할 수 있을 것이다. 그런데 역사주의는 "모든 변화의 내부 구조"(K. Mannheim)의 그때 그때 파악을 위하여 노력하는 것이다. 여기서 "역사학"은 정말 거룩하고 위대한 것이 될 수 있다.

2. 교회사와 세속사

이때까지 교회사와 세칭 세속사의 관계에 대해 잘못된 물음이 있어 왔지만, 이상의 고찰에서 그 물음이 해결될 수 있을 것이다. 교회사는 역사 기술의 역사 중에 뚜렷한 출발점을 가지고 있다. 즉, 네 세계 제국과 육일 창조라는 도식을 통해서 규정된 구속사 구조의 스콜라·중세적 역사관의 역사 신학적인 유산 —— 여기서는 교회사학이 일반 문예학과에 속했다 —— 이 종교개혁에 대한 대학 강의에서는 포기되었으며, 그리고 역사학이 정치사 기술로 전향됨에 따라 법학으로 옮아 간 반면 교회사학은 신학자들에 넘겨졌다. 그런데 병존하는 타 역사학 분야에서는 교회사학에게 "거룩한" 역사라는 가상을 씌어 주었지만, 소위 편견 없는 역사 탐구라는 이름 하에 고등 비평적으로 연구하는 근대인이 그것을 모를 리가 없으며, 그래서 교회사학과 세속사학을 분리하게 되었다. 그러나 잘 주의해 보면 그 분리는 불가능 하다. 결국 서양 일반사학의 영역에서 교회사학적 인식의 도움 없이는 맨 밑바닥에 가서는 아무 것도 이해할 수 없음을 기억이라도 해둘 필요가 있다. 그것을 이해하려고 하자면, 역사의 힘에 대한 정신적 논술이 지나치게 감소당하게 된다. 거기에다 교회사학은 "일반사학의 최후에 남은 잔고"(H. Bornkamm)로서 오늘날 여전히 학문적인 교수 과정에서 역사학 분야의 엄격한 분류, 전문화와 일치를 이룬다. 반면에 깊이 고려하지도 않고 교회사학을 "일반 역사학의 한 부분으로" 간주하는 일을 해서는 안 될 것인데, 그 까닭은 탐구 대상들을 편성하는(이것은 간단히 착수 될 수 없다)데 대한 사유가 교회사학과 결부되기 때문이다. 둘의 구별은 오히려 그때 이루어진 歷史像의 모습을 결정한 경계와 가치 판단에 의거하여 발견될 수 있다. 전자 즉 세칭 세속사학의 경우에서는 내재적이요 인간적인 자기 이해의 기준과, 후자 즉 교회사학에서는 하나님의 말씀에 대한 물음과 관계라는 기준이 하나님이 인간과 함께 이룬 역사에 대한 사유와 함께 결부되어 있는 것이다. 그 때 그것과 관련하여 탐구 대상들이 도대체 무엇인가 하는 물음이 해명될 것이다.

3. 교회사 기술의 대상 : 시대 구분

이 문제에 대해서는, 교회사 기술의 역사를 살펴 보면 태반의 대답을 얻게 된다. 교회사학의 탐구 대상을 규정한 것은 대체로 다섯 가지로 구분할 수 있다.

1) 카톨릭교의 규정 : 여기서는 과학적 방법을 가진 교회사학이 "교회 공동체의 과거, 역사의 흐름에 따른 교회의 발전 및 시대에 있어 특징있는 사건들을 서술해야" 한다고 한다. 따라서 베드로에게 그 근거를 둔 유기적 공동체 곧 "참" 교회의 역사를 서술해야 한다고 할 때(H. 예딘이 편집한 *Handbuch der Kirchengeschichten* 1권 1963 에서 이 점을 볼 수 있다), 교

회사는, 사회학적인 이해를 통해, 그리스도의 몸이라는 로마 교회의 확립된 기구에 의해서 신학적으로 규정된다. 그래서 교회사학의 신학적 동기는, 이 교회가 "(그리스도의) 구속 사업을 계속하고 그리고 그것을 통해서 거룩한 중개의 기관"으로 규정될 수 있다는 사실에서 거론된다. 여기서 교회의 역사는 본질적으로 교회의 형상 속에서 일치되는 위대성이 "생물학적인" 진화에 가깝게 발전되는 것으로 생각된다. 그런데 오늘날은 "다른 교회", "분리된 형제들"의 집단들이 부분적으로 교회에 좋은 영향을 끼쳤다는 관점 하에서 더욱 긍정적으로 관계 되어야 되기 때문에, 이 점에 있어서 전체성이 에큐메니칼하게 확장된다. 교회사 기술이 신학에 대해서 본질적으로 호교적이며 또한 교화적인 의의는 독단적이고 일의적인 교회 개념이 타당하다는 전제하에서는 모든 것에 다 해당된다. 그러나 거기서부터 바로 이 이해는 다음과 같은 다른 관점을 통해서 아주 강하게 위협을 받는다. 즉,

2) 그것은 교회의 역사를 예리하게 비판하는 독특하고 급진적인 교회 비판적인 관점을 가진 성령주의에 근거를 둔 역사기술이다. 한편 이것은 이미 요아킴 폰 피오레(Joachim von Fiore +1202)에게서 나타났던 관점으로——교회와 성서의 非歷史化을 주장하는데, 이것은 "영원한 알레고리"로서 역사적인 것이 아니라, 다만 내재적 불가시적인 신의 行爲의 끊임없이 반복되는 전형적인 것으로 생각한다. 또한 모든 내재성은 외형적이 되고, 역사는 "탈세계화"한다고 한다. 그러나 그리스도의 통치는 그것에 반대되고, 그러므로 또한 제도적인 교회에 반대되며, 사바스티안 프랑크 (Sebastian Frank +1542)가 말했듯이 "세상에 반대되는 나라"이다. 그리고 이 교회 비판적 관점은 어떤 모양으로든지 국가와 결부되어 있는 기구를 비판 대상으로 하며, "이단자들"에게서 "참 기독교"를 찾는데, 이 관점의 결과로서 아르놀드(G. Arnold)의 유명한 "정통적 교회사와 이단사" (1699)가 나타났는데, 이 저작은 심리학적 방법과 그리고 판단 범주의 준비(예컨대 배교관)를 통한 새로운 교회사 기술로서 교회사와 이단사를 모두 근본적으로 大敎會 위에 두었다. 또한 여기서 교회 자체는 무역사적 불가시성 속에 있다고 잘못 생각되었다. 그래서 교회사에 대한 관심은 말할 것도 없이 논쟁적이고 비판적인 것으로서 기구적 교회의 타락을 역사적으로 실증하는 데 역점을 두게 되며, 그것과 함께 실제 역사에 적용함으로써 그 역사 방법 자체가 유력하게 형성될 수 있다고 보았다. 하지만 여기

서는 교회와 역사의 관계의 문제가 아무런 해결에 이르지 못하며, 다만 교회의 역사 속에 있는 교회를 비꼬는 교회의 풍자화를 그려 줄 뿐이다. 교회사 기술에 있어 아주 적극적인 수확은 여기서부터 세번째 모습에서 발견되는데, 그것은 기구로서의 교회를 직접적으로 반대하지는 않지만, 실제로는 무시하는 방법이다.

3) 그것은 바로 경건주의적인 것이다. 지상의 하나님의 통치의 역사인 교회사는 본질적으로 신앙의 역사로 변한다. 그것은 또 다른 면인데, G. 아르놀드에 따르면 논쟁적이 아니라, 긍정적인 면이다. 그것은——가끔 개개인에 대한 하나님의 섭리의 거울 속에서——역사를 보는 경건한 신앙심을, 계시와 역사의 문제에 대한 신학적인 이해와 혼동한다. 그리고 그것은 하나님의 눈으로 역사를 보고, 어떤 사건에 대한 성령의 역사(役事)를 실증하고, 하나님의 축복의 손길을 서술하고, 성장하는 통치의 강약을 측정하고, 그렇게 함으로 구속사를 드러내려고 노력한다.

4) 앞서 말한 마지막 두 관점, 즉 성령주의적 관점과 경건주의적 관점은, 거기서부터 성장하는 대 역사철학적인 교회사의 개념, 즉 관념론적 개념의 배경이 되어 있다. 이것은 교회사의 대상을 성령주의적 내면성이나 구속사적이고 경건주의적인 경건성을 통해서 규정하는 것이 아니라, 교회의 역사적 현상과 교회의 이념과의 관계 속에서 교회의 이념을 통해서 규정하는 것이다. 이 개념은 F. Chr 바우어가 그의 저서 "교회의 역사 기술의 시대들"(*Epochen der kirchlichen Geschichtsschreibung*, 1852)에서 피력한 바 있었는데, 이것은 헤겔의 변증법의 도식과 많은 유사점이 있지만 헤겔 변증법의 도식에서가 아니라, 폐쇄된 사건 관계로서의 "역사의 참 실재성"에 대한 물음을 통해서 규정했다. 바우어의 신학의 내용은 바로 역사이며, 역사로서의 계시, 역사에 대한 사유로서의 케리그마인데, 케리그마가 과거로 향한 사상인 동시에 길인 한에 있어서 그러하며, 이 길 위에서 인간 안에 있는 정신이 그 자체로 환원된다. 바우어에게 있어서 교회사학은 그것이 기독교의 역사를 그 자체로 일반사와 종교 사이의 절정인 기독교적 이념의 자기 전개로 서술할 때, "신학적인 기초과학"(Scholder)이 된다. 이것을 탐구하는 일이 역사적 비판적 탐구의 과제이다. 그런데 그 이념은 근본적으로 신성과 인간성의 본질적인 통일을 통해서 규정되는데, 그 통일은 예수 그리스도 안에서 구체화 되었다. 이 이념은 고대 교리에서는 사유적인 것으로 이해되고, 그 다음에는 교회의 기구적 형

성을 통해서 확인되고, 그리고 종교개혁기에 있어서는 개개인에게 완전히 알려진 것으로 이해 되었다. 모든 것은 내재적인 작용을 통한 역사적 운동에로의 폐쇄성에 놓여 있다. 그래서 여기서부터 혹자는 바우어는 헤겔 우파에 넣기도 했으며, 또 다른 사람들은 그의 신학적인 역사 이해를 하나의 역사주의로 왜곡하기도 했는데, 역사주의는 역사의 의미에 대한 바우어의 질문 즉 역사에서의 신학적인 진리에 대한 질문을 이해하지 못하고 기독교를 원인과 결과라는 세계사적인 관계 현상으로 파악했던 것이다.

바우어의 역사비판은 종교개혁의 특징인 진리에 대한 양심의 책임성을 학문적으로 표현하는 것으로서, "올바른 개신교적 비평"으로 이해된다. 그의 역사적, 비판적 방법은 실로 기독교의 역사중 종교개혁 시대의 정신사의 결실이다. 그러나 종교개혁의 관점에서 볼 때 교회사가로서의 바우어의 교회 이해에 관해서 결정적인 물음이 제기되어야 할 것이다. 그것은 교회의 역사에 관련된 "교회의 이념"의 문제다. 혹은 그것은 교회의 현실과 세계의 현실 사이, 교회의 실제와 인간과 그의 학문의 실제 사이의 끊임 없는 긴장 안에서 하나님이 이 세계와 함께 이룬 역사의 현실성으로서의 계시의 실재인 교회에 대한 문제이다. 바우어는 "종교개혁에 이르기까지 교회의 전 시대에서 교회의 이념의 전 방향은 단지 현상 세계의 실재가 되는 것이었으나 종교개혁 이래 교회의 발전은, 보이는 교회의 현실성에서부터 그 이념을 취소하는 것이었다"고 하는 말을 했다. 그렇다면 (종교개혁과 18세기의 교리에서 교권제도의 해체와 함께), 그가 "개신교와 카톨릭 교회의 크나 큰 대립"을 통해서 결정된 현상을 이념의 변증법적 자기 전개로 보았다는 사실은 신앙의 계시 관계, 그 말씀 작용의 계시 관계와는 다른 출발점이라고 할 수 있다. 신앙의 계시 관계 안에서는 역사를 지배하는 정신을 역사를 명상하는 고유한 인간 정신과 동일시 할 수가 없다. 물론 종교개혁과 역사 탐구는 필수적으로 상관적인 것이라는 바우어의 견해에는 동의하게 될 것이다. 왜냐하면 이것은 새로운 신앙의 자유에서 유래되기 때문이다. 또한 개신교주의란 "해결되어가는 해결에서 주어지는 과제"며 그리고 거기서 신학은 역사적으로 움직여진 비판적 학문이 된다는 바우어의 견해에 동의하게 될 것이다. 그러나 바우어가 이 움직임을 변증법적으로 파악했을 때 신학의 대화적인 성격을 가리고, 과거에 맞서고 말씀에 맞서는 책임의 요소를 가리고 만다. 자기 의식의 자율은 신앙의 순종과는 별개의 것이다.

5) 다섯번째로 "종교개혁 型"(에벨링)이라고 명명해도 좋을 교회사의 개념이 있다. 여기서 교회사 기술의 대상은 원칙적으로 예수 그리스도의 교회이다. 그것은 일반적 교회사를 기술하기를 요구한다. 그것은, 오늘날 도처에서 교회사의 "에큐메니칼한 통일"로서 요구되는 것인데, 이미 교회사의 대상에 대한 이 파악에 의해 원칙적으로 제공된다. 그러나 "예수 그리스도의 교회"란 도처에서 모든 시대를 통해 거쳐 온 살아있는 복음의 말씀(viva vox evangeli)의 사건, 즉 모인 공동체 내의 성서 해석에서 때때로 새 교회를 형성하는 하나님의 말씀의 선교의 사건을 의미한다. 역사적 작용이 전 세계에 관계 있을 때, 그것을 지향한 교회사 기술은 동시에 "세속사적인" 탐구와 끊임 없는 접촉 속에 머물게 될 것이다. 교회사의 대상 범위는 기구적 교회를 훨씬 넘어서 역사적인 현상세계 안에 까지 뻗어 나간다. 그리고 동시에 성서의 해석이 지향하는 신학적 판단은 이 넓은 범위를 관장하는 역사적인 복음의 힘에 대한 역사적, 비판적 이해와 연결된다. 교회사학의 신학적 특징이 무엇이냐 하면, 그것은 하나의 "신학적" 연구 대상의 범위를 규정하는 것이 아니라, 이런 비판적 신학적 판단이다. 그런데 이 비판적 신학적 판단은 동시에 넓은 탐구 대상 내의 선택원리이다.

6) 어떤 사건을 역사로 선택할 것인가, 따라서 어떤 사건을 중요한 것으로 선택할 것인가 하는 문제는 동시에 교회사의 시대를 어떻게 구분할 것인가 하는 문제이기도 하다. 거기서 시대 구분의 문제가 새롭게 제기되고, 그 문제에 대답하기 위해 여러 가지 시도를 해 왔다. 그런데 그것은 한 시대를 특징짓는 결정적인 문제들에 따라 큰 시대를 어떻게 구분할 것인가 하는 문제가 뒤 따른다. (이 점에 있어 카톨릭교와 개신교의 이중운동으로 본 바우어의 관점은 바른 판단이다). 예컨대 우리는 근세 교회사는 종교개혁 이후 로마 카톨릭교와 개신교가 꼭 같이 복음을 (자율적인) 인간적인 종교로 변형시켰다는 관점하에서 파악할 수 있으며, 그리고 동시에 근세 교회사는 무수한 새 집단 형성의 역사로 파악할 수 있을 것이다. 다른 한편 종교개혁 시기는 하나님의 주권 안에 있는 하나님의 말씀을 재발견했다고 생각했던 시기로 파악될 수 있을 것이다. 그리고 중세 교회사는 근본적으로 국가와 교회가 초자연적인 공통 분모를 가진 목표를 두고 경쟁하는 이원성과 함께, 구원의 기관인 교회가 집례하는 성례전의 집행을 둘러싼 문

제가 중심이던 시기로 파악될 수 있을 것이다. 다음으로 고대교회사는 첫째 기에서는 同化의 문제, 그리고 둘째 기에서는 難脫의 문제가 중심 문제였다고 볼 수 있다. 그것은 종교사적인 주변세계에 맞서고 그리고 그 주변세계에 대한 복음의 부조화에 맞서 그 창의성을 자각하고 강조한 복음의 창의적 운동인데, 그 운동은 교회가 "승리"한 운동으로서 넓은 주변세계를 복음과 교회의 생활 속으로 수용한 운동이었다. 그런데 최근세 교회사의 근본적인 특징은 예수 그리스도는 교회의 머리인 동시에 세상의 주라고 하는 사실을 재발견하며, 교회가 말씀을 지어내고 그리고 동시에 그 말씀에 매어 있다는 사실을 종교개혁과 고대 교회에서부터 재발견한 점이라 할 수 있다.

4. 방법 문제

바로 앞의 고찰에서 이미 교회사의 '방법 문제'를 언급했다. 교회사에서는 신학적 판단이 결코 빠질 수 없지만, 일단 이 점을 제쳐 놓는다고 한다면 교회사는 "세속사"와 맞서는 —— 어쨌든 형식상으로 —— 다른 방법을 가지고 있지 않다. 반면에 교회사는 물론 상대주의적인 결론에 이르는 "역사주의"를 받아들일 수는 없지만, 사학적 방법의 관점에서 볼 때 역사 편찬의 한 전문 분야임에는 틀림 없다. 교회사학은 그 탐구 방법을 일반 역사학에서 찾아야 할 것이다. 그리고 특히 사료의 검사와 이용에 관하여 필수적인 합리성 안에서 점차로 형성된 모든 수단을 신중히 사용해야 할 것이다. 교회사가는 사료의 정선을 위해 전이해의 극복을 위해 선택된 자료의 해석을 위해서 나타나는 여러 종류의 방법들을 자기 편에서 사용해야 할 것이다. 자료학 비평, 이해나 해석, 그리고 표현 등의 주요 분야를 가진 이 방법은 하나의 실험적 방법이다. 보뎅(J. Bodin)의 "역사의 간단한 이해 방법"("Methodus", 1566)과 게르하르트 보쓰(Gerhard J. Voß)의 "역사학" (*Ars Historica*, 1623), 그리고 18세기의 많은 노작들로부터 니부르(Niebuhr)와 랑케(Ranke)에 이르기까지, 즉 비평적 성서학의 시대 이래로, 신학은 자기 편에서 아주 현저한 여러 가지 기초적인 방법으로 이 역사적 비평적 탐구 방법이 형성되는데 관계했던 것이다. 이 방법론이 일반 역사학에서 유래했다고 해서 교회사와는 아주 생소한 것이 아니라, 오히려 신학 자체 안에 일부 근거하고 있음으로 거기서도 종교개혁적인 의인 교리를 가진 정신사적인 연결이 추구될 수 있다. 방법에 대해 상세하게 논하는 것은 이 글 영역 밖에 속한다. 상세한 내용을 위해서는 에른스트 베른하임(Ernst Bernheim)의 명저 "역사 방법과 역사 철학 교본"(*Lehrbuch der historische Methode und der Geschichtsphilosophie*, 1889, 1908년 6판) 이 아직도 여전히 아주 중요한 입문서인데, 그것은 물론 그 당시의 "반(反)형이상학적" 학문 이해를 따르고 있기 때문에 신학을 전혀 고려하지 않은 것 같다. 그 밖에 방법의 발전에 관해서는 후술하는 교회사 기술의 역사에서 논하기로 한다.

Ⅲ. 교회사 기술의 역사

교회사학은, 최근에 독립 경향이 강해 교회사학에서 마땅히 독립시켜야 할 교리사와 신조 신학(혹은 신앙 고백학)까지 교회사학에 포함시켜서 전 신학 교과의 구조 내에 있는 큰 신학 분야 중에 가장 역사가 짧은 학문이 되었다. 교회사학을 독립 학과로 취급한 것은 16세기 말, 이미 예시되었던 대체적인 역사학의 독립화 경향의 결과로서, 헬름스테트(Helmstedt)에서부터 였다. 그것은 교회사 기술의 전 역사내에서 하나의 새 출발을 의미하는데, 교회사를 "선교와 선교 과정의 역사"(슈미트)로 이해하는 것이 정당하다고 할 때, "초기 기독교 역사 의식"에까지 돌아가 교회사를 기술하게 되며, 그리고 그렇게 됨에 따라 사도의 역사에서부터 교회사 기술을 시작하게 된다(교회사를 선교사로 이해하는 한에서 이것은 옳다). 대체적으로 아주 무비판적이긴 하지만 역사 철학적인 해석을 통해서 고대와 중세의 여러 "교회사들", 연대기들, 사료 편찬서들, 또한 아주 논쟁적이고 호교적인 저작들을 개별적으로 훑어 보아야 한다(이러기 위해서는 "宗敎大事典" [*RGG* Ⅲ, p. 1421. ff]에서 슈미트 [M.Schmidt]가 쓴 '교회사 기술' 항목에 있는 개요를 참조). 콘스탄틴 이후 역사 편찬에서는 무엇보다도 역사 신학적인 관점(전통론과 타락론; 다니엘서의 4대 세계제국 후의 구상 도식이나 6일 창조)이 중요한 역할을 하는데, 그 관점은 곧 전체 세계사에 적용되고 그리고 중세로 넘어가서 중세를 새 지역사에 대한 일반사적인 서곡으로 간주한다. 중세에는 성령주의적 역사관을 창시케 한 요아킴 본 피오레의 삼위일체론적 도식이 새롭게 나타났으며, 한편 인문주의는 "원천으로"(ad fontes)라는 구호와 함께 그 기초를 정확하고 그리고 역사 설화를 파괴하는 역사 탐구에 침잠했고, 그리고 멜랑히톤은 교회사학을 분리시켜 개별 분야가 되게 했다.

다른 한 편 종교개혁 후에는 하나님의 섭리가 숨겨져 있다는 종교개혁적인 사상 위에 서서 역사 속에서 진리의 증인을 발견하려고 시도하게 된다. 플라치우스(Flacius)의 불후의 명저 "마그데부르거 시대"(*Magdeburger Centurien*, 1559~1574), 그리고 이와 필적하는 바로니우스(Baronius)의 "교회연대기"(*Annales ecclesiasticae*, 1588~1607)는 상호 교리적인 논쟁을 하면서, 역사 속에서 진리의 증인을 발견하려고 하며, 그리고 그 일과 함께 17세기의 논쟁적인 신학적 역사서들(L. Maimbourg, V.L. von Steckendorf, V.E. Löscher)을 속출시켰으며 아울러 불란서의 신학자들, 모어 신학자들 볼란드 신학자 등등 카톨릭교 신학과 개신교 신학을 일으켜서 역사적 보조 학문의 화려한 초기사와 엄청난 사료 발간을 유도했다. 6세기까지를 다룬 최초의 문헌적인 역사서는 띨몽(Tillemont)의 "비망록들"(*Mémoires*, 1693~1712)인데, 그것은 최초의 복음주의적 교회사 개요이며, 1584년에 나온 J. Pappus의 "교회사 抄本"(*Epitome historiae ecclesiasticae*)을 훨씬 능가한다.

침례파와 성령주의자들은(S. Frank에서 K. Dippel까지) 구속사 내지 종말론에서 유래된 교회비판적인 종말사상과 강인한 순교 의식에 근거를 둔 교회사관을 가졌는데, 그 교회사관은 마침내 고트프리트 아르놀트(Gottfried Arnold)의 "정통적(즉 초교파적) 교회사와 이단사"(*unparteischer-〔d.h. überkonfessioneller〕-Kirchen-und Ketzerhistorie*)에서 제도 위주에서 벗어나 경건한 개인주의를 경건사적으로 서술한 모습으로 나타났다. 그런데 그 저작에서 괴테의 교회사는 "오류와 폭력의 혼합물"이라는 비판이 자주 인용되었다. 이 저작이 그 후의 새 역사 편찬의 방법론과 그리고 경건주의와 함께 출현하는 전기와 자서전에 대해 영향을 미치긴 했지만, 그 영향을 과대평가할 수는 없다.

그런데 바우어의 평가에 따르면 현대의 교회사 기술의 아버지는 모스하임(J. L. Mosheim)이다. 그는 신약성서로 향한 잠재적, 顯在的 지시를 표시하고 있는 "교회사의 綱要"(*Institutiones historiae Ecclesiasticae*, 1726)이라는 저서를 저작했다. 18세기 중엽까지도 교회사는 "신약성서의 교회사"로서 교회사라는 생각이 아주 자명하게 통용되었다(그런 것으로 예컨대 튀빙겐대학 교수 Chr. G. Weißmann의 교회사가 있는데, 그것은 아르놀드에서 모스하임으로의 변천 모습을 보여 준다, 1745). 모스하임의 "강요"는 단지 사실을 통틀어 말하고 인과론적 설명을 위하여 구속사관을 포기하며, 이렇게 교회사를 세속화시킨 "실용주의적" 교회사 기술을 개척했는데, 그것을 대성한 대가는 19세기말 플랑크(G. J. Planck)였다. 물론 보다 전기사적, 경건사적 견해가 네안데르(A. Neander)의 "기독교와 교회의 일반사"(*Allgemeiner Geschichte der christlichen Religion und Kirche*, 1826~45)에 넓게 남아 있으며, 하제(K.v. Hase)에게 있어서도——그럴듯 하게 관념론적, 낭만주의적으로 수정되긴 했지만——그것이 남아 있다(1890 서거; *Lehrbuch der Kirchengeschiche*, 1834; *Kirchengeschichte auf der Grundlage akademischer Vorlesungen* 1890/92 후서는 G. Krüger가 사후에 출판함). 다른 한편 독일 관념주의와 교파적인 각성의 결과로 교회의 이념, 혹은 교의학적인 교회 이해를 지향하는 개념들이 다수 나타났는데, 그것을 대표하는 이들로 F.Chr 바우어, 로테(R. Rothe) 그리고 마르하이네케(Ph. K. Marheineke)를 들 수 있다.

19세기 후반에는 사변적인 입장에 맞서는 실증주의적 역사주의가 승리하게 되는데, 그것은 불가능할 정도까지 정확한 탐구를 해나가게 된다. 여기서 이룩된 것은 오늘날까지도 방법론적 기초가 되며 표준적인 것이다. 하르낙(A. von Harnack)은 그 방법으로서 고대 교회의 선교사와 교리사를 연구했으며 하우크(A. Hauck)는 그 방법을 일부 사용하여 그의 저서인 "독일 교회사"(*Kirchengeschichte Deutschlands*)에서 엘랑겐파(Erlanger) 신학의 구속사적인 정통적 배경을 연구했는데 중세의 많은 문헌을 토대로 한 그의 저서는 근대 독일의 역사 편찬(1887~1922)에 지대한 공헌을 했다. 하르낙과 하우크에 비견되며 그리고 신학적으로 리츨(A. Ritschl)을 계승한 하르낙과 유사한 사람으로 뮐러(K. Müller 1940)가 있는데, 그의 저작으로는 30년 전쟁까지를 취급한 교회사가 있다(1892/1918 1권 3판 1938 그리고 1941). 그것은 하나의 탐구이며, 또한 엄격한 실증주의적 특색을 가진 아주 뛰어난 전집이다. 그래서 때에 따라 "세속적" 교회사가 운위되었다(현대판 모스하임이라 할 수 있는 발터 J.v. Walter, *Geschichte des Christentums* 전2권 1923/38, 3판 1947/50는 그것의 의식적인 경건사적 견해로 오히려 네안데르를 상기하게 한다).

A. 폰 하르낙의 대담한 구상인(이 분야의 역사와 문제점을 위해서는 필자의 개요인, 칼 바르트 축하 기념 간행물 안에 있는 "Keygma und Dogma?" in: *Antwort, Festschrift für K. Barth*, 1956, p. 780~807를 참조하라) 헬라화라는 한 주제를 따라 논한 교리사 "*Lehrbuch der Dogmengeschichte*" (전3권 1886/90; 33판 1931/32)와 아울러 교리사의 전모를 그린 다른 대작들은 로프스

(F. Loofs, *Leitfaden zum Studium der Dogmengeschichte*, 1889, 5판 1950/53) 와 제베르그(R. Seeberg, *Lehrbuch der Dogmengeschichte*, 전2권 1895/98; 2판 전4권, 1908/20; 3판 1920/33)에서 그 집필동기를 가지고 있었다. 한편 쾰러(W.Koehler)는 그의 저서 "기독교의 자기 의식의 역사로서 교리사" (*Dogmengeschichte als Geschichte des christlichen Selbstbewußtseins*, 제2권 1938, 1951)에서 위의 저작과는 매우 다른 구상을 제시했다.

그런데 금세기 개신교 교회사 기술의 특징이라고 하면 무엇보다도 '전문화'(專問化)이다. 전문화는 비평적 자료 편집을 위한 광범위한 노력에나 수 많은 각론(Monographie)과 안내 역할을 하는 논문들 가운데 나타나지만 특히 고대 교회와 루터(혹은 종교개혁)에 대해 중요한 역할을 한다. 안내 역할을 하는 논문들은 특별한 과제를 제시해 주고 전체를 보게 해주는데, 그 본보기로서는 홀(K. Holl)의 "교회사 논문집"(*Gesammelte Aufsätz zur Kirchengeschichte* 1권 루터 1921, 1923 2권 동방 1928 3권 서방 1928)이 있다. 교회사와 그리고 사료 자체에 대한 교회사의 문제들을 충분히 검토하려는 무수한 개인적인 여러 노력들과 병행해서 여러 학파(예컨데 K. 홀 그리고 E. 제베르그와 관련된)가 나타났는데, 이것은 전문화 현상과 밀접한 관계를 가지고 있다. 전문화는 그것의 "실증주의"와 그 어법을 통하여 이 새 탐구를 배경으로 한 고대 교회사 연구의 최고봉인 리츠만(H. Lietzmann)의 사후에 나온 그의 필생의 저작 "고대 교회의 역사"(*Die Geschichte der Alten Kirche* 전4권, 1932—44)를 산출케 하는데 결정적인 역할을 했다.

라뚜레프(K.S. Latorette)의 지도하에 완성된 기념비와 같은 선교사로서의 교회사 전집은 새로운 저작이다(*A History of the Expansion of Christianity*, I —Ⅶ 1937~45, 독일어 초역, *Geschichte der Ausbreitung des Christentums*, 1956). 로마 카톨릭교 신학계에서는 플레쉬와 마르뗑(A. Fleche - V. Martin)의 명 저인 "교회사"(*Histoire de l'Eglise*, 1935ff), 그리고 이와 필적하는 에르하르트(A. Erhard)의 전집(*Die katholische Kirche im Wandel der Zeiten und Völker*, 전2권, 1935, W. Neuss가 1937 속간함. W. Neuss, *Die Kirche des Mittelalters*, 1946; *Die Kirche der Neuzeit*, 1954)과 많이 읽히는 독일어 교과서들과 개설서들(F. X. Funk, *Lehrbuch der Kirchengeschichte*, 1886, K. Bihlmeyer가 속간 16판, H. Tüchle가 개정 1958/59; J. Hergenröther, *Handbuch der Kirchengeschichte*, 전3권, 1876/80 5판 전4권 1911/17, H. P. Kirsch가 개정함; J. P. Kirsch, *Kirchengeschichte*, 전4권 1930 ff 미완성 작품임; H. Jedin,

Handbuch der Kirchengeschichte, 1963 ff)은 틀림 없이 거듭거듭 고려될 것이다. 교회사 기술의 문제점, 방법론, 역사는 역사주의의 종말과 함께, 다시 말하면 제1차 세계 대전의 종결과 함께 복음주의와 카톨릭 편에서 다시 활발히 토의되어 왔다(*Lexikon für Theologie und Kirche* 1961에서 H. Jedin이 쓴 *Kirchengeschichte* 항목을 참조하라). 오늘날 아직 교회사 기술의 포괄적인 역사서는 저술되고 있지 않다. 니그(W. Nigg)의 시도작인 "교회사 기술, 그 역사적 발전의 요강"(*Die Kirchengeschichtsschreibung. Grundzüge ihrer historischen Entwicklung*, 1934)은 F.Chr. 바우어의 저서 "교회사 기술의 시대들"에 상당히 의존하고 있고 따라서 바우어를 능가하지 못했다.

Ⅳ. 교회사의 연구를 위하여

우리는 교회사학의 본질, 그 과제, 그 방법, 현재까지의 경로, 그리고 현재의 상태 등 교회사학의 전 문제점을 개략적으로 살펴 보았다. 힘써 개척해야 할 이 많은 연구 소재를 보고 곧 풀이 죽을지도 모른다. 타 신학 분야를 다 탐구한 뒤에야 비로소 취급할 수 있는, 신학적 연구에 속하는, 이 연구 소재를 처리한다는 것이 얼마나 어렵겠는가? 도대체 어디에서부터 연구를 시작해 나갈 것인가? 그 연구소재가 순수한 "지식"인가, 정돈된 "자료"인가 하는 질문이 제기된다. 사학자들은 그들이 할 수 있는 한 (많은 무명의 저자들이 그것을 왜곡했다), 혹은 그들이 자료를 진실히 기입할 수 있는 한, 이 관점하에서 본래는 연대가 언급되어 있지 않는 자료들로써 역사를 기술한다(그들이 그것을 단념할 까닭이 없다고 생각할 경우에). 그것은 검토해 보면 기껏해야 우연의 "결과"에 불과하다. 교회사관, 교회사 이해, 교회사를 통한 경이, 그리고 교회사에 대한 환희, 이 모든 것이 너무 부족하며 전력을 투구하여 그 물음에 대해 다소 충분한 대답을 한 일은 더구나 없다.

그 모두가 다 겨우 연구 "소재"를 바라보는 정도에 그친 너무 피상적인 접촉의 결과이다. 예컨대 여러 개개문제를 겨냥하고 쓴 서론은 다양한 복합적인 강의내용들에 원래 단순한 부가물에 지나지 않는 것으로 무시해도 좋다는 태도다. 그러나 교회사학의 문제와 그것의 현 상태를 파악하고, 기초적인 문제들과 씨름한 흔적을 일견해 나가다가 보면 호이씨(K. Heussi)의 유명한(그리고 매우 유익한) "교회사 강요"(*Kompendium der Kirchengeschichte*) 11판의 서문 끝에 나오는, 그 저서는 "어떻게 교회사를 사실 그대로, 즉 엄정하게 사실적이고 독단적이 아니게 기술해야 하느냐 하는 것을" 보이려는 것이라는 간결하고 힘찬 문장에 깜짝 놀라게 될 것이다. 다음으로 아마, 교회사학도이자 애송이 신학자인 연구생은 곧 교회사를 기술하는 일의 이 개방성, 곤난성, 도전성에 심취되고, 그리고 책임있게 독자적으로 대상을 검토하고 결정할 필요가 있음을 느끼게 될 것이다. 책임있게 독자적으로 연구하려면 처음에는 아마 기성 교회사학자의 방법론적 문제와 방법론적 "실천"에 의존해야 할 것이다. 신학교에서의 학문적인 수업, 강의, 그리고 무엇보다 중요한 저서를 읽음으로 이 일을 할 수 있다.

1. 신학교는 자료를 비평적으로 취급하고, 그것을 해석하는 법을 실례를 들어 배우도록 지도해야 하며, 그것에 첨가하여 개별적인 역사적인 사건의 문제를 포착하는 방법, 여러 보조 수단의 올바른 이용 등등을 배우도록 지도해야 한다. 자료를 올바로 "읽을" 수 있는 일이 학습할 수 있는 비결이며, 필요한 외국어를 할 수 있다는 전제 하에서 부단한 실습이 또한 학습할 수 있는 비결에 속한다. 그것을 위해 노력하는 것이 중요하며, 그리고 이런 저런 작은 과제를 반드시 비교적, 독립적으로 공부하는 것이 중요하다. 하긴 빈번히 연구 주제의 수준이 너무 높았거나 너무 광범위해서 학생이 그것을 처리하는 방법이 고작 이차 자료의 표절이나 나열에 불과한 때가 많았다. 예과 과정에서 바로 졸업논문의 주제를 준 일이 한 두번이던가! 따라서 교수 방법의 신중한 개혁이 요청된다.

2. 다음으로 '강의'에 관해서 말하기로 한다. 아마 앞으로 더 오래 동안 교회사를 넷 혹은 다섯 "부분"으로 나눈채로 강의할 것이다. 그러나 교회사를 역사적 순서에 따라 순차적으로 공부하려고 고집할 필요는 없다. 초보자에게는 중세 교회사(Ⅱ)에서 시작하는 것이 좋을 것 같다. 거기서는 연구생이 특히 국가와 교회의 대 기구가 역사적으로 형성된 모습을 취급하며, 아울러 그 모습을 같은 형상과 반대 형상으로 대결시키는 일을 하게 된다. 그리고 또한 오늘날까지 우리들에게 전수되어 온 우리들의 정신적, 문화적 유산의 기초들을 취급해야 한다. 여기서는 많은 것들이 이색적이며, 한데 엉클어져 있지만, 문제되는 것이 적고 "더욱 단순하다". 그 다음으로 종교개혁사(Ⅲ)를 연구해야 한다. 거기서는 중세적인 관계가 일부 변형되며, 또한 거기서는 교회사 자체의 신학적인 문제점, 계시와 역사에 대한 문제, 교회의 본질과 형상에 대한 문제 등이 무엇보다 먼저 분명히 돌출된다. 고대(Ⅰ)와 근대(Ⅳ. Ⅴ)의 교회사는 후에 강의하는 것이 좋겠

다 그 까닭은 그것에 필수적인 여러 가지 것을 주석학과 교의학을 공부하는 동안에 이미 다소 공부했기 때문이며 무엇보다 더 중요한 이유는 이 부분의 교회사적인 문제점이 앞의 두 부분 보다 비교적 많고 더욱 논쟁적인 것이기 때문이다. 교리사, 신학사, 신조 비교 신학은 더 늦게 연구해야 한다. 그런데 현대 학계에서는 근대 교회사에서 생기지도 않았던 신조 비교 신학을 통해서 필수적으로 요청되는 교회사의 에큐메니칼한 확장을 눈앞에까지 다가오게 했다(*Missionswissenschaft und Ökumene* p. 33 ff를 참조).

무엇보다 시작할 때부터 교회사의 전문적 강의를 들으면서 주도면밀하게 함께 연구해 나가는 것에 중점을 두어야 한다. 개론적 강의에 관심과 초점을 두어 전체적인 역사 구조를 파악하며, 전문적 강의를 들을 때는 부분적인 역사를 이 전체 구조와 관련시키도록 해야한다.

또한 적어도 훌륭한 계속적인 복습은 강의 청강의 연장이다. 세목에 대해 분명히 알지 못하고 있을 때는 모르는 대로 있지 말고 곧, 교본이나 개설서 혹은 "宗敎大事典"(*Religion in Geschichte und Gegenwart*), "신학과 교회 사전"(*Lexikon für Theologie und Kirche*), 아니면, "개신교 신학과 교회 백과사전"(*Realenzykeopädie für protestantische Theologie und Kirche*)과 같은 큰 사전 중에서 하나를 참고하여 분명히 알아 두어야 한다. 그런데 "개신교 신학과 교회 백과사전"은 오늘날도 가치가 있는 역사적, 전기적 논문 및 심지어 전문논문(*Monographie*)에 이르기까지 수 많은 논문을 싣고 있다. 강요(K. Heussi, Kompendium der Kirchengeschichte "1957년")나 연대표(K.D. 슈미트의 *Tabellen zur Kirchengeschichte mit synoptischer Zeittafel von H. Reller*, 1959), 그리고 나아가서 역사 부표(예컨대 K. Heussi와 H. Mulert의 *Atlas zur Kirchengeschichte*, 1919²)를 계속 이용하면 이해가 밝아질 것이다. 그러나 예컨대 1929년 마르부르그(Marburg)에서의 성찬에 대한 토론 상황에 대해 마르부르그는 어느 지역에 속했으며 당시에 누가 영주였느냐 하는 물음을 묻는다는 것은 무익하다는 사실, 혹은 안토니우스(Antonius)와 파코미우스(Pachomius)가 어디쯤에 위치했는가, 니케아(Nicäa), 몬테 카시노(Monte Cassino), 아비뇽(Avignon) 혹은 낭뜨(Nantes)는 어디에 위치했겠는가 하는 것을 거듭거듭 검토하는 일은 결국은 중단해야 할 것이다. 복습과 함께 예습이 중요한데, 예습에서는 개설서나 호이씨의 "강요"를 계속 읽어 나감으로 강의 시간에 취급하게 될 자료에 대한 개요를 기억해 두는 것이 중요하다. 그 때에만 많은 역사 강의를 효과있게 듣고 이해할 수 있다.

그런데 강의는 청강자에게 역사의 큰 흐름과 또한 몇개의 사건, 몇 운동과 기구의 형성과정, 그리고 몇 인물의 역사적인 의의를 설명하고 평가하고 아울러 해명하게 된다. 보조수단으로서 크뤼거(G. Krüger)가 편집한 "교회사 개설"(Handbuch der Kirchengeschichte, 전 4권 2판 1923~1931)과 슈스터(H. Schuster)의 상세한 개요 (Das Werden Kirche, 1940, 1950 2판), 그리고 요사이 발행중인 개설서인 (Die Kirche in ihrer Geschichte, K.D. 슈미트와 E. 볼프가 1961이래 편집)가 있는데, 그것은 특별히 일종의 강의 부교재로서, 그리고 최근의 문제나 혹은 독자적 연구를 위한 참고서로 구상되었다. 그것은 몇 권, 빠듯한 분책 속에서 결정된 큰 단원을 다루는데, 이를 테면(출판된 것에 한해) 사도와 속사도 시대, 초기중세와 게르만 선교의 역사, 슬라브 선교사, 중세 이단사, 종교개혁사, 문예부흥운동, 웰스트팔렌 강화 조약에서 1차 바티칸 회의까지의 카톨릭교, 남북 아메리카 교회사, 선교사 등이다. 초기 중세에 대해 상세하게 알려면, 슈베르트(H. von Schubert)의 "초기 중세의 기독교회"(Geschichte der christlichen Kirche im Frühmittelalter 1921)는 아직도 참고해야 될 것이며, 종교개혁사를 상세하게 참고하려면 묄러(W. Moeller)의 옛 교회사 교본 "종교개혁과 반 종교개혁"(Reformation und Gegenreformation 1907³)을 카베라우(G. Kawerau)가 개정한 제 3권으로 참고해야 할 것이다. 스콜라 신학의 역사에 대해서는 위베르벡(Überweg)의 "철학사 개설"(Grundriß der Geschichte der Philosophie)을 가이어(B. Geyer)가 개정한 "교부철학과 스콜라철학"(Die patristische und scholastische Philosophie, 1928 11,)이 가장 좋으며, 근대 개신교 신학자에 대해서는 자료가 풍부한 스테판(H. Stephan)의 개요인 "독일 관념주의 이래 복음주의 신학사"(Geschichte der evangelischen deutschen Idealismus, 1938; M. 슈미트가 다시 개정, 1960)가 가장 좋다. 강의와 관련하여 때때로 "선정된 자료"의 연구에 몰두하는 것도 역시 중요하다. 로마 카톨릭교의 역사에 대해서는 미르브트(C. Mirbt)의 편찬서인 "교황정치와 로마 카톨릭교의 역사를 위한 자료(Quellen zur Geschichte des Patsttums und des römischen Katholizismus, 1924⁴) 가 여전히 불가결한 것이다. 독역된 전 교회사를 망라한 사료집 "예수 그리스도의 교회 안에서 하나님 나라의 선교, 전 세기와 전 교파의 증언"(Die Verkündigung des Reiches Gottes in der Kirche Jesu Christi. Zeugnisse aus allen Jahrhundert und allen Konfessionen; 19세기 증엽까지)은 스태엘린(E. Staehelin)이 6권 (1951~1963)으로 편찬한 것이다. 또한 슈뢰더(Chr. M. Schröder)가 편집한 "개신교의 고전" (*Klassiker des Protestantismus*, 디이트리히 전집 266~273, 1926이래)은 귀중한 것이다.

사료서에 대해 여기서 낱낱이 언급할 수 없지만 하여간 초대를 위해서는 소위 "신약 성서 위경 총서"(E. Hennecke "독역 신약성서 위경" 3판 ; W. Schneemelcher가 개정, 1권 1959, 2권 1964)는 의무적으로 읽어야 하며, 또한 소위 교부들, 무엇보다 어그스틴과 그리고 종교개혁자들의 저작은 의무적으로 읽어야 한다. 이상이 초보 신학자의 필독서에 속한다.

3. 신학교에서 수업하고, 그리고 강의를 청강하는 일과 병행하여 몇 권의 거작과 유익한 개요를 독서하는 일이 꼭 필요하다. 고대 교회사를 공부하는 데는 아마 H. 리츠만의 상술한 저서가 유익할 테고, 그것에 덧붙여 아마 캄펜하우젠(H. v. Campenhausen)의 일목요연한 저서인 "그리스" (1960년 2판)와 "라틴 교부"(1960, Urban-Bücher 출판사에서 두권으로 출판)가 좋을 것이다. 그것에 덧붙여 아주 생생하고 감명깊은 어그스틴의 저작들과 그리고 메어(F. von der Meer)의 "아우구스티누스·사제, 한 교부의 생애와 활동"(*Augustinus. Der Seelsorger. Leben und Wirken eines Kirchenvaters*, 1953)을 통해서 어그스틴의 환경을 공부하는 것이 좋을 것이다. 비잔티움 교회의 형성기를 공부하는 데는 아마 비데(J. Bidez)의 "배교자 율리안" (*Julian der Abtrünnige*, 독일어 1940, 1947년 5판)이 좋을 것이다. 또한 하우크(A. Hauck)의 "독일 교회사"(*Kirchengeschichte Deutschlands*)의 그 부분은 필독서이다. 중세 전성기와 종교개혁으로 넘어가는 과도기를 공부하는 데는 아주 일목요연한 모습을 보여 주는 안드레아스(W. Andreas)의 "종교개혁 전의 독일"(*Deutschland vor der Reformation*, 1932, 1948년 5판)이 좋을 것이다. 종교개혁사를 개관하는 데는 요아힘센(P. Joachimsen)의 "독일사의 신기원으로서 종교개혁"(*Die Reformation als Epoche der deutschen Geschichte*, 1951)이라는 좋은 책이 있다. 그것에 덧붙여 캄봉(J. Chambon)의 "프랑스 개신교의 행로"(*Der Weg des französischen Protestantismus*, 1939년 2판)가 있다. 근세의 초기를 공부하는 데는 홀(K. Holl)의 대 논문 "독일 개신교 내의 종교적, 교회적 생활에 대한 대 전쟁들의 의미("Die Bedeutung der großen Kriege für das religiöse und kirchliche Leben innerhalb des deutschen Protestismus", *in Gesammelte Aufsätze* III, 1928) 가 있고 이와 아울러 무엇보다 아자르(P. Hazard)의 "유럽 정신의 위기 1680~1715"(*Die Krise des*

europäischen Geistes. 1680~1715, 1939)와 "이성의 지배. 18세기 유럽 사상" (*Die Herrschaft der Vernunft. Das europäische Denken im 18. Jahrhundert,* 1949)가 있다. 덧붙여 아마 그뢰투이젠(B. Groethuysen)의 "프랑크 제국에 서의 시민적 세계관의 형성"(*Die Entstehung der bürgerlichen Weltanschauung in Frankreich* 1권 1927)이 좋을 것이다. 전체의 역사를 공부하는 데는 녹스(Robert A. Knox)의 "기독교 열광주의"(*Christliche Schwärmertum,* 1957) 이 유익할 것이다. 이상의 모든 저작들은 고도의 학문적 가치와 특별한 문학적 가치가 있다. 근대 개신교 신학사를 공부하자면 최소한 칼 바르트의 몇몇 논문은 읽어야 하는데, 그 중에 하나가 "19세기 개신교 신학" (*Die protestantische Thologie im 19. Jahrhundert,* 1947)이며, 그리고 이와 병행해서 히르쉬(E. Hirsch)의 "근대 개신교 신학사"(*Geschichte der neueren evangelischen Theologie,* 전 5 권, 1949~1954)를 읽어야 한다. 또한 히르쉬가 "근대의 기독교 사상의 변형"(*Die Umformung des christlichen Denkens in der Neuzeit,* 1938)이라는 퍽 독단적이긴 하지만 아주 교육적인 독본을 편찬한 것이 있다. 현대 신학도와 특히 관계가 깊은 19세기와 20세기 독일 개신교 역사를 공부하는 데는 아직 총괄적인 대 저작이 나오지 않았다. 쿠피쉬(K. Kupisch)가 "관념주의와 대중 민주주의 1815~1945의 독일의 교신교 교회의 한 역사"(*Zwischen Idealismus und Massendemokratie. Eine Geschichte der evangelischen Kirche in Deutschland von 1815~1955*)라는 하나의 우수한 개설서를 저술했다.

학문적으로도 우수하고 문학적으로도 우수한 교회사의 저작 가운데 몇 권을 뽑아 내려고 한 이 불충분한 개요는 교회사의 독습을 고무하는 정도에 불과할 것 같다. 그것을 넘어서 고대교회와 중세교회와 종교개혁기의 신학에 대한 대 자료집을 낱낱이 알려 준다든지, 참고 문헌이나 기타 등등을 알려 주는 일은 여기서는 약할 수 밖에 없다. 여기서는 교회사의 문제와 문제점을 지적해 주고, 교회사 연구를 위한 바른 준비를 지시해 주며, 그리고 무엇보다 교회사 연구를 고무해 주는 정도에 그쳐야 겠다.

참 고 도 서

F. Meinecke, *Aphorismen und Skizzen zur Geschichte,* 1942.
K. Löwith, *Weltgeschichte und Heilsgeschichte* (Urban-Bücher), 1953.

R. G. Collingwood, *Philosophie der Geschichte*, 1955.

R. Wittram, *Das Interesse an der Geschichte. Zwölf Vorlesungen über Fragen des zeitgenössischen Geschichtsverständnisses*, 1958, 1963².

G. Bauer, *"Geschichtlichkeit"—Wege und Irrwege eines Begriffs*, 1963.

F. Chr. Baur, *Die Epochen der kirchlichen Geschichtschreibung*, 1852. Dogmengeschichtliche Vorreden 1838—58, in: F. Chr. Baur, *Ausgewählte Werke*, hg. von Kl. Scholder, I, 1963.

G. Ebeling, *Kirchengeschichte als Geschichte der Auslegung der Heiligen Schrift*, 1947.

E. Wolf, "Ökumenische Symbolik": zur Aufgabe der Konfessionskunde heute, in: E. Wolf, *Peregrinatio*, 1954, 1962², p. 338〜358.

哲　學

Karl Gerhard Steck
趙　要　翰 譯

I. 왜 哲學을 배우는가?[1]

내가 여기서 哲學硏究의 입문으로서 記述하고자 하는 것은 철학자의 資質을 가진 학생들을 위해서가 아니다. 그들은 이미 어제와 오늘 혹은 내일의 한 철학자의 사상에 대하여 贊否를 결정할 만한 입문적 지식을 필요로 하지 않는다. 그들은 나면서 혹은 恩惠로 말미암아 철학적 熱情을 가지고 났다. 이들은 전문학교 때에 벌써 철학적 공동연구에 참여하고 識見을 풍부히 하고 있다. 이들은 철학을 가지고 무엇을 시작할 바를 알고 있고, 잘 성취되지 않는 모든 철학을 경멸한다. 물론 이런 행복스러운 사람들은 철학적인 熱情이 恩惠이기도 하지만, 역시 誘惑이라는 점을 반드시 알고 있지는 않다. 여기에 대해서는 나중에 언급하겠지만, 나는 도리어 哲學硏究를 위한 이러한 試圖에 있어서 많은 사람들의 경우에 있어서는 언젠가는 그리고 어떻게 해서든지 철학을 배우지 않으면 안 되는 것이며, 역시 哲學硏究에 진력하여야 한다고 생각한다. 이들은 우리들의 試驗規定을

---

1) 全體的인 참고서적 : I. Kant, *Der Streit der Fakultäten*, 1798, Insel-Ausg. Bd. Vl; F. W. Schelling, *Vorl. über d. Methode des akad. Studiums*, 1803, 新版은 *Die Idee d. Universität*, hg. v. E. Anrich에 收錄. A. Schlatter, *Die philos. Arbeit seit Descartes*,1906, 1959⁴; H. Diem, *Kritischer Idealismus in theol. Sicht*, 1934; E. Frank, *Philosoph. Erkenntnis u. relig. Wahrheit*, 1950; H. J. Iwand, Wie studiere ich Philosophie? in: *Um den rechten Glauben*, 1959, 173—182; 上揭人 *Glaube und Wissen, Nachgel. Werke* I, 1962; K. Barth, Philos. u. Theologie, in: *Philos. und christl. Existenz, Festschr. f. Heinrich Barth*, 1960, 93—106. -J. Hoffmeister, *Wörterbuch der philos. Begriffe*, 1955³ *Philosophische Zeitschriften: Kant-Studien*(1879이후; *Logos* (1910이후); *Philos. Rundschau*(1953이후)u.v.a.

잘 알고 있으며, 신학교수의 試驗에 의해서 철학도 역시 테스트 받는다는 것을 알고 있다. 그리고 이 試驗이 특별한 비중을 차지하는 것은 아니지만, 확실히 고통스러운 것임이 틀림 없는 것 만큼은 이미 經驗하여 알고 있다.

나는 모든 철학자들에 대해서 天性的으로 不信感을 갖는 많은 神學徒들에 주목하여 이 입문을 쓰고자 한다. 왜냐하면 哲學과 神學 사이의 관계는 참으로 곤란한 問題性이 개재해 있기 때문이다. 그래서 우리는 哲學과 神學 사이의 소통을 결코 편견 없이 바라볼 수 없으며, 바라보아지지 않는다. 우리들 가운데 年老한 분들은 당시 이름난 神學 敎師들이 거의 자기가 신봉하는 哲學者를 마음에 두고 있었던 1920年代――한편에서는 Heidegger 를 다른 편에서는 Griesebach를 또 다른 편에서는 Nikolai Hartmann을 전적으로 믿던 20年代를 기억하고 있다.[2] 이러한 哲學의 중요결정에 따르는 일은 오늘날에도 자취를 찾을 수 있다. 哲學은 항상 새로이, 낯설지만 돕기 좋아하는 勢力과도 같이 神學에 介入해 있는데, 그것은 哲學的인 도움이 없는 神學이란 스스로 움직여 나갈 수 없겠끔 여겨지는 것이기 때문이었다. 여기에 대해 모든 그러한 낯선 도움을 거절하는 神學의 격렬한 反應이 항상 주어졌다. 그런데, 이런 외적인 狀況을 내다 보았을 때 神學徒인 우리가 무엇 때문에 일반적으로 哲學을 배워야 하는 것이며, 그속에서 試驗을 치뤄야 하는 것인가? 福音書, 특히 바울은 그의 書信에서 哲學을 좋아하지 않고 있음을 잘 보여주고 있지 않는가? 가능한한 간단히 말해서 哲學은 세계와 자기 자신의 現實 속에서 精神을 가지고 理性과 經驗에 의하여 그에게 주어진 素質을 올바르게 찾는 人間 精神의 努力이다. 精神은 主體로서 바른 길을 찾지 않으면 안 되며, 主體로서 결코 자기에게서 도외시될 수 없는 것이므로, 거의 神的인 힘을 理性에 돌리는 것이며, 普遍的 妥當性을 理性의 成果로 돌릴 수 있는 것이다. 우리 모두는 우리 理性의 活動과 우리 經驗의 判斷에 지시를 받는다. 우리는 이미 한 言語를 말하는 것이므로 모두가 哲學者다. 人間이 말을 한다는 것이 그를 哲學者로 만든다. 이것은 福音書, 豫言者와 使徒의 證言에서부터도 없어

---

[2] M. Heidegger, *Sein und Zeit*, 1927, 1961[10]; E. Grisebach, *Gegenwart, e. krit. Ethik*, 1928; N. Hartmann, *Ethik*, 1926, 1949³; 上揭人 *Das Problem d. geistigen Seins*, 1933. 背景에 관하여 F. Ebner, *Das Wort und der geistigen Realitäten*, 1921. (再版됐음)

지지 않는다. 거꾸로 神의 啓示가 말씀에 봉사하며, 요한복음 1장 1절 말씀대로 바로 그리스도 자신이 말씀, 즉 영원한 말씀이다. 이와 더불어 哲學도 처음부터 성서의 證言 속에서 現存해 있는 것인데, 일반적으로 神學에는 그런 영역이 없다. 原始 基督敎에 있어서 많은 사람들의 입빠른 이야기가 哲學을 실제로 떼어 놓았을지도 모를 일이다.

그러므로 우리가 哲學을 배우지 않으면 안 되는 것은 인간의 精神的 狀況에 관한 어떤 것을 알아서 후일 이것을 가지고 목사로서 직분을 수행해야 하기 때문만 아니다. 더우기 基督敎 敎理史와 우리들 信仰告白의 歷史가 哲學的 識見 없이는 理解할 수 없기 때문만이 아니라, 그것은 우리가 人間이요, 성서의 저자, 예언자, 사도 역시 인간이기 때문에 우리가 哲學을 배워야 하는 것이다. 여기서 특별한 基督敎 哲學이 있는지 없는지는 문제로 남아 있을 수 밖에 없다. 그러나 어떤 신학자나 목사, 기독교 진리의 증인들이 哲學者 아닌 사람이 없으니, 즉 이 哲學者는 世界 안에서 基督敎 眞理를 가지고 자기의 經驗을 理性과 더불어 곰곰히 사고하며, 理性의 결과를 자타에 알리는 그런 哲學者가 아닐 뿐이다. 우리가 基督敎 眞理의 哲學的 進出에 대한 不信으로부터 이 모든 것을 부정하면 할수록 우리는 위험에로 나아가는 것이며, 소박하고 학문 이전의 哲學에 굴복될 수도 있다. 우리는 다름 아닌 神學徒로서 모든 神學이 그 根本에 있어서 변장된 哲學이 아닌가를 물어야 하겠고, 성서적 證言에서부터 독립적이고, 독자적인 실질적 진술이 본래 무엇인가를 물어야 하며, 그것은 성서적, 기독교적 영역 외에도 哲學的 思惟 傳承 속에서 밝혀져야 하는 것이 아닌가를 물어야 한다.

우리는 거기에 관해서 批判的으로도 護敎的으로도 말해선 안 된다. 우리가 주로 관계하는 "기독교적 서양"의 哲學的 傳統은 성서적, 기독교적 傳統의 영향과 아울러 그리스도 以前 思惟(Platon, Aristoteles, Stoa)의 諸要素에 대한 풀 수 없는 뒤섞임, 즉 동등한 權利를 가지고 다양한 結果를 이끌어 낸다는 사실을 보여 준다. 우리들에게 있어 실제 일반적으로 基督敎的 要素 없는 哲學은 아무것도 없다. 그러나 우리는 동등한 權利를 가지고, 어떠 基督敎的인 것의 刻印에도 역시 서양에 있어서 哲學的인 혼합이 아닌 것은 아무 것도 없다고 말할 수 있다. 모든 文科大學의 課程에 神學을 넣고 있고, 모든 神學大學의 課程에 哲學을 부과하고 있다. 물론 우리가 쉽게 보여줄 수 있는 바와 같이 哲學 자체가 그러하다. 물론 哲學

이 이것을 용인하려고 않지만. 그러므로 왜 우리가 일반적으로 哲學을 배우는가의 물음에 대한 대답을 말한다면 그것은 결코 물음이 아니라, 그것은 神學者로서 또 牧師로서 이미 항상 哲學을 행하고 있다는 기본적인 사실이라는 점 때문이다.

Ⅱ. 哲學과 神學 사이의 歷史的 接合點

믿으려 하지 않는 神學徒에게 어떻게 하면 哲學的으로 알닿게 哲學의 大 牧場(큰 시장)을 바로 찾게 해줄 수 있겠는지? 그것은 哲學의 入門이나 槪論에 의해 도움을 구하는 것이 쉬운 일이나, 많은 이러한 槪論은 그 著者의 體系를 스케치해 놓은 것에 불과한 것이다. 저자가 특색 있고 유명할수록 단순한 문외한들이 그로부터 기대하기가 어렵다. 즉, 편파적이 아닌 입문은 어렵고 다양한 資料를 가지고 있는 것이다. 때문에 이러한 槪論의 불가피한 硏究는 크게 기대할 수가 없다. [3]

우리는 오래 전부터 역사적으로 생각하는 時代에 살고 있기 때문에 哲學史에 관한 길이 그것이 유일한 길은 아닐지라도 가장 많이 通用되는 길이다. 물론 哲學史가 없을 수는 없으며, 학문을 하는 모든 전문가는 긴요한 요구가 없는 哲學史를 자체내에 수용하려 한다. 그러나 그러한 총괄적인 哲學史의 叙述로부터는 고유한 哲學的 認識이 거의 잘 생겨나지 않는다는 것은 經驗이 증명해 준다. [4] 여하간 우리는 서양에서 哲學的인 모든 運動에 관한 어지간하고 분명한 印象을 얻었다는 사실을 기억해야 한다. 그리고 Sokrates 이전부터 Sokrates, Platon Aristoteles를 지나, 古代後期의 分派에 이르기까지 그 展開의 특징을 파악치 못한 神學徒가

---

3) 哲學入門들: N. Hartmann, 1960⁵; K. Jaspers, 1961⁷; H. Leisegang, 1960⁴; H. Nohl, 1960⁶; Th. Litt. 1949²; G. Simmel, *Hauptprobl. d. Philos.*, 1950⁷; W. Keilbach, *Einübung ins philos. Denken*, 1960.

4) J. E. Erdmann, *Versuch einer wissenschaftl. Darstellung der Gesch. der neueren Philos.*, 1834—53, 新版 1932, 7 Bd; K. Fischer, *Gesch. d. neueren Philos.*, 10 Bde · 1897년 이후; G. Kafka(편집), *Gesch. der Philos. in Einzeldarstellungen*, 1924, 이후 37 Bde; W. Windelb and/H. Heimsoeth, *Lehrb. d. Gesch. d. Philos.*, 1961¹³; E. v. Aster, *Gesch. d. Philos.*(Kröner 文庫版. 108) 1961¹³; W. Dilthey, *Grundriß d. allg. Gesch. d. Philos.*, (G. Gadamer 편집), 1949; E. Gilson/Ph. Böhner, *Gesch. d. christl. Philos.*, 1952/4 槪論을 위한 텍스트로서 제일 좋다. J. Hirschberger, *Gesch. d. Philos.*, Bd. 1. 1961⁵; Bd. II, 1960⁴ 個別 分野에 대한 論述에 대해서는 (1926년 이후) 個別 著書에 대해 論述를 보라.

있어서는 안 된다. 그 누구도 中世 "基督敎 哲學"의 거대한 體系에 대해서 先入見을 가져서는 안 되며, Descartes 이래 다양한 近代의 시작을 ─적어도 그 주요한 흐름에 관해서는─ 알고 있어야 한다. 우리는 이러한 試圖에 의해서 전체적인 展開에 대한 개관을 얻게 되며, 神學的 展開와 다양한 관계를 상기하며 補完하는 것이다. 잘 아는 바와 같이 니체는 "基督敎는 Platon 主義의 通俗化다"고 언젠가 심술궂은 말을 했으나, 적절한 언급이다. 그러므로 초기의 기독교가 그 다양한 형식에 있어서 Platon 主義의 강력한 영향을 받았다는 것을 認識하기 위해서는 그 누구도 그 課題를 피할 수가 없다. 그러나 우리는 역시 Aristoteles의 영향도 이미 古代 敎會의 神學的 展開 속에 들어 왔다는 점을 간과해서는 안 된다. 그렇지만 Platon 哲學의 요소가 더 짙다고 할 수 있다. 이 요소는 自然과 神의 二元論을 가진 것으로 성서에는 낯설지라도 基督敎의 모든 傳統을 貫通해 있다. 5)

基督敎 神學과 哲學 사이의 다른 커다란 接合點은 중세의 諸學說이 되겠는데, 무엇보다도 Thomas는 Aristoteles의 實在論을 觀念論의 新 Platon 主義的, 基督敎的 地盤과 啓示信仰의 要求와 함께 調停하고자 했다. 6)

그 다음으로 神學과 哲學 사이의 接合點은 프로테스탄트인 우리에게 특별한 原初的 意味를 갖는바, 재래 基督敎의 도그마的 傳統에 맞서서 파악된 自律的인 理性과 그 哲學의 위대한 出征으로서의 啓蒙主義다. 비록 지나간 17, 18세기의 神學의 業績을 이루어 놓은 담당자들에 대한 우리의 敎養意識이 거의 없다고 하더라도 그 成果는 항상 명백한 것으로 있다. 이 啓蒙主義의 世紀는 모두 新敎 神學이 문제되었는데, 더우기, 哲學에서부터 문제가 되었다. 그때부터 神學이 수세에 몰리게 된 것 같으며, 거기에서부터 不信 혹은 信賴가 神學者들의 있을 수 있는 根本感情으로 哲學

---

5) W. Kamlah, *Christentum u. Geschichtlichkeit* 1951²; J. Hessen, *Griech. od. bibl. Religion, d. Problem d. Hellenisierung d. Christentums.* 1956; W. Pannenberg, Die Aufnahme d. philos Gottesbegriffs als theol. Problem. *Ztscher. f. Kirchengesch.* 70, 1959, 1—45; E. Hoffmann, *Platonismus und Christentum*, 1960; W. Jäger, *D. frühe Christentum u. d. griech. Bildung*,

6) Gilson-Böhner 外에 특히 A. Dempf, *Ethik d. M. A.*, 1927; 上揭人 *Metaphysik d. M. A.*, 1930; E. Gilson, *Der Geist d. mittelalterl. Philos.*, 1950; M.D. Chenu, *Das Werk d. hl. Thomas v. Aquin*, 1960.

과의 교류 속에서 뚜렷하게 되었다.[7]

우리는 일반적으로, 批判的인 哲學者들과 觀念論的인 神學者들의 努力에서 哲學과 神學을 결부시키고자 하는 것을 한층더 강하게 본다. 神學이 없이 Kant가 이해되지 않는다는 점, 그리고 그로부터 모든 후일의 神學이 강한 영향을 받았다는 점은 19세기 神學史의 학도들을 괴롭혔다. 더우 Hegel 哲學이 그 경우인데, 여기에선 神學과 哲學의 密度가 Kant를 능가한다. 그것은, 中世 基督敎 哲學이 반영된 超自然的 權威의 요소를 가지고 있기 때문인데, 결국 이젠(거의) 哲學的 反省의 全過程 속에 몰입되어 있다.[8] 그러나 이 入門은 19세기와 20세기의 수 많은 神學者들이 哲學에 대하는 傾向이나, 독립코자 하는 努力을 추적하는 일이 소임이 아니며, 神學徒는 이러한 神學者들의 주장에 유혹되어서는 안 된다. 그들은 때때로 강렬한 絶交宣言을 不辭하였으며, 그 후로 많은 사람들이 哲學的 認識이 없어도 神學의 일을 隨行해 나갈 수 있다고 생각했다. 그 결과 哲學이 다시 뒷문을 통하여 神學의 집으로 기어들어 온다는 것은 확실히 졸렬한 좁은 소견이다.

Ⅲ. 哲學의 여러 領域

우리는 哲學의 硏究를 전혀 다른 觀點에서 이루어 나갈 수 있다. 즉 史的인 全體 展開를 개관해 내야 하는 것이 아니라, 옛부터 대학의 哲學에 있어서 어떻게 여타의 다른 哲學的 作業이 개별적인 科目의 形式으로 나타나는가에 대한 領域들에 대하여 묻게 되는 것이다.

원래 哲學의 기본과목으로서의 論理學은 ──哲學專門家 아닌 우리만이

---

7) E. Cassirer, *Die Philos. d. Aufklärung*, 1932; M. Horkheimer u. Th. Adorno, *Die Dialektik der Aufklärung*, Amsterdam 1947; E. Hirsch, D. *Gesch. d. neuen evang. Theol. i. Zus. hang. m. d. allg. Bewegungen d. europ. Denkens*, 5 Bd, 1949ff; W. Philipp, *Das Werden d. Aufklärung*, 1957.

8) 哲學史에 대하여: R. Kroner, *Von Kant zu Hegel*, 2 Bd, 1961²; K. Löwith, *Von Hegel zu Nietzsche*, 1958⁴; G. Martin, *Immanuel Kant. Ontologie u. Wissenschaftstheorie*, 1960³. 神學史에 대하여: E. Hirsch의 것 외에 신학적인 것 (註 5 를 보라): O. Pfleiderer, *Gesch. d. Religionsphilosophie von Spinoza bis a.d. Gegenwart*, 1883; W. Elert, *Der Kampf um d. Christentum seit Schleiermacher u. Hegel*, 1921; K. Barth, *Die protest. Theologie im. 19. Jahrh., ihre Vorgeschichte u. ihre Geschichte*, 1947, 1952²

아니라——거의 수평선 뒤로 사라져 버렸다. 우리는 거의 심술궂은 기쁨을 가지고 哲學의 範疇 理論의 形式的 差異를 千辛萬古해서 배우지 않으면 안 되었던 여러 세대의 神學徒를 회상한다. 이 科目은 오늘날 외관상 그 끄는 힘을 상실했다. 그럼에도 불구하고 우리는 그 추상적인 연습을 게을리 해서는 안 된다. 왜냐하면 古代 神學과 組織神學은 이러한 訓練을 前提로 했기 때문이며, 또 우리가 哲學的 論理學의 단순한 前提를 알 때 우리는 神學의 기본적인 문제를 알아볼 수 있기 때문이다.[9] 認識論이라는 科目 역시 예전에는 哲學的 作業의 古典的 領域이었는데, 오늘날엔 확실히 바싹마른 추상을 외치기를 즐긴다. 그러나 만일 우리가 그것을 哲學的 解釋學이라 부른다면 우리는 現代가 지나치리만큼 이 물음을 취급하는 한복판에 있다.[10] 그리고 다음엔 形而上學과 存在論의 領域이 나온다. 그것은 存在에 관한 理論과 모든 哲學的 물음의 핵심적 영역이 문제가 되어 있다. 오늘날도 또한 많은 哲學者나 神學者에 의해서 모든 形而上學이 격렬한 그러면서도 숙달된 拒否를 받고 있으며, 이 拒否 속에서 19세기——Kierkegaard에서 Ritschl에 이르기까지——가 지나 갔으나 이것은 神學도, 哲學도 形而上學에 대한 물음에서 벗어날 수 없다는 데 대한 한 標示일 뿐이었다. 우리는 이른바 實存哲學의 限界를 포함한 危機에 처해 있으므로 해서, 적어도 先見之明을 위해 오래된 形而上學의 體系를 우리에게 일층 가깝게 보고자 하는 것은 당연한 일이다. 거기에 관해서는 Leibniz의 哲學이 가장 적합하다.[11]

이제 哲學의 다른 領域과 專門分野가 우리에게 더욱 가까이 있게 된다.

---

9) Fr. Brunstäd, *Logik*, 1933; B. v. Freytag-Löringhoff, *Logik*, 1961³ (= Urbanbücherei 16) 개신교 정통주의 시대의 발전에 관한 것은 ; H. E. Weber, *Der Einfluß d. prot. Schulphilosophie auf. d. orthod.-luth, Dogmatik*, 1908; J. Bohatec, *Die cartes. Scholastik i. d. Philos. und reformierten Dogmatik des 17. Jahrh.*, 1912; P. Althaus, *Die Prinzipien d. dt. ref. Dogmatik im Zeitalter d. aristotel. Scholastik*, 1914; M. Wundt. *D. deutsche Schulmetaphysik d. 17. Jahrh.* 1939.

10) Fr. Kuntze. *Erkenntnistheorie*, 1927; R. Hönigswald, *Die Skepsis i. Philos. u. Wissenschaft*, 1914; E. Cassirer, *D. Erkenntnisproblem i.d. Philos. d. neueren Zeit*, 1957; H. G. Gadamer, *Wahrheit und Methode. Grundzüge einer philos. Hermeneutik*, 1960.

11) J. Stenzel, *Metaphysik d. Altertums*, 1931; H. Heimsoeth, *Metaphysik d. Neuzeit*, 1929; H. H. Holz, *Leibniz*, 1960 (Urbanbücherei 34); N. Hartmann, *Neue Wege der Ontologie*, 1949³.

그것의 한 좋은 一部가 오늘날 人間에 대한 理論으로서 人間學의 이름 아래에서 발생하고 있다. 다른게 아니라 人間學은 우리가 哲學的 倫理學에 관한 책을 읽을 때, 神學徒가 가장 잘 精通해 있어야 할 것으로 생각된다. 왜냐하면 神學에 있어서 그 어떤 것도 倫理學의 分野처럼 강하게 처음부터 哲學의 보조로 존립한 것이 없기 때문이다. 여기에 관해선 적어도 성서의 文章이면 충분하며, 카톨릭의 例가 보여 주는 것뿐만 아니라, 오늘날에 이르기까지 哲學과 神學은 서로 특별히 가까워져 왔다고 본다. [12]

우리는 모든 哲學的 倫理學의 方法과 그 遂行에 있어서 깊은 대립의 모습을 갖게 된다. 우리는 여러 規範의 本質的인 것을 묻는 形式 倫理學과 이와 상반되는 實質的 價値 倫理學을 구분한다. 規定된 삶의 現實, 이른바 價値, 혹은 善은 倫理的 反省 속에서 確認되며, 人間과 인류의 行爲 속에서 實現된다. 그러므로 그것은 최후의 尺度가 된다. 그러나 문제가 되는 것은 이러한 價値로 부터 어떠한 規範을 수립하며, 또 등급을 매기는가 하는 일이다. 즉 단순한 自己保存의 自然法則을 넘어서라면 어떤 단계와 어떤 價値가 인간을 倫理的 行爲에로 惹起시키는가 하는 것이 더욱 문제인 것이다. [13]

여기에서 그 領域이 制限된다. 바로 倫理學의 領域은 관습적으로 오늘날 주요한 論難을 불러 일으키는 문제점이 되었다. 그것은 社會學의 문제점이다. 우리는 個人으로서, 思考하는 存在로서 사는 것이 아니라, 우리는 본래부터 社會的으로 규정된 存在로서 사는 것이다. 社會的 經濟的 狀況으로부터 規定되었을 뿐 아니라, 역시 倫理的 規範과 文化價値 또는 生 價値를 돌보며 실현시키는 데 힘쓰는 存在다. 본래 西歐와 東歐의 마르크스主義 그리고 모든 다른 政治的 이데올로기와 더불은 論難의 判定이 倫理學의 영역에 속한다. 그러므로 倫理學에 대한 論難은 우리들 哲學硏究의 가장 필요하고 힘든 부분이다. 여기에서 추상작용은 광범위 하게 행하여질 수 없다. 더우기 우리는 우리가 종사하는 일에 비교적 지배된다. 여

---

12) E. Howald, *Ethik d. Altertums*, 1926; Th. Litt, *Ethik d. Neuzeit*, 1926; K. E. Løgstrup, *Die eth. Forderung*, 1959.

13) I. Kant, *Grundlegung zur Metaphysik der Sitten*, 1785; 上揭人 *Kritik der praktischen Vernunft*, 1788; F. Schleiermacher, *Grundlinien e. Kritik der bisherigen Sittenlehre*, 1803, O. Braun에 의한 新版 (1911), M. Scheler, *Der Formalismus i.d. Ethik u.d. materiale Wertethik*, 1916, 1961⁶; G. Krüger, *Philos. und Moral i.d. kantischen Kritik*, 1931.

기에서 우리가 한번 행한 모든 일요일의 설교와 우리 스스로 우리의 삶을 매일 실현시키는 모든 實踐的 決斷이 哲學的인 反省과 연결된다. [14]

예전에는 自然哲學에 관해서도 이야기가 됐었다. Schelling은 人間學의 精神的 側面과 自然의 側面에 대한 現實을 서슴치 않고 다루고자 했던 마지막의 위대한 哲學者였다. [15] 후에 이 두 가지 考察方式은 갈라지게 되었다. 自然科學과 工學, 實證主義는 단순한 思辨的인 哲學보다 훨씬 自然現實과 그것의 合法性을 획득하였다. 그러므로 思辨哲學은 이러한 힘의 使用과 自然認識의 힘찬 進步에 비해서 뒤쳐져 왔다. 그러나 인간은 항상 自然과 精神的 存在에 대한 풀 수 없는 哲學的 물음을 서로 결부시키려는 그러한 現實 속에 있는 것이다. 神學者는 반드시 人間의 본질에 관한 理論인 人間學과 이러한 측면에 대해 충분히 배워야 할 이유를 갖는다. 우리는 인간의 精神的인 面, 혹은 단지 情緖的인 面만을 주시하며 중요시하는 나머지, 인간의 전체성에 대해서 다만 프로그램적으로만 이야기 하거나 설교해서는 안 된다. 여기에서 우리들 노력의 영역이 무한히 확대되는데, 그것은 心理分析家인 S. Freud 이래 많은 사람들이 그에 대한 찬 반을 전개했던 새로운 국면이 우리가 다뤄야 할 課題로 등장하기 때문이다. [16]

現實에 대한 우리의 思惟와 把握이 어떻게 역사적으로 힘있게 規定되는가 하는 것은 이미 언급이 되었다. 그러므로 歷史哲學 역시 우리에게 課題가 되는 것이다. Hegel의 거대한 構想은 이제 별로 힘을 발하지 못할 것 같으나, 그렇지 않다. 사람들은 그 유명한 책의 표제가 말하는 것과 같이 다시 救濟史的 思惟의 성서적 유산에 관하여, 그리고 세계사와 救濟事件의 綜合에 관해 말한다. Hegel을 전후해서 우리는 歷史哲學에의 커다란 構想들을 發見한다. 그러나 역시 여기에서 우리는 오늘날 支配的인 이데올로기가 성장된 그 地盤을 밟게 된다. 그러므로 모든 인간의 본질에

---

14) 사회학과 관련해서 : R. König(편집), *Soziologie*, Fischerlexikon 10, 1958; M. Weber, *Soziologie—Weltgschichtliche Analysen—Politik (KTA 229)*, 1956.

15) W. Schulz, *Die Vollendung des dt. Idealism. i. d. Spätphilosophie Schellings.* 1655; N. Hartmann, *Philos. d. Natur*, 1950.

16) B. Groethuysen, *Philos. Anthropologie*, 1928; S. Freud, *Abriß der Psychoanalyse—Das Unbehagen i.d. Kultur*, Fischerbücherei 47; 上揭人 *Das Unbewußte*, S. Fischer Paperback 1960; A. Gehlen, *Der Mensch*, 1941, 1962[7]; A. Portmann, *Zoologie u. d. neue Bild des Menschen*, Row. Dt. Enzykl. 20; D. Riesman, *Die einsame Masse*, ebd. Bd. 72/3.

關한 理論과 인간의 政治的 調停에 대한 理論 역시 한 規定된 歷史哲學을 前提로 하는 것이다. [17]

우리가 哲學的 美學을 우리에게 적용할 수 있을런지 어떤지 또 그것에서 어떤 것을 획득해낼 수 있을런지는 우리들 대부분에게 있어서 문제로서 생각된다. 이 일에 있어서 新敎는 카톨릭 보다 관할권이 적다. 우리들 세대의 神學的인 연구에 있어서는 미학적 판단에 대한 普遍的 判斷이 있는지 없는지, 社會的 經濟的인 狀況이 그 위에서 어떻게 적용할 수 있겠는지 하는 물음에 소극적인 시도만이 있다. 항상 우리는 말씀의 敎會만 들먹였다. 우리는 사람의 이야기에 주목하고 있다. 그것은 우리는 적어도 詩와—교회의 안목에서 만은 아니나—밀접히 관계하여야 한다. 그러나 역시 회화적 예술도 인간에 관한 어떤 것을 말해줄 수 있으며 우리는 이것과 관계를 가져야 한다. [18]

神學者에게도 철학에로의 통로를 마련해 주려는 오늘날의 보잘 것 없는 試圖가 그렇게 설득적이 아닌지 나는 알수가 없다. 그러나 영역 자체가 망각되어서는 안 된다. 적어도 그 영역에 관해서는 후에 학교에서 실증될 것으로 생각한다.

Ⅳ. 어떻게 哲學을 배울 것인가?

원칙적인 고려에서와 같이 실천적인 고려에서보다 다른 時代의 學習制度와 信仰告白을 넘겨 받는다는 것은 좀 지장이 있다. 거기에는 哲學的인 硏究가 모든 敎育의 시작을 이루었고, 보다 오래전에 고유한 神學的 部門이 거기에 닿아 있다. 성서의 연구는 改革 神學과 敎會의 原則에 따라서 시작한다. 휴머니즘적 교양의 퇴보와 더불어서 성서의 연구는 대부분의 학생들에 대해서, 성서 언어의 지식이 먼저 대학에서 이루어져야 된다는

---

17) Fr. Meinecke, *Die Entstehung d. Historismus*, 2 Bd, 1936; J. G. Herder. *Ideen z. e. Philos. d. Geschichte d. Menschheit*, 1784, 新版 있음. G. Fr. W. Hegel, *Vorl. üb. d. Pilos. d. Gesch.*, 4 Bde, hg. v. G. Lasson (Phil. Bibl. 171), in 1 Bd. hg. v. Th. Litt(Reclam), 1961; K, Löwith, *Weltgesch. und Heilsgeschehen*, Urbanbücherei 2, 1953, 1961⁴; R. Collingwood. *Philos. d. Gesch.*, 1955. K. Marx, *Frühschriften*, hg. v. S. Landshut(KTA 209), 1953; 맑스와 맑시즘에 관해서 I. Fetscher(편집), *Marxismusstudien* I—Ⅳ, 1952/62; E. Bloch, *Das Prinzip Hoffnung*, 2 Bd, 1959.
18) H. Urs von Balthasar, *Herrlichkeit—e. theol. Ästhetik*, Bd. I, 1962. Ⅵ.

것을 나타내고 있다. 그러므로 우리가 철학적인 연구를 받아들이지 않으
면 안 되고, 받아들일 수 있어야 하는 時期에 관해서 충분한 言明이 있어
야 한다. 즉 哲學的 認識의 어떤 것은 더 높은 수준의 시기에 이루어져
야 된다고 말할 수 밖에 없다. 哲學의 연구는 처음 학기의 言語的 硏究,
聖書의 神學的 硏究 외에 철저히 아주 잘 다듬어질 수 있다. 전체적인
槪觀을 얻기 위해서는 哲學史강의와 함께 시작하는 것이 가장 좋다. 우리
가 神學硏究의 過程 속에서 더 깊게 體系的인 물음을 물어 들어 갈수록,
동시에 哲學的인 문제에 주의하고 교수들의 연구내용의 제공에 따라 조직
적이고 철학적인 강의들을 들어야겠다고 느끼게 될 것이다.

그러면 어떻게 해서 우리는 전체와 세부적인 부분에 있어서 哲學的 傳
統과 探究에 접근할 수 있겠는가? 古代에서부터 Hegel에 이르기까지 個
別的인 위대한 哲學者에 대한 강의가 필요하며, 神學徒는 그러한 강의를
듣는다거나, 위대한 哲學者에 대한 부분적인 論述을 책으로부터 量知하는
것으로 국한해서는 안 된다. 누구를 막론하고 哲學 敎本에 투철해야 하는
점에 있어선 절약이 없어야 하며, 희랍어를 충분히 이해할 수 있는 사람
은 적어도 原典으로 Platon의 대화록을 하나씩 읽는다든가 Aristoteles의
倫理學과 形而上學에서 개별적인 斷片을 읽는데 주저함이 없어야 한다.
그러나 必須 희랍어에 자신이 없는 사람일지라도 古代哲學의 原典을 지나
쳐서는 안 된다. 이러한 古典原本을 번역하며 배우는 哲學 쎄미나는 神學
生들에게 개방되고 환영될만 하다. 번역된 것은 충분히 제공되어 있고 일반
적으로 유용한 것이다.[19] 그러므로 기독교적 고대후기와 중세의 哲學的인

---

19) 哲學史의 모든 原文은 대부분 "Philos. Bibliothek"(F.Meiner-Verlag, Hamburg)의 번역에서 이해된다. 그 밖에 근자 플라톤은 "Rowohts Klassiker"에 서 Schleiermacher의 독창적으로 번역한 것이 있음. 古代哲學의 텍스트르는 2個 言語로 된 出版(im Artemis-Verlag, Zürich, 최근에 單行本들이 S. Fisher社 등에서 나옴.)을 알려둔다. 역시 영어와 불란서語로 된 발행과 코멘트가 있다. Aristoteles z. T. in den Übersetzungen von F. Dirlmeier (Nikom. Ethik i.d.Fischerbücherei!) 비록 그들이 단편으로 나타나고 있기 는 하지만 역시 原典으로 有益한 것이다. 즉 예를 들면 Ettlinger-Simon-Söhngen, *Philos. Lesebuch,* Kösel-Pustet Verlag, München 1925; A. Liebert, *Ethik*(Quellenhandbücher der Philos. Bd. VI. 1924; E. Hirsch, *Die Umformung des christl. Denkens in der Nevzeit, ein Lesebuch*(von Leibniz bis Kierkegaard), 1938; K. Löwith, *Die Hegelsche Linke,* 1962, Herm. Lübbe, *Die Hegelsche Rechte,* 1962, u. v. a.

神學者들, 즉 맨 먼저 Augustinus[20] 그리고 역시 고대 전통의 위대한 중재자인 Boethius[21], 그리고 나서 다시 Thomas, 혹은 후기 스콜라 哲學者들의 認識이 중요하나, 우리의 관심은 이들 基督敎 哲學의 대변자에 속박되어서는 안 된다. [22] 近代哲學에 관해서는 어떠한 일이 있더라도 Descartes, Spinoza, Leibniz, Kant를 충분히 배우지 않으면 안 된다. Descartes의 『省察』, Spinoza의 『神學政治論』, Leibniz의 경우 적어도 『神正論』, 그리고 Kant의 저작은 그 유명한 『宗敎哲學』뿐만 아니라, 세 권의 批判書, 무엇보다도 哲學的 倫理學의 著作을 읽어야 한다. [23] Hegel은 『宗敎哲學』을 遺稿로 남겼는데 그것은 우리가 빼놓아서는 안 될 중요한 책이다. 『精神現象學』은 모든 Hegel 연구의 目標이나, 역시 오르기 힘든 정점이다. 아마 哲學的으로 意味 깊은 그의 序文들을 모아 놓은 것은 Hegel을 접근하는데 중요한 역할을 할 것이다. [24] 批判的이며, 최고 觀念論의 대변자와 비교되는 Nietzsche의 책 『道德의 系譜』는 어떠한 神學者도 읽지 않은 사람이 없지만, 누구도 곧 바로 Nietzsche와 더불어 哲學을 시작해서는 안 된다. [25]

우리의 現代哲學을 바로 알아 내기란 가장 어려운 일이다. [26] 독일 독자

20) Augustin, *De vera religione*, 389/90 (Augustin 哲學에 대한 가장 좋은 入門書는 Gilson-Böhner의 것이다). 單行本 發行은 v. D. Bassi, Florenz 193; dt. von C. J. Perl 1957. 어거스틴에 관해서는 H. J. Marrou. *Augustinus in Selbstzeugnissen u. Bilddokumenten*(Rowohlt Monographien) 1958; R. Lorenz, Die Wissenschaftslehre Augustins(*Ztschr.f. Kirchen gesch.* 67, 1955/6) *Übers. der Confessiones und von De civitate Dei*, Fischerbücherei.
21) H. Frh. v. Campenhausen, *Lat Kirchenväter*(Urbanbücherei 50)1960, 223—251; Boethius, *Trost der Philosophie*, übers. v. K. Büchner, Sammlung Dieterich Bd. 33 o.J.
22) 아퀴나스 계통의 철학入門으로는 Thomas v. Aquin, *Texte z. Gottesbeweis*, hg. v. E. Krebs(Lietzmanns Kl. Texte 91, 1921); 上揭人 *Sein und Wesen De ente et essentia*, hg. v. Rud. Allersdt.-lat. 1936. 新版도 있음. 中世에서 近世에의 이양과정에 관해서는 Nik. von Cues, *De docta ig norantia*, 1440 (Op. omnia Vol.1, 1932).
23) Die Texte in der Phil. Bibl., Leibniz, *Hauptwerke*, hg. v. G. Krüger (*KTA* 112), 1958⁴
24) E. Metzke, *Hegels Vorreden, mit Kommentar z. Einf. in s Philos.*, 1949.
25) Kroner 출판사의 지금까지의 니이체 전집 외에서는 K. Schlechta, (Hanser 출판사 1960³)가 편집한 것이 높이 평가되고 있다. E. Fink, *Nietzsches Philosophie*(Urbanbücherei 45), 1959.
26) 入門으로는 L. Landgrebe, *Philosophie d. Gegenwart*(Ullsteinb. 166), 1957.

와 학생들에 있어서는 이른바 實存哲學이 특징과 分派가 뚜렷이 나타나 있다. 어찌되었든 實存哲學은 오늘날 神學의 넓은 영역을 뒤덮고 있다. 불란서의 Sartre는 가장 단순하게 그의 명제를 전달할 수 있는 그러한 著述家다.[27] 많은 사람들은 Jaspers에게서 유익한 가르침을 듣게 되며,[28] 秘敎司祭的인 言語를 꺼리지 않은 사람은 Heidegger에게 많은 것을 발견하게 된다.[29] 그러나, 바로 實存哲學은 우리에게 있어 前景을 규정하는 것이기 때문에, 그것은 哲學의 전체적 領域에 비교하면 단지 局部的인 한 事件이라는 것을 알아야 한다. 우리는 다만 우연히도 實存哲學이 지배하는 지방에서 살고 있는 것이다. 실제 철학이라는 廣野는 두개의 다른 思潮에 의해서 규정된다. 新토미즘의 哲學과[30] 무엇보다도 英美에서 지배적인 實證主義의 哲學이 그것이다.[31] 이 實證主義로부터는 神學에 이르는 길은 없다. 그럼에도 불구하고 우리의 정신세계에 대한 實證主義의 힘을 과소평가할 수 없다. 또 우리가 카톨릭의 新토미즘을──카톨릭의 영역만은 아니나──무시할 수 없는 것은 자명한 일이다. 그리고 역시 新토미즘과 實存哲學 사이의 교차로가 어떻게 現象學的 認識方法의 다양한 특색 속에 놓여 있는가 하는 점을 주시 해야 한다.[32]

V. 唯物論과의 출발

哲學的 傳統이 지배하는 힘은 실로 지대한 바, 哲學者 Platon의 모습은 모든 哲學的 展開가──우리는 그 展開의 끝에 서 있는 것이지만──觀念

---

27) J. P. Sartre, *Ist der Exietentialismus ein Humanismus*, Zürich 1947; E. Mounier, *Einführung i. d. Existentialphilosophie*, 1949.

28) K. Jaspers; *Die geistige Situation der Zeit*, 1931, 1960⁵; 上揭人 *Philosophie*, 3 Bd., 1956³ u.a.

29) M. Heidegger, *Einführung in d. Metaphysik*, 1958²; 上揭人, *Was ist Metaphysik?* 1960⁸.

30) J. Kleutgen, *Die Philosophie der Vorzeit*, 4 Bd., 1860/3; J. Maritain, *Von Bergson zu Thomas v. Aquin*, 1945; 上揭人 *Die Stufen des Wissens*, 1954; J. Klein, *Skandalon*, 1958, 422—464.

31) A. Comte, *Die Soziologie, die positive Philosophie im Auszug*(*KTA* 10 7) 1933. L. Wittgenstein, *Tractatus Logico-Philosophicus*, 1922, London 1953⁸ Suhrkamp 1963²; E. Topitsch, *Vom Ursprung und Ende der Metaphysik*,1958.

32) F. Brentano(1831—1917), *Vom Ursprung sittl. Erkenntnis*, 1889. 1955³ (Phil. Bibl); E. Husserl(1859—1938), *Erfahrung und Urteil*, 1948.

論的 特色을 갖는 바 우리의 傳統의 시작에서 막대한 영향력을 행사한다. Ernst Howald는 희랍 哲學의 起源에 관한 그의 책 속에서 이미 10年 前에 이 觀念論的 原則의 획기적인 점, 그 문제점을 인상깊게 처리하였다. [33]
또다시 말해서 基督敎는 Platon 主義의 通俗化다. 비록 우리가 神學과 哲學 사이의 특별한 연결을 도외시 한다 하더라도 우리는 거기에서 벗어나오거나, 지나쳐 버릴 수 없는 것 같다. 그것은 哲學史의 硏究에서 나타난다. Platon적인 시작에서 自由롭게 되려는 거의 어떠한 노력도 그것이 대립과 모순 속에 있든 아니든, 이 시작과 결부되어 있다. 이러한 상황에서는 한번 전혀 다른 길로 나가볼 것을 권장한다. 우리는 먼저 哲學的 傳統의 非觀念論的인 요소에 대해 물어 본다. 우리에게 도움이 될만한 것은 新 Kant학파의 Friedrich Albert Lange를 읽어볼 만한 가치가 있다. 유명한 唯物論史가. [34] 이 책은 동시에 우리의 哲學的인 反省이 實生活과 너무 멀어지지 않게끔 하는데 큰 잇점이 있다. 哲學的인 抽象性에까지 능력이 미치지 못하는 학생들은 哲學的 문제들이 삶의 現實을 무시하고 행하는 것으로 느낄 수 밖에 없다. 그러므로 우리는 우리의 哲學的 硏究를 실제로 自然 現實의 구체적 實在性에서, 인간의 物理的, 生物學的 특성에서, 精神이 저항하는 自然의 生成에서, 인간본성에 대한 自然의 規定이나 타락을 우리 대부분이 할려고 하는 것보다 더 명백하게 밝혀주는 오늘날의 실천적 인간학의 다양한 현상들에서 시작한다.

우리는 이것에 의해서 唯物論에 대한 근본 물음에 쉽고 편견없는 접근을 한다. 그 외에 우리는 東歐의 唯物論도 이미 그 유래가 Hegel의 精神哲學으로 말미암은 것이며, 거기에서부터 唯物論은 辨證法的인 展開를 인계 받은 점, 그러나 觀念論的인 始點과는 독립되어 있다는 점 등을 주의하여야 한다. 또한 辨證法的이고 歷史的인 唯物論은 精神的인 存在의 現象을 단순히 무시할 수 없으며, 그것은 무시되지도 않는다. 精神은 上部 構造로서 모든 존재의 物質的인 根本 構造에 속한다. 그러므로 精神은 단순히 否定되는 것이 아니며, 存在는 精神이 잘 실현될 수 있는 場所만을 배당한다. 사실 경제적인 상황을 강하게 시인하는 데 도움이 되는 것이다. [35]

---

33) E. Howald, *Die Anfänge der europ. Philosophie*, 1925.
34) Fr. A. Lange(1828—1875) *Gesch. d. Materialismus u. Kritik seiner Bedeutung*, 1865/6, 1926¹¹.
35) Fr. Engels(1820—95), *Ludw. Feuerbach u.d. Ausgang der dt. klass.*

그러나 무엇보다도 이 경우에 Ludwig Feuerbach의 사상은 우리에게
흥미롭다. Feuerbach는 東歐의 唯物論이 비록 전적으로 받아들이지는 않
지만 특별히 그를 끌어대기 좋아하는 哲學者이다. 그는 동시에 基督敎와
가장 격렬한 대결을 한 哲學者였다. 그는 그 일에 있어 누구보다도 Martin
Luther에 의존하고 있다. 그의 "基督敎의 本質"은 철학을 하는 神學者라
면 누구나 읽지 않을 수 없을 것이다. [36]

Ⅵ. 特殊과 普遍

우리는 哲學的 傳統을 큰 主題에 따라 分類하려고 했다. [37] 하지만 여
기에서는 그것이 불가능하다. 항상 普遍과 特殊의 관계라고 하는 根本
問題가 나타날 수 있는 것이다. [38] 이러한 희랍적 시작에서부터 서양 哲
學은 普遍에 보다 큰 眞理度와 眞理에의 접근, 더우기 現實에의 커다란
접근을 귀속시키는 경향이 있다. 이것을 파악한 사람만이 Platon—新
Platon의 전통과 특히 Augustinus의 存在論과 價値論, 그리고 토미즘을
이해할 수 있다. Kant의 批判哲學에 이르기까지 普遍이 참이라는 公理가
이어진다. Hegel 哲學 역시 이러한 根本理念에서 규정된다. 그것은 改
革—新敎의 傳統에는 본래 낯선 다른 측면이다. 거기엔 偶然이 公理다.
이 偶然은 모든 普遍의 哲學의 적이다. 우리들 哲學的 傳統의 이 뿌리깊은
問題點의 根源은 中世에 놓여져 있다. [39] Thomas가 普遍的인 存在, 그것
의 眞理와 現實을 모든 判斷의 起點으로 하는 반면에, 후기 스콜라 哲學者
Duns Scotus, 더우기 Occam은 偶然的인 것과 偶發的인 것, 歷史的인 것
의 수수께끼를 밝혀 내었고, Luther는 그의 思考構造에 있어 부분적으로
그들의 生徒였다. Hegel의 辨證法은 普遍에 있어서의 素質과 구체적인

  Philos., 1888; J. W. Stalin, Über den dialektischen u. historischen
  Materialismus, Text u. Komm. v.J. Fetschee, 1960⁶
36) L. Feuerbach, Das Wesen d. Christentums, 1841, Ausg, 1.2 Bd. v. W.
  Schuffenhauer, Berlin, Akademie-Verl., 1956; 上揭人 Das Wesen des Glau-
  bens im Sinne Luthers, 1855².
37) H. Heimsoeth, Die sechs großen Themen der abendländ. Metaphysik u.d.
  Ausgang d. Mittelalters, 1958⁴: Gott u. Welt d. Einheit d. Gegensätze;
  Unendlichkeit im Endlichen; Seele u. Außenwelt; Sein u. Lebendigkeit;
  Das Individuum; Verstand u. Wille.
38) W. Cramer, Das Absolute und das Kontingente,1959.
39) J. Klein, Der Universalienstreit des M.A. (RGG³ Ⅵ 1151—57).

것, 偶然的인 것, 歷史的으로 偶發적인 것의 인식을 한 統一에로 결합시키려한 대담한 시도다.

우리는 神學者로서 倫理學 定礎의 二重的 觀點에서 무엇보다도 이 문제에 흥미를 갖는 것이나, 역시 그리스도를 통한 神의 啓示에 대한 믿음의 分析에 있어서도 마찬가지다. 倫理學이 우리들 行爲의 規範에 대한 물음인 限에서 그것은 必然的이고, 普遍的인 規則에 향하게 된다. 이제 우리는 그러한 普遍的 規則의 妥當性에 대한 定礎를 묻는 것이 아니라 실제적 삶의 多樣性, 곧 偶然에 직면해서 그 效用性을 묻는 것이다. 우리는 普遍的 規則에 제시하고 그것을 個別的인 경우에 適用하려는 결의론적 윤리를 안다. 근본적으로 普遍, 規範, 理念, 戒律에서 바탕을 둔 모든 倫理學은 個別的인 것에 대한 適用의 問題앞에 서있다. 우리가 결의론을 뭔가 카톨릭 교회가 지워준 어떤 特殊한 부채로 간주할 이유는 없다. 그 누구도 결의론이 전혀 없이는 隨行해 나갈 수 없다. 바꿔말해서 모든 狀況的 倫理的 思考의 비약은 普遍이 실제적인 삶의 個別的인 것, 特殊를 결코 파악할 수 없다는 것, 항상 풀 수 없는 잔재가 남는다는 사실에서 작용하게 된다. 그렇지 않을 경우 최고 권력이 최고 폭행이라고 하지 않는다. 그러므로 普遍과 特殊의 관계는 모든 倫理學의 根本問題가 된다. 神의 계명에 대한 올바른 이해가 그것을 뒷바침하며 그 어떤 낡은 倫理學의 方法에 權力者의 命令을 가지고는 거기서는 별로 통용되지 않는다.

神의 啓示로서 그리스도의 事件은 基督敎 信仰의 구심점이므로 그러한 普遍과 特殊의 問題에 대해서도 意義를 갖는다. 理念이 個別的인 것을 모아놓은 特殊의 充滿을 좋아하지 않음을 觀念論者들로부터, 그리고 신약을 普遍의 눈으로 읽는 神學의 신봉자들로부터 듣는다. 그렇게 되면 그리스도가 다만 普遍的 眞理의 스승일 수 밖에 없다는 사실이 나온다. 거기서부터는 그리스도가 더 이상 基督敎 信仰의 구심점이 아니며, 神이 보낸 歷史의 주인이 아니며, 個人의 구세주일 수 밖에 없다고 보는 사실이 나온다. 역시 우리 대부분이 믿는 神의 표상 조차도 이러한 철학적인 문제로부터 아주 강하게 지배를 받는다. Angustinus의 最高善, 고대 후기와 中世 哲學과 神學의 最高存在는 사막과 聖地에서 그들 조상에게 나타난 이스라엘의 偶然한 歷史의 神이 아닌가? 갈릴리 평야를 건넌 나사렛 예수는 어떤 다른 사람인가? 희랍의 유산은 신구약 성서의 神의 말씀을 基督敎 哲學의 神學으로 바꾼 데 있다. 올바른 神의 認識을 위해 Erasmus에 맞선 루터의 투쟁은 神과 普遍 理念의 결합의 딜램마 속에 혹은 오늘날 말하기 좋아하는 神의 人格性에 관한 올바른 認識 가운데 그의 哲學的 배경을 가지고 있다. [40] 동시에 그 兩者의 (普遍과 特殊) 어떠한 국면도 神의 비밀과 神의 現實性을 끝까지 言表할 수 없다는 것은 명백하다.

Ⅵ. 折衷主義

哲學硏究의 입문을 위한 이 試圖를 읽은 사람은, 여기에 어떠한 통일적인 哲學도 전제되어 있거나, 서술되었다거나 혹은 추천되어 있지 않다는 인상을 갖게될 것이다. 또 어제와 오늘의 哲學에 神學的으로 종사하는 것은 이러한 절충주의라는 인상을 준다. 그와 반대로 神學者의 硏究는 언제나 哲學과 관련을 가지며 절충주의를 피하는 哲學의 가치판단은 신학과 관련을 갖는다. 그렇게 우리는 통일된 哲學的 根本直觀에 대해 결단을 내린 것이다. 즉 哲學的 思考의 마력과 매력에 다소간 굴복한 것이다. 내가 보기에 神學은 哲學者들이 제공하는 것에 대해서 항상 절충적일 수 밖에 없다고 생각한다. Karl Barth는 哲學의 傳統과 精選된 하나의 교류를 가진 훌륭한 예라 하겠다. [41] 사람들은 때로 그를 질책하며, 때에 따라서는 그를 일정한 哲學的 根本圖式 위에 규정할려고 한다. 그러나 그와 동시에 神學은 비록 누구나 體系 統一의 유혹을 멀리할 수 없다 하더라도, 한 特定한 哲學에 끌릴 수 없다는 점이 남아있다. 비록 哲學이 벌써 자체를 공공연히 모두 經驗으로 간주한다면 신학은 그렇다. 神學은 理性과 經驗 속에서 自身의 前提를 갖는 것이 아니라, 神의 行爲와 意志의 啓示 안에서 갖게 되는 것이기 때문이다. 神이 스스로 공적으로 人間의 구원으로 간주한다. 모든 哲學的 拘束에 반해서 神學의 自由가 열려져 있음과 속박받지 않음은 인간의 理性과 經驗이 말할 수 있는 모든 것에 맞선 이러한 하느님의 自由의 겸손한 反射인 것이다.

---

40) V. Link, *Das Ringen Luthers um die Freiheit der Theologie v.d.Philosophie*, 1938, 1955².
41) K. Barth, *Kirchl. Dogmatik* Ⅱ, 1, 1940, 1958⁴. 보기 그외에도 특히 주의할 것은 Iwand가 神學者들의 哲學의 절충주의에 결함이 있다는 점을 말하고 있다. (註, 1에 언급한 論文에는).

筆者紹介

Rudolf Bohren

1920년 3월 22일 그린델발트에서 출생. 베른과 바젤에서 신학을 연구하고 1946-1958년까지 베른, 홀데르방크, 알레스하임에서 목회. 1958년 이후 부페탈 신학교에서 실천신학 교수. 著書: Das Problem der Kirchenzucht im Neuen Testament (1952), Unsere Kasualpraxis - eine missionarische Gelegenheit (Th Ex N.F. 83, 1964³), Mission und Gemeinde(Th Ex N.F. 102, 1962), Predigt und Gemeinde (1963). 說敎集: Die Seligpreisungen der Bibel - heute (1963)등.

Manfred Linz

1927년 3월 13일 출생. 신학공부, 1958년 뒤셀돌프에서 목회, 1958/1959년 연구차 미국체제. 1959년 이래 함부르그 대학에서 선교학 세미나의 조교. Evangelische Literaturbeobachter의 신학담당 편집자.

Robert Bach

1926년 8월 4일 회샤이드에서 출생. 1932—1943년 보쿰에서 신학공부. 1944/45년 군복무. 1945년부터 1950년까지 부페탈, 괴팅겐, 바젤에서 신학공부, 1951년 본에서 학위(논문: "Die Erwählung Israels in der Wüste"). 1951년 본대 학에서 조교. 1956년 본대학에서 사강사(교수논문 "Die Aufforderung zur Flucht und zum Kampf im altlest. Prophetenspruch"). 1962년 부페탈 신학교 구약학 교수.

Georg Eichholz

1909년 4월 6일 에쎈—쿠퍼드레에서 출생. 1928—1932년 튀빙겐과 본에서 신학공부, 1933년 본에서 학위 취득. 1935—1961년 부페탈에 있는 라인 선교신학 대학에서 신학교수(후에는 주임교수). 1945년 이후 부페탈 신학교 사강사 (신약과 조직신학 교수) Herr, tue meine Lippen auf (1940년 이래 5권이 나왔다) 명상씨리즈의 편집인, "Theologische Existenz heute"의 공동편집인. 著書: Die Antwort der Kirche auf den Ruf Gottes (Th Ex 51, 1938), Die Verkündigung der Kirche an die Welt (Th Ex 65, 1639), Jesus Christus und der Nächste (Bibl. Studien 9. 1952), Jakobus und Paulus (Th Ex

N.F. 39, 1953), Was heißt charismatische Gemeinde? (Th Ex N.F. 77, 1960), Glaube und Werk bei Paulus und Jakobus (Th Ex N.F. 88, 1961) Einführung in die Gleichnisse (Bibl. Studien 37, 1963), Laudschaften Bibel (1963). 그밖에 잡지, 기념논문집에 기고한 논문, 서평 다수.

Jürgen Moltmann

1926년 4월 8일 함부르그에서 출생. 전쟁포로에서 귀환 1948—1952년 괴팅겐에서 신학연구 1952년 학위취득, 1954—1958 Bremen-Wasserhorst에서 목회, 브레멘에서 1957년 괴팅겐에서 교수자격 취득 1958—1963년 부페탈 신학교에서 교회사와 조직신학 교수. 1963년 가을 이후 본대학에서 조직신학과 사회윤리 정교수, 현재 튀빙겐 대학 조직신학 교수, 著書 : Chr. Pezel und der Calvinismus in Bremen (1958), Herrschaft Christi und soirale Wirklichkeit nach D. Bonhoeffer(1959), Prädestination und Perseveranz (1961), Die Gemeinde im Horizont der Herrschaft Christi (1959), Anfänge der dialektischen Theologie) 1962, 1963) 편집자, Thologie der Hoffnung (1966), Theologeschen Perspektiven(1968)

Karl Gehard Steck

1908년 4월 28일 Markt Nordheim/Mfr,에서 출생. Bayern의 Kirchendienst에서 신학공부. 1936—1940년 프랑크푸르트의 고백교회 목사훈련소 강사, 전후 바이른에서 목회, 1953년 프랑크푸르트 대학 철학과에서 신학 교수, 1963년 이후 뮨스트대학 교수 著書 : Der politische Katholizismus als theo. Problem (1951), Luther und Schwärmer(1955), Kirche des Wortes oder Kirche des Lehramts? (1962), Das römische Lehramt und die Heilige Schrift (1963), Kritik des politischen Katholizismus(1963), Lehre und Kirche bei Luther (1963).

Ernst Wolf

1902년 8월 2일 프라그에서 출생; 뷔엔나, 로스토크, 라이프지히, 괴팅겐에서 연구하고 1926년 로스토크에서 교회사 과목 사강사. 1930/31년 튀빙겐 대학 정교수, 1931 본 대학 교수, 1935년 정치적 이유로 할레로 추방, 1941년 이후 전쟁포로에서 귀환 괴팅겐 대학교수, 1957년 조직신학 교수가 됨. 잡지들 (Evangelische Theologie, Verkundiging und Forschung)의 편집자.
著書 : Staupitz und Luther(1927), Peregrinatio(1954), Barmen (1957), Todesstrafe, Naturrecht oder Christusrecht(1961), Ordnung und Freiheit zur politischen Ethik des Christen(1962).

神學研究總論

값 5,500원

1975년 3월 15일 초판 발행
2007년 2월 28일 초판 11쇄 발행

著　者　루돌프 보렌
譯　者　金正俟 外 6人
發行人　安炳茂
發行所　韓國神學研究所

등록 / 제 5-25(1973.6.28)
주소 : 서울 종로구 청운동 115-1
전화 : (02)738-3265
팩스 : (02)738-0167
E-mail. ktsi@chollian.net
홈페이지. http://ktsi.or.kr

ISBN 89-487-0001-4